교회는 관계 시스템이다

국제제자훈련원은 건강한 교회를 꿈꾸는 목회의 동반자로서 제자 삼는 사역을 중심으로
성경적 목회 모델을 제시함으로 세계 교회를 섬기는 전문 사역 기관입니다.

교회는 관계 시스템이다

초판 1쇄 발행 2008년 2월 21일
초판 7쇄 발행 2022년 3월 1일

지은이 로널드 리처드슨
옮긴이 유재성

펴낸이 오정현
펴낸곳 국제제자훈련원
등록번호 제2013-000170호(2013년 9월 25일)
주소 서울시 서초구 효령로 68길 98(서초동)
전화 02)3489-4300   **팩스** 02)3489-4329
이메일 dmipress@sarang.org

ISBN 978-89-5731-237-7 03230

※ 책값은 뒤표지에 있습니다. 잘못된 책은 구입하신 곳에서 교환해드립니다.

개인과 공동체의 정서 성숙 리포트 **1**
교회는 관계 시스템이다

로널드 리처드슨 지음 | 유재성 옮김

국제제자훈련원

Originally published in the U.S.A. under the title
Creating a Healthier Church
Copyright ⓒ 1996 by Augsburg Fortress
Minneapolis, Minnesota, U.S.A.

Used and translated by the permission of Augsburg Fortress
through KCBS Literary Agency, Seoul, Korea.

Korean translation copyright ⓒ 2008 by DMI Press,
1443-26, Seocho-dong, Seocho-gu, Seoul 137-865, Korea.

본 저작물의 한국어판 저작권은 KCBS Literary Agency를 통하여
Augsburg Fortress와 독점 계약한 국제제자훈련원에 있습니다.
신저작권법에 의해 한국 내에서 보호받는 저작물이므로 무단 전재 및 복제를 금합니다.

차례

contents

추천의 글 • 6
역자 서문 • 9
감사의 말 • 12

| 1 | 서론. 교회에 어려운 일이 발생할 때 • 13
| 2 | 교회는 눈에 보이는 것 이상이다 • 37
| 3 | 체계의 균형을 흔드는 것은 무엇인가? • 67
| 4 | 다수 가운데 하나 되기 • 91
| 5 | 교회 내 관계의 근접성과 거리성 • 113
| 6 | 교회 리더십의 어리석음과 지혜 • 139
| 7 | 정서적 반발은 단순한 반응 이상이다 • 159
| 8 | 교회생활에서의 네 가지 기능적 관계 유형 • 179
| 9 | 교회 안에서의 삼각관계 • 203
| 10 | 교회 내 심각한 문제의 증상들 • 231
| 11 | 출생순위와 리더십 스타일 • 255
| 12 | 교회의 정서 체계 평가하기 • 283
| 13 | 더 나은 리더 되기 • 307

참고문헌 • 328

추천의 글

교회가 하나의 체계(시스템)로서 어떻게 기능하는지 알고 싶은가? 그렇다면 이제 당신은 그것을 경험하게 될 것이다. 당신의 교회 체계가 좀 더 풍성하게 발전하기를 원하는가? 그렇다면 로널드 리처드슨(Ronald Richardson)의 『교회는 관계 시스템이다』는 결코 놓쳐서는 안 될 필독서다.

『교회는 관계 시스템이다』는 교회의 사역자들뿐 아니라 교회학교 교사나 행정 담당자, 각종 위원회, 성가대장 등 교회를 섬기는 다양한 사람들을 위한 책이다. 이들 모두는 '교회'라는 체계의 전체적 리더십에서 각 부분에 해당하는 중요한 역할들을 감당하고 있는 핵심 구성원들이기 때문이다.

『교회는 관계 시스템이다』는 우리 자신이 속한 교회의 체계를 점검하고 그것을 개선하기 위한 효과적인 전략들을 구축하도록 도와준다. 첫째, 이 책은 지역교회가 어떻게 작동하고 그 안에서 어떻게 문제들이 발생할 수 있는지 독자들의 이해를 돕기 위해 체계 이론을 소개하고 있다. 둘째, 이 책은 교회에 갈등의 회오리가 몰아칠 때 교회 사역자들과 리더들이 어떻게 행동해야 하는지, 그 방안들을 제시해 준다. 셋째, 이 책은 교회가 직면하는 공통적인 문제들과 관련하여 교회 지도자들이 활용할 수 있는 실제적인 지침들을 제공해 준다. 그리고 마지막으로, 지도자들이 스스로 자신들의 리더십 역량을 증진시킬 수 있는 구체적인 방법들을 보여 주고 있다.

이 책 전반에 흐르고 있는 핵심 개념은 교회는 정서 체계라는 것이다. 리처드슨은 모든 교회 체계에는 각양 서로 다른 체계들과 하부 체계들이 있다고 주장한다. 이런 체계에는 교회의 구조, 의사소통, 의사결정, 그리고 교회의 재정이나 문화적 요소 등과 관련된 것들이 있다. 그 가운데서도 개 교회 내에서 가장 중요한 체계의 하나는 정서 체계다. 리처드슨에 의하면, "어느 교회에서든, 나아가 사람들의 어떤 모임에서든 가장 강력한 힘을 갖고 있는 것 중의 하나가 바로 이 정서 체계다. 다른 여러 체계들이 어떻게 작용하는가 하는 것은 바로 이 정서 체계의 건강성 여부에 달려 있다. 가장 합리적으로 계획된 것이라 할지라도 정서 체계가 제대로 기능하지 않으면 결국 탈선하게 될 것이다." 이러한 이해를 바탕으로 저자는 독자들 스스로 자신들의 교회 안에서 작동하는 정서 체계를 평가하도록 도와준다.

리더십에 관한 마지막 장은 이 책 전체에서 가장 흥미를 끄는 탁월한 내용을 담고 있다. 리처드슨은 이곳에서 우리 각자가 자신의 리더십 스타일을 점검하고, 나아가 교회 안에서 좀 더 나은 리더로 기능할 수 있도록 안내한다.

저자는 각 장마다 끝부분에 생각해 볼 질문들을 제시하고 있다. 교회 리더들은 이 질문들을 통해 자신의 교회에 어떤 일들이 발생하고 있는지 점검하고, 교회가 좀 더 건강해질 수 있는 변화의 방안들을 토론할 수 있게 될 것이다.

나는 지난 20여 년 동안 로널드 리처드슨의 사역을 지켜보면서 그가 보여 준 목회사역에의 섬세한 접근과 목회상담의 기술, 그리고 가족체계이론을 교회 체계에 적용하는 그의 능력에 깊은 인상을 받아 왔다. 이러한 의미에서 이 책은 그의 탁월함이 배어 있는 놀라운 책이다. 나는 이 책이 앞으로 상당 기간 교회에 지대한 영향을 줄 것이라고 확신한다.

하워드 스톤(Howard W. Stone)

역자 서문

역자는 미국 유학시절 많은 이민 교회들에서 발생하는 크고 작은 분규들과 갈등, 상처들을 보았다. 그때 다음과 같은 질문들을 스스로에게 던지곤 했었다. "교회에 대한 사랑과 비전으로 무장한 목회자와 성도들 사이에 왜 이런 일들이 일어날까? 예배 시간에 '사랑한다'며 서로를 위해 기도해 주고 섬기던 교회 성도들이 어떻게 원수처럼 저렇게 갈등하며 싸울 수 있을까? 교회에서 경찰을 불러 서로 대치하며 1층과 2층으로 나누어 예배를 드리는 현상을 어떻게 이해해야 할까? 성경적인 교회의 모습은 무엇일까? 과연 그것이 21세기에도 가능할 것인가?"

당시 역자가 가진 이러한 궁금증을 상당 부분 해갈시켜 준 자료가 바로 이 책이었다. 교회에는 조직이 필요하고 그 조직을 움직이기 위해서는 행정, 관리적인 측면에서의 리더십이 필요하다. 물론 교회의 머리 되신 주님으로부터 나오는 영적 리더십도 필요하다. 신학을 공부한 사역자라면 누구나 이러한 내용을 공부하고 사역에 임한다. 하지만 교회 현장에서는 여전히 갈등과 분규가 존재한다. 왜일까? 무엇이 문제일까?

오랜 기간 목회자요 목회상담자로서 교회 현장과 그 안에서 벌어지는 인간관계의 역동, 갈등과 상처, 치유와 회복을 다루어 온 저자는 그 이유를 교회가 하나의 체계로서 건강하게 기능하지 못하기 때문이라고 본다. 그런 면에서 이 책은 기존의 다양한 교회론이나 수많은 리더십 관련 책들과 다른 접근을 하고 있다.

이 책에서 강조하는 핵심 개념은 '교회는 정서 시스템'이라는 것이다. 교회에서 사람들의 만남이나 관계, 조직, 행정 등 모든 부분에서 가장 강력한 파워를 갖고 영향력을 행사하는 것의 하나가 바로 '정서'다. 평상시에는 모든 것이 좋고 사랑스러워 보여도, 자신의 정서적 욕구나 필요가 도외시되거나 충족되지 않을 때 사람들은 종종 부정적인 '관계-정서' 모드로 전환하여 긴장과 갈등, 분규를 경험하게 된다. 교회나 그리스도인들의 관계에서 이해하기 어렵고 실망스러운 일들이 벌어지는 이유가 바로 여기에 있다. 이 책은 이러한 일들이 교회에서 어떻게 발생하는지, 그 내부 과정을 현미경으로 들여다보듯 설명하면서, 어떻게 하면 교회가 더 건강해지고 교회다워질 수 있는지 그 길을 제시해 주고 있다.

이 책은 탁월한 목회상담자의 한 사람인 하워드 스톤 박사가 개인과 공동체의 정서 성숙을 위한 안내서로 기획한 것이다. 그는 미국의 교회들에서 벌어지는 갈등과 상처들에 대한 큰 우려와 안타까운 마음을 가진 사람이다. 역자는 그의 강의실에서 혹은 그의 연구실 근처에 있는 허름한 목조 건물의 가게에서 햄버거를 먹으며 함께 대화하는 가운데 교회를 향한 그의 마음을 읽을 수 있었다. 그런 그가 교회에서 일어나는 역기능적인 현상들에 대해 동일한 고민을 안고 있던 역자에게 특별히 소개해 준 책이 바로 이 책이었다.

 이 책을 읽고 역자는 바로 한국 교회와 사역자들을 위해 번역하여 소개하고 싶은 바람이 있었으나 여러 이유 때문에 지연되다가 이제야 국제제자훈련원을 통해 펴내게 되었다. 흔쾌히 출판을 허락해 주신 김명호 목사님과 책이 나오기까지 많은 수고를 아끼지 않은 편집진의 노고에 깊은 감사를 드린다.

이 땅의 교회들이 날마다
더 건강한 교회로 성장하기를 기도하며
주 안에서,
역자 유재성

감사의 말

먼저 조지타운 대학(Georgetown University)의 고(故) 머레이 보웬(Murray Bowen) 박사와 그의 동료들, 그리고 조지타운 가족 센터에 감사를 표하고 싶다. 그들은 가족체계이론을 발전시키고, 우리가 공동체 내에서의 인간을 좀 더 잘 이해할 수 있도록 도와주었다. 지난 20여 년 이상을 이곳 밴쿠버에서 나와 함께 일하며 한 공동체가 되어 준 내 동료들에게도 감사를 드린다. 이 책에 기록된 나의 생각들이 발전할 수 있었던 것은 바로 여기에서였다. 아울러 지난 29년 동안 나와 함께한 아내 로이스(Lois)에게도 이 지면을 빌어 고마움을 표한다. 아내는 우리가 가족체계이론에 대해 알기 이전에도 이 책에 제시된 원리들을 이미 실천하며 살았던 사람이다. 그리고 관계 안에서 자기 자신이 되는 것이 무엇을 의미하는지에 대해 그 어떤 이론이 줄 수 있는 것보다 많은 깨달음을 나에게 주었다. 로이스는 그동안 자신의 시간뿐 아니라 사랑 가운데 자기 자신을 기꺼이 내주었고, 탁월한 편집 기술을 발휘하여 이 책이 좀 더 읽을 만한 것이 되도록 하는 데 기여하였다.

서론. 교회에 어려운 일이 발생할 때

> 너희 가운데 시기와 분쟁이 있으니
> 어찌……사람을 따라 행함이 아니리요 [고전 3:3].
>
> 모든 사람과 더불어 화평함과 거룩함을 따르라……쓴 뿌리가 나서 괴롭게 하여
> 많은 사람이 이로 말미암아 더럽게 되지 않게 하며 [히 12:14-15].

어느 주일 아침의 두 교회

아래 내용은 어느 주일 아침에 일어난 똑같은 상황에 대해 두 교회가 서로 어떻게 다른 반응을 보였는지를 보여 주는 이야기다. 이 이야기들을 읽으면서 각 교회가 어떤 점에서 서로 달랐는지, 그리고 이러한 상황이 당신 교회에서 일어났다면 어떤 일이 발생했을지 생각해 보라. 특별히 교회 지도자들이 어떤 방식으로 반응하며 행동했는지 주목하여 읽도록 한다.

제3교회

찬 바람이 몰아치는 12월의 어느 추운 주일 이른 아침, 앤디 화이트

집에 전화벨이 울렸다. 제3교회의 건물관리 위원회 위원장인 앤디는 주일 아침 이 시간에 전화벨이 울리는 것은 아마도 교회에 어떤 문제가 발생했기 때문일 것이라 직감하며 수화기를 집어들었다. 전화기를 들자 저편에서 건물 관리인인 웨인 힉비의 목소리가 들려왔다. "앤디 위원장님, 문제가 생겼습니다. 지금 막 교회에 도착했는데, 또 난방이 꺼져서 보일러를 돌리려고 하는데 안 되네요. 밤새도록 난방이 안 된 것 같아요. 교회 안의 온도가 7-8도 정도밖에 안됩니다."

주일 아침인데 이로 인해 생길 상황을 생각하며 앤디의 입에서는 낮은 탄식이 흘러나왔다. 이제 한 시간 정도 후면 교회학교가 시작될 것이고, 그로부터 한 시간 후면 주일 아침 예배가 시작되어야 할 시점이었다. 지금 당장 보일러가 기적적으로 돌아가기 시작한다 해도 커다란 예배당의 온도가 적당한 수준까지 올라가려면 족히 두 시간은 더 걸릴 것이었다.

앤디가 이런 생각을 하고 있는 사이에도 웨인의 말은 계속 이어지고 있었다. "그런데 진짜 문제는 그것이 아닙니다. 내 생각에는 하수구에 문제가 생긴 것 같아요. 어제 내린 진눈깨비와 눈이 녹으면서 하수구 물이 5cm가량 차올라서 어린이집에 물난리가 나고 지하 전체에 냄새가 진동하고 있습니다."

"뭐라고요! 이 일을 어째……." 앤디는 가까스로 자신을 자제하며 대꾸했다. "그거 말고도 더 하실 말이 있습니까, 웨인?"

"아니요." 웨인이 한숨을 내쉬며 대답했다. "아침에 교회 앞 계단의 얼음이나 치우면 될 거라고 생각했는데, 지금은 무엇을 어디에서부터 시작해야 할지 모르겠어요."

앤디는 "맞아요, 계단의 눈도 치워야지요"라고 웨인의 말에 동의하면서 말했다. "이렇게 하면 어떨까요? 먼저 보일러 수리 센터에 전화해서 가능한 한 빨리 와달라고 요청하세요. 그리고 계단의 눈을 치워 주세요. 나는 목사님께 전화해서 현재 벌어진 상황에 대해 말씀드려야겠습니다. 그러면 목사님은 아마도 어린이집 담당인 수잔에게 전화해서 지하실 상황을 처리하도록 하실 것입니다."

앤디는 30분 정도면 교회에 도착할 것이라고 약속하면서 말을 맺었고, 웨인은 "알겠다"면서 전화를 끊었다.

그러고 나서 앤디는 봅 스팀슨 목사에게 전화를 걸어 아침에 일어난 상황과 어떻게 해야 할지를 상의했다. 봅은 아침 예배를 조금 일찍 끝내 성도들의 귀가를 앞당길 조정 방안을 생각하겠으며, 이 상황에 대해 어린이집 책임자인 수잔 에이저에게 전화를 걸어 상의하겠다고 말했다.

봅 목사는 교회로 출발하기에 앞서 수잔에게 전화를 걸었다. 어린이집은 교회에 장소를 빌려 운영되고 있었다. 상황을 전해 들은 수잔은 매일 거기서 놀기도 하고 잠도 자는 20명의 아이들을 생각할 때 놀라 입이 다물어지지 않을 지경이었다. 당장 24시간 이내에 문제를 해결해서, 다음 날 어떻게 어린이집 문을 열 수 있을지 감이 잡히지 않았다.

그러나 잠시 자신을 진정시킨 후 수잔은 봅 목사에게 자신이 할 수 있는 일이 무엇이 있겠냐고 물었다. 그러자 봅은 긴급 청소 서비스를 제공하는 곳이 있는지 알아보라고 제안했다. 그리고 교회 재정도 빠듯하고 수잔의 형편도 여의치 않음을 알기에, 수잔에게 긴급히 필요한 경비를 융통할 수 있는 방안을 알아볼 수 있는지 물었다. 그리고 두 사람은 청소 비용을 최선을 다해 나누어 내기로 동의했다.

봅 목사가 교회에 도착하자, 교회학교 부장인 재니스 호피가 주일학교 상황이 만만치 않았다고 보고했다. 8명의 교사 중 3명이 아프다고 전화를 했고, 재니스는 그들을 대신하여 가르칠 교사들을 긴급하게 찾아야 했다. 그러나 학생들은 비록 실내가 추워서 고생하기는 했지만 겨울 잠바와 모자, 장갑 등을 끼고 수업을 하는 것에 대해 오히려 즐기는 듯한 눈치였다. 교사들은 춥고 고약한 냄새가 나는 아침 상황을 예수님 탄생과 관련된 성경공부 내용과 연결시키기로 작정하였다. 그래서 마리아와 요셉은 날씨가 추웠음에도 들어갈 따뜻한 집이 없어서 춥고 냄새나는 마구간에서 예수님을 낳았다는 등의 사실을 상기시키며 교육을 진행하였다.

아침 예배 중에는 난방 기계가 돌아가면서 파이프에서 요란한 소리가 들려오고, 건물 밖과 홀에서는 청소하는 사람들이 서로 고함을 지르고 펌프가 돌아가는 등, 소음이 한꺼번에 몰려들었다. 앤디는 이런 상황에서 봅 목사가 생각보다 예배를 더 짧게 진행하기로 결정한 것에 마음이 놓였다. 그리고 광고 시간에 그날 아침에 일어난 사건에 대해 말하는 동안 봅 목사가 일부 성도들에게서 웃음을 이끌어 내는 것을 보면서 목사님이 잘하고 있다고 생각했다. 오래 전부터 인생에서 완벽한 것을 기대하지 않는 것을 배웠던 나이든 성도들이 특히 그 상황을 잘 받아들이고 있었다. 봅 목사는 그런 그들의 반응에 기뻐하면서, 그날이 성찬식 있는 주일이 아닌 것에 감사하는 마음을 가졌다.

하지만 그날은 2명의 아기가 유아세례를 받기로 예정되어 있었다.

봅 목사가 아기들을 받아들자 한 여자아이가 울기 시작했다. 봅은 이 나이의 아이들이 그럴 수 있음을 알고 있었다. 아기가 울기 시작하자 그 소리가 봅 목사의 목에 걸려 있는 마이크를 통해 예배당 전체에 울려 퍼졌다. 이날 아침의 상황도 그랬거니와 어수선한 분위기 때문에 누구도 마이크 시스템의 볼륨을 조절하는 사람이 없었기 때문이었다. 그래서 성도들은 낯선 사람이 자기를 붙잡고 있다는 사실에 놀라 소리 내어 우는 아기의 강력한 울음소리를 얼마간 참아 내야만 했다. 마침내 예배위원장인 메리 도일이 마이크 시스템으로 달려가 소리를 줄였다.

그런 와중에도 다른 아기는 온갖 귀여운 짓을 했다. 이러한 모습은 진행되는 의식에 한결 따스한 분위기를 더해 주었고, 부모는 그런 딸의 모습을 자랑스럽게 바라보았다. 그런데 그만 세례식 도중에 실례를 해서 기저귀가 온통 젖어버리는 일이 벌어지고 말았다. 봅 목사는 아기가 이처럼 자연스러운 방법으로 액체를 더함으로써 자신이 뿌리는 물은 무색하게 되었다고 생각하며 혼자 슬쩍 미소를 지었다.

예배가 끝나고 사람들은 예배당을 빠져나가면서 저마다 그날 아침에 일어났던 일들에 대해 이야기를 나누며 충분히 이해한다는 표정을 지었다. 어떤 이들은 봅의 짧은 설교에 찬사를 표하고, 개중에는 "예배 때마다 난방을 꺼 놓으면 좋겠는 걸"이라는 농이 섞인 말을 하는 이도 있었다. 오래 전 예배당에 충분한 난방이 안 되었던 시절을 회상하는가 하면, 존스 양은 자신이 좋아하는 찬송을 봅 목사가 한 절만 부르게 한 것에 대해 아쉬움을 표하기도 했다. 그런가 하면 몸이 불편하여 교회에 오지 못하고 있는 교인들 중 봅 목사가 한동안 돌아보지 못했던 사람들을 상기시켜 주는 성도들도 있었다. 그러면 봅은 "그 분에게 당신과 같은 친구가 있다는 것은 축복"이라고 말하면서 그 사실을 상기시켜 준 것에 대해 감사를 표했다.

봅 목사는 성도들을 배웅한 후, 예배위원장인 메리 도일과 앞으로 있을 크리스마스 예배에 관한 계획을 간단하게 상의했다. 크리스마스 성극을 하면서 진짜 양과 염소를 사용할 것인지 여부가 아직 위원회의 동의를 받지 않았기 때문이다. 이에 대해 봅 목사는 어떻게 생각하는지 예배위원장의 의견을 들은 것이다.

봅과 앤디는 주일 아침의 진행 상황에 대해 이야기하면서 예기치 않았던 어려운 일들이 처리된 방식에 만족감을 표현했다. 그리고 두 사람은 장년부 모임에 함께 가서 다른 사람들과 그날의 예배나 설교에 대해 각기 자유롭게 이야기를 나누는 시간을 가졌다. 예상대로, 조 톰슨이 봅 목사의 설교에 '자유주의적 경향'이 있음을 지적하며 그것에 대한 부정적인 언급을 하자, 다른 사람들은 조에게 그의 입장을 묻는 진지한 질문들을 하였고, 이어 설교에서 거론된 낙태 문제에 대한 각자의 생각들을 개진하는 유익한 토론이 이어졌다.

봅은 늘 이 장년반에서 유익한 경험을 한다. 이 모임을 통해 교회 성도들이 자신들의 삶과 주변 세상의 일들에 대해 어떻게 생각하는지 많은 이야기들을 듣는다. 그는 모임에서 자신의 입장을 변호해야 할 필요성을 거의 느끼지 않으며, 그렇게 하는 일도 거의 없다. 그렇지만 가끔은 다른 사람들에게 공격적이거나 자기방어적인 모습을 보이지 않으면서 반 구성원들에게 몇 가지 질문을 던지기도 한다. 그는 이러한 질문들을 통해 자기편에서는 그들을 좀 더 잘 이해하게 되고, 다른 사람들은 각자의 생각이나 경험을 좀 더 온전하고 명료하게 정리할 수 있도록 돕는 이중적인 효과를 기대한다. 모임에 참석하는 대부분의 사람들은 이러한 대화를 통해 유익한 경험을 한다. 그리고 서로 분열될 수 있는 주제들에 대해서도 적대적인 감정이 없이 각자 서로 다른 입장들을 피력하며 그러한 과정에서 무언가를 배우는 것에 놀라곤 한다.

봅 목사는 모임 후에 밖으로 나가면서 다시 앤디와 교회 시설과 관련된 오늘의 문제에 대해 누가 무엇을 하고 앞으로 어떤 일들이 처리되어야 할 것인지에 관한 이야기를 나눴다. 그리고 그들은 교회의 어려운 상황을 잘 처리한 것에 대해 서로를 칭찬하고 격려했다.

두 사람은 각자 늦은 점심 식사를 위해 집으로 향했다. 그리고 아내에게 상황이 그렇게 나쁘게 전개된 하루는 아니었다고 말한다. 물론 그러한 상황이 또 다시 반복되기를 원치는 않는다. 하지만 그런 상황에서 사람들이 보여 준 융통성 있는 태도와 상황 적응력, 그리고 교회에서 중요한 것이 무엇인지를 분명하게 인지하고 대처하는 능력에 깊은 인상을 받았다고 고백했다. 봅 목사와 앤디 두 사람 모두 이러한 교회에 속해 있다는 사실에 행복감을 느꼈다.

밸리 뷰 교회

한편 아주 이상한 우연의 일치로 제3교회에서 3.2km 정도밖에 떨어지지 않은 밸리 뷰 교회에서도 같은 주일 아침에 거의 똑같은 사건이 발생했다. 그러나 상황은 전혀 다르게 전개되고 그 결과도 사뭇 다르게 나타났다.

주일 아침, 건물관리 위원장 스튜 맥과이어는 건물관리인 래리 램버트에게서 온 전화를 받았다. 래리는 대뜸 다음과 같이 말문을 열었다. "지금 곧 여기로 오셔야겠습니다. 난리가 났는데 위원장님이 해결하셔야겠어요. 난방은 다시 안 되고요. 하수구는 막혀서 어린이집 교실까지 차올랐어요. 바닥에는 오물이 5cm나 차올랐는데, 냄새가 얼마나 지독한지 쓰레기 더미보다도 더합니다. 내가 이것을 치울 거라고 기대하지는 마십시오. 나는 이런 상황에서는 일 못합니다. 특히 이렇게 추운 날 안에 들어와 몸도 녹이지 못한 상황에서 밖에 나가 교회 마당의 계단을 쓸고 얼음을 뜯어 내는 등의 일을 하고 싶지는 않습니다. 위원장님은 이 난리를 어떻게 처리하실 생각입니까?"

스튜는 래리가 이런 식으로 앞으로도 20분 이상 계속 말할 수 있다는 것을 알기에 그의 말을 가로막으며 외쳤다. "잠깐만, 래리. 잠깐만요! 내가 지난번에 말한 것처럼 보일러에 있는 빨간색 재시동 버튼을 눌렀습니까?"

래리가 퉁명스럽게 대답했다. "그런 일은 하고 싶지 않습니다. 제가 공중으로 날아가는 꼴을 보려고 그러시는 겁니까?"

스튜는 다시 그의 말을 끊으면서 말했다. "당신이 날아가는 일은 없을 거예요. 내가 수도 없이 말했잖아요. 보일러 하나 시동 걸려고 내가 이 시간에 거기까지 가고 싶지는 않아요."

스튜는 자기가 반대하는데도 불구하고 목사가 비전문가인 래리를 고용한 것에 대해 또다시 화가 났다. 래리가 위원회 위원의 조카이기 때문이었다. 화가 난 채로 스튜는 아무것도 할 줄 모르는 래리에게 무엇을 시킬지를 고민했다. 스튜는 그동안 래리가 무언가를 하게 만드는 유일한 방법은 가끔씩 압박을 가하는 것이라는 사실을 알게 됐다. 그래서 그는 이 원리에 입각하여 계속해서 다음과 같이 말을 이어갔다. "그러니까 내가 하수구를 좀 더 깨끗하게 유지하라고 입버릇처럼 말하지 않았습니까! 지하에 그런 난리가 생긴 것은 당신 책임입니다. 그리고 교회 앞 계단의 눈을 조금은 치울 시간이 있으니까 그것을 하고 난 다음 어린이집 바닥을 청소하세요. 나는 목사님께 앤에게 전화를 걸어 그녀가 담당하고 있는 시설의 카펫에 대해 무언가 대책을 세우라고 말씀하시라고 할 테니까요. 자, 가서 일이나 하세요!" 이렇게 말한 후, 스튜는 전화를 끊어버렸다.

이어서 스튜는 로이 핸슨 목사에게 전화를 걸었다. 로이 목사가 "여보세요"라고 말하자마자 스튜는 다짜고짜 다음과 같은 말을 늘어놓았다. "목사님, 제가 보일러를 수리해야 한다고 몇 번이나 말씀드린 것을 아실 겁니다. 그런데 목사님을 비롯하여 사람들은 내 말을 한 번도 듣지 않았습니다. 자, 보세요. 지난 밤 사이에 보일러가 다시 나갔습니다. 목사님과 위원회 사람들이 이런 시설들을 돌보는 데 돈을 좀 더 쓰면 좋겠어요. 오늘 아침에 사람들이 쏟아 낼 온갖 불평을 이제 다 제가 뒤집어쓰게 생겼잖아요. 예배당 온도는 7-8도밖에 안 되고 래리는 보일러의 재시동 버튼조차 누르려고 하지 않아요. 그 버튼 하나 누르려고 내가 지금 교회까지 가고 싶지는 않거든요. 제 생각에는 목사님이 지금 곧 가서서 그 일을 하셔야 한다고 봅니다."

이에 로이 목사는 다음과 같은 말로 반박했다. "이것 보세요, 스튜, 교회는 나를 보일러 기술자가 되라고 이곳에 부른 것이 아니라고 늘 말했잖아요. 보일러 문제를 다루는 것은 당신의 일이에요. 어쨌거나 이 일로 모든 불평불만을 들을 사람은 바로 나로군요. 나는 오늘 아침 전체 예배를 책임지고 두 사람에게 세례도 주어야 합니다. 그런데 당신은 그놈의 보일러 문제를 나보고 처리하라고 하니, 당신의 우선순위는 도대체 어디에 있습니까?"

그러자 스튜는 화가 난 채 다음과 같이 대꾸했다. "목사님이 처리해야 할 더 큰 문제가 또 있습니다. 하수도가 넘쳐 어린이집 교실까지 차올랐고, 오물이 사방으로 넘쳐나고 있습니다. 래리가 일을 제대로 하지 않아 이런 일이 일어난 것이 틀림없습니다. 그를 우리 관리인으로 쓴 것은 목사님의 책임이니까 앤 윌리에게 전화해야 하는 사람도 목사님이라고 생각합니다."

이 말에 로이 목사는 폭발하고 말았다. "그럼요, 그렇고말고요! 오늘 아침 일들은 다 내가 해야지요. 도대체 당신은 뭐하는 사람입니까? 나는 내가 도대체 왜 이런 일을 해야 하는지 모르겠군요. 여기서 일을 하는 사람은 나 외에는 아무도 없는 것 같네요. 당신네들은 내가 이곳에서 정말 해야 할 일이 무엇인지 아무도 모르는 것 같아요. 당신들이 해야 할 모든 일들이 결국은 내가 하는 것으로 끝나니……. 전화 끊습니다!"

전화를 끊고 난 로이는 스튜에게 이런 식으로 말해서는 안 된다는 것을 알았다. 하지만 교회를 잘 이끌어 가려고 노력하는 자신에게 교회의 위원회와 그 위원들은 계속해서 장애가 되어 왔기에 그들과의 관계에서 로이 목사의 불만과 짜증은 이미 목까지 차올라 있었다. 이런 자신의 모습에 스스로도 조금 놀라기는 했지만, 이런 상황에서 자신을 통제할 만한 여지는 별로 없는 것 같았다. 어쨌거나 자기 속에

쌓여 있는 것들을 조금이라도 이런 식으로 내뿜고 나니 조금은 기분이 나아진 듯 했다. 다만 스튜가 자신이 말하고자 하는 요지를 파악했으면 하고 바랄 뿐이었다. 로이 목사는 이제 방향을 돌려 아내 조이에게 교회 사람들이 또 자신을 어떻게 이용하려고 했는지 늘어놓으며 불만을 표출했다. 이에 조이는 자신의 기분을 가라앉히려고 노력하며 아무 말도 하지 않았다. 남편 로이가 스튜와 대화하는 방식에 화가 났기 때문이다. 조이가 생각하기에 교회는 로이를 내보내려고 할 것 같은데 로이는 그럴 가능성을 전혀 인식하지 못하는 것 같았다. 조이의 직장 상황도 안전한 형편은 아니었기 때문에, 그녀는 앞으로 어떤 일이 벌어질지 염려가 되었다.

한편, 스튜의 아내 롤리는 남편의 얼굴이 목사님과 이야기하면서 붉어지는 것을 보며 또 두 사람이 부딪치고 있다는 것을 알았다. 요즘 들어 이런 일은 상당히 자주 있는 편이었다. 그리고 스튜가 위원회의 몇몇 사람들에게 전화를 걸어 교회에 일어난 문제에 대해 간략하게 설명하면서, 목사가 어떻게 교회 사람들을 탓하였는지에 대해서는 더욱 감정을 실어 자세하게 나열하는 것을 어깨너머로 들었다. 이런 모든 상황에서 그래도 무언가를 하는 사람은 결국 자기밖에 없다는 사실을 장황하게 늘어놓는 것도 들렸다.

스튜와 그의 친구들은 이 목사가 아니면 교회가 훨씬 더 나아질 것이라는 생각에 동의했다. 이들은 그동안 목사들의 질이 대체로 떨어지고 있다고 생각해 왔다. 로이 목사가 부임하기 전 밸리 뷰 교회에 있었던 세 목회자와의 관계도 목사를 정점에 둔 혼란으로 말미암아 좋지 않게 끝나곤 했다. 위원회 구성원들은 교단의 리더십과 신학교에서의 교육이 전반적으로 하락했기 때문에 이런 일이 발생했다고 비난했다.

롤리 또한 자기와 가까운 몇 명의 친구들에게 전화를 걸어 방금 전 로이 핸슨 목사와 있었던 남편의 통화 내용을 자신의 말로 바꾸어 자신의 입장에서 이야기했다. 그들 모두는 목사가 늘 그렇게 행동한다고 동의를 표했다. 물론 처음 부임했을 때는 괜찮은 사람처럼 보였는데 말이다. 그들은 저마다 목회자에 대해 부정적인 이야기들을 더 늘어놓았다. 그중에는 이미 오래 전부터 잘 알려진 것들도 있고, 알려지지 않은 새로운 것들도 있었다. 그들의 이야기는 여기에서 한 발 더 나아가 로이 목사의 아내에 대한 이야기로 확장되었다. 롤리의 친구들 중에 어떤 이들은 사모가 문제의 한 축을 구성하고 있으며 '목사의 아내로서는 부적절한 사람'이라고 생각했다. 그런가 하면 사모를 변호하면서 이렇게 말하는 사람들도 있었다. "사모의 현실을 생각해 봐. 사모 또한 목사님에 대해 만족이 없는 거야."

그날 아침 교회에 도착한 교인들 중 상당수는 이미 로이 목사에 대해 아주 부정적인 생각들을 하고 있었다. 면전에서는 공손하게 행동했지만 마음은 멀리 떠나 있었다. 어떤 이들은 특별히 로이 목사의 아내 조이에게 친근하게 접근하면서 아침에 일어난 난처한 일에 대해 이야기를 건넸다. 그러면서 다른 사람들이 로이 목사에 대해 말하는 바들을 이야기했다. 사모가 그런 말 듣는 것을 힘들어할 줄 알면서도 말이다. 조이 사모는 특유의 표정을 지으며 이들에게 적당히 반응했다. 여성도들 중 일부는 사모가 '당신들이 뭘 안다고 그래?'라는 식의 표정을 지었다고 생각했다.

한편, 로이 목사는 어린이집 담당자인 앤에게 전화를 걸어 상황을 설명하고 무언가 대책을 세우라고 요구했다. 물론 이 일에 드는 경비는 그녀가 책임져야 한다. 이에 화가 난 앤은 이 교회와 목사는 어린이집에 잘해 주는 것도 없이 협조적이지도 않다고 다시금 항변했다. 그러면서 그녀는 어린이집 프로그램을 다른 교회로 옮기는 방안에 대해 알아보는 중이라고 내뱉는다. 그녀의 입장에서 볼 때, 교회에 월세를 지불하는데 이런 상황은 당연히 교회에서 해결해 주어야 하는 것이었다. 건물이 교회의 것이지 자기 것은 아니기 때문이다. 그리고 앤은 교회가 지역사회를 위한 기독교 사역에 헌신되어 있는 것 같지도 않다고 불만을 표했다. 앤은 청소하는 사람들은 자신이 구하겠지만 그 비용은 교회에서 지불해야 한다고 주장했다. 이에 로이는 속에서 올라오는 말들을 있는 그대로 퍼붓고 싶은 마음을 가까스로 진정시키면서 다음과 같은 말을 내뱉고는 전화를 끊었다. "좋아요, 다른 교회를 찾아 마음껏 이득을 누리시죠."

로이 목사가 교회에 도착하자 교회학교 부장 모린 니븐이 그에게 와서 사직서를 내놓았다. 예고도 없이 "오늘 아침에 올 수 없다"고 연락한 교사들을 대신하여 가르칠 임시 교사들을 수소문하느라 아침 내내 정신이 없었다는 것이다. 모린은 아침에 교회 건물에 들어설 때 이미 지쳐 있었던 차에, 건물이 춥고 악취가 풍기는 상황에 접하자 그냥 무너져 내린 것이다. 그녀는 이러한 상황에서 아무런 지원도 없이 교회학교를 잘 운영할 수는 없다는 생각이 들었다.

모린의 보고에 의하면, 교회학교 출석률은 이미 오랫동안 낮은 상태에 있었고, 사람들은 이에 대한 책임을 그녀에게 돌리고 있었다. 그녀는 더 이상 그런 비난을 감수하고 싶지 않았다. 교사들과 봉사자들은 그녀에게 문제가 있는 것이 아니라는 사실에 동의하고 있었다. 그녀가 생각하기에 진짜 문제는 교사들은 물론 아이들까지 모두가 싫어하는 교과과정에 있었다. 그런데 교단과 로이 목사 때문에 억지로 그것을 유지하고 있는 것이 불만이었다.

로이 목사는 아무 말도 하지 않았지만, 속에서는 울화가 치밀어 오르고 있었다. 그는 자기 사무실로 가서 문을 닫고 예배 시작 시간이 되기까지 거기에 머물렀다. 그러고는 이 교회에서 자신이 얼마나 부당한 대접을 받고 있는지, 얼마나 오해받고 있는지, 그리고 어쩌면 이렇게 피곤한 일들이 생기는지 깊은 생각에 잠겼다. 마음 깊숙한 곳에서는, 자신에게도 어떤 면에서든 잘못이 있고 어떻게든 자신이 변해야 한다는 생각이 들었다. 그러나 이런 생각과 느낌이 들자마자 마음 저편에서는 교인들이 항상 자신을 제대로 대접하지 않았다는 사실이 생각나면서 "이것은 내 잘못이 아니야"라고 스스로에게 다짐하듯 중얼거렸다.

로이 목사의 분노는 그날 아침 광고와 설교 시간에 '평신도 리더십의 위기'라는 말로 표출되었다. 그는 교회에 "교회의 참된 의미를 이해하고, 뒤에서 헐뜯기보다는 사랑의 정신으로 다른 사람들을 섬기는 것에 부르심을 느끼는 헌신된 성도들이 더 많이 필요하다"고 역설했다. 이 말을 할 때 몇몇 사람들이 움찔하는 것을 보고 로이는 자신이 정곡을 찔렀다고 생각하며 그들은 이러한 메시지를 들을 필요가 있었다고 판단했다.

첫 번째 유아세례를 주는데, 아기는 소리를 지르며 울고 이 소리가 로이의 목에 걸린 마이크를 통해 시끄럽게 울려 퍼졌다. 그러자 성가대석에 앉아 있던 예배위원장 해리 하딩이 무언가를 휘갈겨 쓰더니 그 쪽지를 성가대 옆에 있는 장치를 통해 강단의 목회자용 의자에 전했다. 성도들이 예배의 마지막 찬송을 부르는 동안 로이 목사는 그 쪽지를 읽었다. "목사님, 언제나 마이크 시스템을 책임지는 사람을 구하시겠습니까? 이런 시끄러운 소리가 성도들에게 얼마나 방해가 되는지 이미 말씀드리지 않았습니까? 성도들이 아무것도 듣지 못하든지, 아니면 이런 소음을 계속 견뎌야 합니다. 주일 아침 예배 시간에 이런 일은 두 번 다시 반복되어서는 안 됩니다. 무언가 조치를 좀 취하십시오!"

예배 후 예배당 문을 나서는 성도들과 썩 내키지는 않는 마음으로 인사를 하는 중에 한 성도가 거동이 불편하여 교회에 오지 못하는 사람들을 위한 심방이 필요하다는 점을 거론하였다. 그러자 로이 목사는 "시간이 나면 갈 겁니다"라고 잘라 말했다. 그러고는 이내 해리에게 다가가며 자신이 예배 중에 받은 쪽지를 거의 그의 얼굴에 대고 흔들다시피 하면서 예배위원회에서 담당해야 할 마이크 시스템 조정이 목사의 책임이라고 생각하는 발상이 어디에서 왔는지를 따져 물었다. 그러면서 자신이 교회의 모든 것을 책임질 수는 없노라고 말했다.

로이 목사는 기분이 상한 상태에서 바로 교회학교 장년반으로 발걸음을 옮겼다. 목사가 들어오자 분위기가 금방 조용해졌다. 사람들은 지금까지 목사의 성격에 대해 이러쿵저러쿵 저마다 말을 돌리며 이야기하고 있었기 때문이다.

장년 모임은 지금까지 대화가 순조롭게 진행된 적이 없었다. 사람들이 자신의 생각을 말하면 로이 목사는 이내 자신의 설교를 변호하며 그들이 자신의 취지를 잘못 이해했다고 하면서 설교한 것을 다시 반복했다. 그래서 장년반 리더는 대개의 경우 아침 설교에서 한 가지 주제를 이끌어 내어 각자의 삶 속에서 그것과 관련된 경험들을 이야기하도록 하였다. 그러나 그들의 토론은 주로 그날 아침에 목사가 이야기한 것으로 흘러갔고, 그러면 다시 로이 목사는 그것에 대해 자신을 방어하는 입장을 취하곤 하였다. 이날도 예외는 아니었다. 오늘도 리더는 결국 다음과 같은 말로 모임을 끝냈다. "여러분, 우리는 앞으로도 이런 토론을 오랫동안 계속하게 될 것입니다."

교회를 떠나기 전, 로이 목사와 스튜는 한 번 더 아침에 일어난 문제들에 대해 서로를 비난하며 자신의 행동을 변호했다. 두 사람은 실제로 건물과 관련하여 어떤 일이 발생했는지 정확하게 알지 못한 채, 그리고 다음에 누가 무엇을 해야 할지도 모른 채 그냥 각자 집으로 향했다.

집에서 늦은 점심을 하면서, 로이 목사는 그날 아침에 무엇이 잘못되었는지 그리고 사람들은 왜 그렇게 제 구실을 못하는지에 대해 조이에게 불평을 늘어놓았다. 조이는 교회와 관련하여 남편 로이의 미래가 어떻게 될지 염려되었다. 그리고 다른 사람들과 남편이 겪는 문제들이 사실은 자신이 남편과의 관계에서 경험하는 문제들과 비슷하기 때문에, 그녀는 아침에 교인들이 남편에 대해 하는 말들을 자신이 들은 대로 이야기하기 시작했다. 자신의 말로 하기보다는 교인들의 말로 하는 것이 더 나을 거라고 생각했기 때문이다.

그러나 그녀의 목소리에는 다분히 남편을 비난하는 어조가 담겼고,

로이 목사는 이내 어떻게 아내조차 자신을 이해하지 못하느냐고 반박했다. 그리고 이 어려운 교회 상황에서 자신을 변호하지도 지지하지도 않는 것에 대해 따지기 시작했다. 이 시점에서 조이는 말을 중단했다. 결국 그들은 서로 상대가 자신을 위하거나 돌봐 주는 마음이 전혀 없다는 느낌을 받으며 적대적인 침묵 속에서 점심 식사를 마쳤다.

이 책은 어떤 책인가

우리는 같은 주일 아침 거의 유사한 상황에서 이 두 교회에 일어난 차이점들에 대해 어떻게 설명할 것인가? 이 두 교회는 같은 지역에서, 사회경제적으로, 인종적으로, 문화적으로, 교육적으로 같은 배경을 갖고 있다. 그러나 똑같은 사건에 대해 이 두 교회는 전혀 다른 반응을 보였다.

밸리 뷰 교회의 경우, 우리는 건물관리 위원장인 스튜 맥과이어나 담임 목사인 로이 핸슨, 혹은 교회의 몇몇 문제 인물들이 저지른 명백한 실수와 부적절한 상황 처리를 거론하며 그들에게 시선을 집중하기 쉽다. 나는 밸리 뷰 교회에서 사람들이 서로에게 보인 반응과 그들이 주고받은 구체적인 말들을 의도적으로 과장하여 표현하면서, 그들이 경험한 다양한 사건들을 어느 주일 아침에 일어난 일들로 압축하여 묘사하였다. 그러나 이러한 일들은 서로 좋은 의도로 관계를 맺고 함께 신앙생활을 하는 선한 그리스도인들이 모인 수많은 교회들에서 실제로 늘상 발생하는 일이기도 하다.

우리 모두는 어떤 부부의 관계가 잘못되어 가면 그것은 어느 한 사람만의 잘못이 아니라 두 사람 모두 그런 문제가 발생하는 데 일정 부분 기여했기 때문이라는 것을 알고 있다. 이는 교회에서도 마찬가지다. 교회가 긍정적인 방향으로 나아가느냐 아니면 부정적으로 나아가느냐 하는 것은 교회의 모든 성도들, 특히 교회의 리더들이 어떤 역할을 하고 어떤 기여를 하느냐에 달려 있다.

그렇다면 밸리 뷰 교회에서처럼 교회에 어떤 어려운 상황이 발생하고 교회의 리더들은 그 상황이 긍정적인 방향으로 전개되도록 하기보다는 오히려 악화시키는 것처럼 보인다면, 그 안에서 실제로 어떤 일이 일어나고 있기에 그런 것인가? 제3교회에서는 밸리 뷰 교회처럼 지도자들이 서로 감정적인 갈등과 폭발을 경험하기보다는, 그것을 잘 피하고 상황을 무난히 헤쳐 나간 것에 대해서는 어떻게 설명할 수 있겠는가? 어떤 문제에 직면할 때 그것을 잘 처리하는 사람들이 있는가 하면, 부적절하게 처리하는 사람들도 있다. 이러한 사실들에서 우리가 생각할 수 있는 인간의 본성은 무엇인가? 이러한 차이를 가져오는 사람들의 강점과 약점은 무엇인가? 우리 자신을 어떻게 체계화할 때 이런 차이가 발생하는가?

이 책은 이러한 질문들을 다루고 있다. 그리고 교회의 구성원들과 지도자들에게 다음과 같은 요소들을 통해 그들이 필요로 하는 도움을 제공하고자 한다.

첫째, 이 책은 인간 행동에 관한 한 가지 이론을 제공하고자 한다. 이를 통해 독자들은 사람들로 구성된 교회 공동체에서 어떻게 상황이 통제되지 않고 밸리 뷰 교회에서 발생한 것과 같은 일이 일어날 수 있는지 이해하게 될 것이다.

둘째, 이 책은 교회에서의 리더십과 행동에 관한 실제적인 아이디어를 제공하고자 한다. 이를 통해 독자들은 밸리 뷰 교회에서와 같은 일을 예방하고 제3교회에서와 같은 일이 일어나게 하는 데 필요한 리더십 유형과 행동을 알아가게 될 것이다.

셋째, 이 책은 교회에서 감정이 상하고 갈등이 일어나는 상황에서 어떻게 행동할지에 관한 몇 가지 지침을 제공하고자 한다. 이를 통해 독자들은 상황이 밸리 뷰 교회에서처럼 전개되려고 할 때 무엇을 어떻게 해야 할지 이해하게 될 것이다.

넷째, 이 책은 갈등 상황에서 개인이 취할 수 있는 몇 가지 단계들에 관한 안내를 제공하고자 한다. 이를 통해 독자들은 그러한 상황에서 교회의 지도자로서 치유와 화합을 위한 긍정적인 역할을 하고 좀 더 건강한 교회 공동체를 발전시키는 데 필요한 기여를 할 수 있게 될 것이다.

이 책은 누구를 위해 쓴 책인가

이 책은 교회 내에서 어떤 종류건 리더의 위치에 있거나 결정권자의 역할을 해야 하는 사람들을 위해 쓴 것이다. 교단의 지도자나 목회자, 교회의 실무 위원회와 같은 소위 '최고 지도자들'만을 위한 것이 아니다. 교회의 각종 위원회 구성원들과 행정 실무자들, 교회학교 교사들, 시설 관리인들, 사무직원들, 도서실 사서와 성가대 책임자 및 오르간 반주자, 주일 아침에 '인사'하고 안내하는 모든 사람들을 위해 쓴 것이다. 이들 각자가 교회에서 맡은 위치와 역할들을 고려할 때, 이들은 모두 교회 리더십의 전체 구조를 구성하는 하나하나의 중요한 부분들이다.

당신이 이러한 역할들 가운데 하나를 맡았다면, 스스로 자신을 '지도자'로 생각하건 하지 않건 간에 당신은 지도자다. 당신은 한 사람의 개인으로서뿐 아니라 전체 교회를 이끌어 가는 정신의 한 부분으로서 교회생활의 분위기나 정서에 영향을 미치고 있는 것이다.

밸리 뷰 교회에서 있었던 주일 아침의 일들은 누구도 자신들이 그렇게 의도해서 일어난 것이 아니었다. 그들은 저마다 자신들의 책임이 아닌 일에 연루되었다고 느꼈고, 그래서 나름대로 자신들이 아는 최선의 방법을 따라 상황에 대처하려고 한 것뿐이었다. 자신들도 모르는 사이에 상황을 악화시킬 뿐인 방식으로 서로를 대했던 것이다.

이 책은 각 장의 말미에 그 장에서 다루어지고 있는 개념들에 대해 생각하고 자신을 포함하여 자신의 교회에 이것이 어떻게 적용될 수 있을지에 대한 묵상을 돕기 위해 몇 가지 질문들을 제시하고 있다. 이 책을 통해 가장 유익한 효과를 얻으려면 소그룹으로 내용을 함께 읽고 토론하는 것이 좋다. 그 소그룹이란 당신이 함께 일하고 있는 위원회나 교회 운영위원들일 수 있다. 아니면 교회 내에서 필요하다고 생각되는 어떤 종류의 그룹이든 상관없다. 각각의 질문들은 교회에서 독자들 자신이 경험하는 것들에 대한 성찰을 돕기 위한 것이다. 그룹에서 이 질문들에 대한 어떤 동의나 동일한 결론을 이끌어 내야 할 필요는 없다. 거기에는 한 가지 유일한 정답 같은 것도 없다.

이 책은 교회에서 우리 자신이 어떤 방식으로 존재하고 있으며 다른 사람들과의 관계에서 어떤 방식으로 행동하는지에 대한 성찰을 돕기 위한 도구가 되고자 기록되었다. 서점의 두 진열대 앞에 서 있는 어떤 사람을 그린 만화가 있다. '자기-도움'(Self-Help)이라고 써 있는 선반 위에는 책들이 가득 차 있고, '타인-도움'(Other-Help)이라는 제목이 붙은 선반 위에는 책들이 거의 없어 텅 비다시피 한 상황이다. 우리는 대개의 경우 자기 자신에게 적용하기보다는 다른 사람들에게 어떻게 적용할까 하는 생각을 가지고 자기-도움과 관련된 책들을 읽으려고 한다. 마치 그것이 다른 사람을 돕기 위한 책인 것처럼 말이다. 나는 당신이 이 책을 읽으면서 이런 유혹을 떨칠 수 있기를 바란다. 이 책이 자신에게 어떻게 적용되는지를 알려는 관심을 갖고 읽을 때 가장 가치 있고도 긍정적인 결과를 얻을 수 있을 것이다.

당신은 과거 교회에 어려움이 생겼을 때 어떻게 대처하였는가? 앞으로 그런 상황이 또 발생한다면 어떻게 대처하기를 원하는가? 한 사람의 개인으로서 그리고 리더로서 그동안 교회에서 당신이 맡은 역할은 무엇인가? 이러한 것들에 대한 진지한 성찰을 할 때, 당신의 행동은 달라지기 시작할 것이다. 그리고 교회는 좀 더 건강한 공동체가 되어 각 개인들이 치유와 성장을 경험하고 세상을 향한 그 사명을 좀 더 잘 성취할 수 있게 될 것이다.

이 책의 이론적 기반

이 책은 체계 이론, 보웬이론, 혹은 가족체계이론으로 다양하게 불리는 인간 이해의 접근 방식에 기초하고 있다. 이 이론을 발전시킨 머레이 보웬은 미국 워싱턴 D.C.에 있는 조지타운 대학교 의과 대학에서 정신의학 교수로 재직하였고, 1990년 작고하였다. 가족치료는 1950년대에 나타나기 시작하였고, 보웬은 이 분야의 개척자 중 하나였다. 그의 이론은 인간관계에 대한 일반적인 이해와 가족치료 활동에 있어서 하나의 이정표가 되었다.

보웬이 발전시킨 인간관계에 대한 개념들은 그동안 일부 가족치료사들이 자신을 포함한 자기 가족들과 자신들이 치료한 가족들뿐 아니라 직장 상황이나 조직체 등에도 일반적으로 잘 적용된다는 사실을 밝히면서 드러났다. 내가 이 사실을 처음 발견한 것은 가족과 관련하여 치료를 받은 내담자들이 자신의 직장이나 자원봉사 현장에서도 치료로 말미암은 영향이 나타났고 그 결과 그들의 삶이 개선되고 있다는 보고를 접하면서부터다.

이러한 경험을 통해, 나는 1986년에 목회자들을 대상으로 가족체계이론에 근거한 교육 프로그램들을 개설하기 시작했다. 이 과정을 거치면서 목회자들은 교회에서 발생하는 문제들과 그 문제들이 일어나기까지 자신들이 취한 역할에 대한 생각에 일대 혁신이 일어났음을 보고하기 시작했다. 그리고 자신들의 교회 성도들도 가족체계이론에서 도움을 얻기를 기대했다.

이 책은 다음과 같은 요소들에 근거하여 저술하였다.

- 가족체계이론에 대한 이해
- 결혼과 가족치료사가 되려는 학생들에 대한 훈련자이자 임상 감독자로서의 활동 경험
- 목회상담자로 훈련받기 이전 지역교회 목사로 일했던 10년간의

경험
- 체계적 사고를 자신의 생활 환경과 교회 상황에서 시도하고 다양한 긍정적 결과들을 맛본 내담자들의 경험
- "당신의 사역에서 가족체계이론 활용하기"라는 8개월 코스를 수료한 80명 이상의 지역교회 목회자들과 교회 스텝들과의 작업 경험
- 목회상담 기관의 운영자로서 30명의 임상 스텝들과 함께 일한 경험
- 교회와 일반 조직들에 대한 기관 컨설턴트로서의 실무 경험

이 책은 리더들이 취해야 할 단 하나의 정답을 제시하는 책이 아니다. 이 책에 제시된 개념들은 다양한 방식으로 제시되거나 보완될 수 있다. 아울러 좀 더 건강하고 바람직하게 기능하는 교회 공동체를 지향한다는 동일한 목표를 위해서도 그 접근은 다양한 방식으로 이루어질 수 있다. 궁극적으로, 각 교회와 지도자, 그리고 각 교회 구성원들은 저마다 자신에게 맞는 자신들의 방법으로 이 일들을 이루어 가야 할 것이다.

CREATING

A HEALTHIER CHURCH

교회는 눈에 보이는 것 이상이다

죄를 갚되 아버지로부터 아들에게로 삼사 대까지 이르게 하거니와 [출 20:5].

지체는 많으나 몸은 하나라 [고전 12:20].

인간과 관계에 대한 새로운 사고방식

주일 아침 두 교회에서 상황이 전개된 방식에 대해 잠시 생각해 보자. 두 교회의 강점과 약점이 드러난 것은 어떤 부분에서였는가? 당신은 이러한 상황을 어떻게 설명할 것인가? 당신이 이와 똑같은 상황에 있었다면, 특별히 밸리 뷰 교회에 속해서 다른 사람들과의 관계에서 이런 경험을 하였다면, 어떻게 행동했을 것이라고 생각하는가? 그러한 상황에서 어떻게 리더십을 발휘하여 서로에게 기독교적인 사역을 전개할 수 있었겠는가?

사역과 관련된 모든 행동이나 리더십 행위, 혹은 관계는 사람의 행동이나 기능방식에 대한 어떤 기본적인 확신이나 이론에 근거하여 이루어진다. 사람들은 저마다 다른 사람들과의 관계에 있어서 그들에게 동기를 부여하는 것이 무엇인지, 그들의 행동방식을 좌우하는 것이 무엇인지, 어떻게 문제를 야기하는지, 혹은 어려운 상황이 닥치면 어떻게 대처해 가는지 등에 관한 나름대로의 추론이나 전제를 가지고 있다.

사람들의 동기나 행동을 이해하는 측면에서 제3교회와 밸리 뷰 교회에는 분명한 차이가 있다. 인간 행동에 관한 이론에 있어서 비록 무의식적이긴 하겠지만 그들은 이해방식이 서로 다르다. 밸리 뷰 교회의 경우, 다른 사람들은 자신에게 위협적인 존재로 인식되고, 이로 말미암아 사람들은 타인에게서 올 수 있는 잠재적인 공격에 대해 자신을 지키려는 입장을 취한다. 이런 양상이 가장 두드러지게 나타나는 경우는 스튜 맥과이어와 교회 관리인 래리 램버트다. 물론 다른 사람들 간의 관계에서도 이런 양상은 그대로 나타난다. 그들은 또한 다른 사람에게 책임을 전가하거나 다른 사람을 탓하는 것에 익숙하다. 에덴 동산에서 자신들이 금지된 열매를 먹은 것에 대한 이유를 다른 데로 돌리기에 급급했던 아담과 하와처럼, 일어난 상황에 대해 다른 사람에게 책임을 돌리거나 비난하는 태도를 취하였던 것이다.

그러나 제3교회에서는, 봅 스팀슨과 관련된 모든 사람들이 서로 자신들이 함께 그 상황에 관련되어 있다고 생각한다. 그리고 어떻게 하든지 그 상황에 잘 대처하기 위해 저마다 최선을 다한다. 각자 자신들이 할 수 있는 일들을 하면서 자연스럽게 책임을 분담한다. 누구도 비난을 당하거나 죄책감을 느끼도록 압박을 받지 않는다. 홀로 책임을 뒤집어쓰라는 요구를 받지도 않는다.

밸리 뷰 교회와 제3교회의 경우 두 교회에서 나타나는 인간 행동 사이의 기본적인 차이는, 전자는 '개인적' 모델을 취하고 있고, 후자는 인간 존재에 대한 '체계' 모델의 입장을 취하고 있다는 것이다. 전자의 경우, 인간 행동에 대한 개인주의적 이해와 접근은 사람들이 상호적으로 얽혀 있고 한 사람의 행동이 다른 사람의 행동에 영향을 줄 수 있다는 사실을 거의 고려하지 않는다. 사람들은 그저 빈 공간에서 자기 나름대로 그리고 독립적으로 행동하는 것으로 이해한다. 한 개인으로서 사람들의 어떠함은 각자의 '내면'에 기초해서, 즉 그 사람의 생물학적, 심리적, 도덕적 존재로서 이해한다. 그러다 보니 어떤 문제가 발생할 때 특정한 사람을 '문제'로 지목한다. 자기 자신도 그 문제의 한 부분이라는 사실을 인정하지 않는다. 자신은 비난받을 일이 없다고 느낀다. 문제는 다른 어떤 개인들이라고 보기 때문이다. 밸리 뷰 교회에서는 어떤 사람도 "우리 모두가 이 일에 함께 관계되어 있다"고 생각하지 않는다.

체계 모델에서는 사람들이 서로 연결되어 있다는 것을 인식한다. 체계 모델에 의하면, 사람은 그의 관계적 맥락 안에서만 온전히 이해될 수 있다. 혼자 고립되어 살거나 행동하는 사람은 없다. 우리 모두는 서로 다른 사람의 행동에 영향을 받는다.

사람들은 대개의 경우 인간 행동에 대한 이러한 이론들을 이야기하지 않는다. 그것에 대해 의식적으로 생각하는 사람도 거의 없다. 두 교회에서 자신들의 사고방식이 이러하다는 것을 인식하고 있는 사람은 거의 없을 것이다. 하지만 그들이 각기 기능하는 방식은 인간에 대해 그들이 전제하고 있는 이해를 분명하게 드러내고 있다. 두 교회는 외형적으로는 예배를 드리면서 똑같은 사도신경을 외우고 이웃 사랑의 중요성을 강조하였을 것이다. 하지만 하나의 기독교 공동체로서 그들이 서로를 대하는 행동은 사뭇 달랐다. 입으로는 같은 신앙고백을 하지만 행동으로는 서로 상당히 다른 믿음을 가지고 있다는 사실을 보여 준 것이다.

그렇다고 해서 밸리 뷰 사람들의 믿음이 진실하지 않다거나 그리스도인의 삶을 살려고 하지 않는다는 말은 아니다. 그들은 나름대로 진지한 신앙적 자세를 갖고 있고, 그렇게 살려고 할 것이다. 그런데 어려운 상황이 발생하자 인간 행동에 대해 그들이 무의식적으로 갖고 있던 사고방식이 그대로 표출된 것이다. 믿음이 나타난 것이 아니라 그만 감정적인 반응을 보이고 말았던 것이다.

그러나 제3교회에서는 믿음과 행동이 유사하게 표출되었다. 리더십이 효과적으로 발휘되었으며, 관련 당사자들 간에 서로 연결성과 책임 분담에 대한 의식이 있었기 때문에 사역도 잘 진행되었다. 누구도 비난받는다거나 공격을 받는, 혹은 무시를 당한다는 느낌을 받지 않았다. 자신의 책임을 면하려고 눈치를 살필 필요도 없었다. 어느 한 사람도 '문제'로 지목을 당하거나 혼자 책임을 지라는 요구를 받지 않았다. 모든 사람이 그 상황에 함께 참여하였고, 대화를 나눴고 서로를 존중하는 방식으로 대처하였다. 각 개인들은 저마다 자신의 책임을 스스로 감당하되 다른 사람들과의 관계 속에서 협동적으로 그렇게 하였다. 각 사람들이 서로 가능한 지침들을 주고받으며, 서로 가르치고 배웠다. 그들 사이에는 공동체적인 인식, 관심, 연계성과 개인적인 책임 간에 균형이 있었다.

그 결과, 제3교회는 그들이 속한 더 큰 세상 속에서 좀 더 집중하여 효과적으로 자신의 사명을 감당해 갈 수 있었다. 교회에서의 생활이 그들에게 맡겨진 사명을 수행하는 데 어떤 장애도 되지 않았다. 그들은 서로 긴밀히 협동하는 가운데 세상에서 그리스도의 몸이 되어 가는 소임을 감당할 수 있었다.

밸리 뷰 교회는 좀 더 자기중심적인 교회다. 그들은 자신들의 내적인 문제들을 다루는 데 훨씬 더 많은 시간과 에너지를 소모한다. 거기에는 주변의 더 큰 세상을 향해 내어줄 것이 별로 남아 있지 않다.

누구도 고립되어 살 수는 없다

교회가 건강하게 기능할 수 있는 한 가지 중요한 열쇠는 리더들이 교회를 서로 분리된 개개인들의 집합체로 보기보다는 하나의 시스템(체계)으로 보는 것이다. 모든 교회는 각 개인들로 구성된 하나의 집단 그 이상이다. 교회에서 사람들은 여타의 집단과 마찬가지로 서로 긴밀하게 연결되어 있다. 그들은 각 개개인들을 합한 것보다 더 크고 강력한 하나의 체계로 존재한다. 각 개인은 그 안에 있는 다른 모든 사람들에게 영향을 받고 또 반대로 영향을 주기도 한다.

각 사람은 저마다 나름대로의 강점과 약점을 가지고 있는데, 이러한 요소들은 그들이 처한 각각의 상황이나 관계적 맥락에 따라 달라질 수 있다. 이러한 현상은 가족치료를 받으며 다음과 같은 말을 하는 한 직장인의 말에서 잘 드러난다. "도대체 이해할 수가 없습니다. 직장에서는 내 윗사람이나 아랫사람과 함께 일도 잘하고 의사소통도 잘

합니다. 긴장되는 상황에서도 차분하게 나 자신을 유지하면서 생각을 분명하게 하고 적절한 결정을 내릴 줄도 압니다. 그런데 집에 들어서자마자 제 배우자가 어떤 것에 대해 불평을 늘어놓으면 그만 뚜껑이 열려 버리거든요. 그러고는 옛날에 부모님께 했던 것처럼, 마치 반항적인 청소년처럼 행동하곤 합니다."

같은 사람일지라도, 서로 다른 환경에서는, 감정적 상황에 두 가지 다른 방식으로 반응할 수 있다. 체계의 관점에서 볼 때, 방금 언급한 사람은 직장과 집이라는 두 체계에서 다르게 기능한다는 사실을 보여 준다. 이런 서로 다른 존재방식은 그가 두 체계에서 보여 준 서로 다른 성격적 특성을 설명하는 데 도움이 된다. 그를 둘러싼 더 큰 체계가 개인의 인성 표출에 영향을 줄 수 있다.

일상적 삶의 상황에서 체계적인 사고를 한다는 것은 매우 어려운 일이다. 로이 핸슨은 자신의 행동이 자신을 둘러싼 주변 사람들에게 어떤 영향을 주는지 알지 못했다. 그리고 교회 성도들도 자신들의 행동이 로이에게, 나아가 서로에게 어떤 영향을 주는지 보지 못했다. 상황이 무언가 잘못되기 시작하면 다른 사람들이 어떻게 부적절하게 행동하는지, 그것이 자신들에게 어떤 영향을 주는지는 잘 보여도, 그러한 상황이 일어나는 데 자신이 한 역할은 무엇인지, 그것이 다른 사람들에게 어떤 영향을 주는지는 잘 보지 못한다.

스튜와 건물관리인 래리의 관계는 최소한 그들 중 한 사람이라도 그들 사이에 있었던 일에 자신이 어떤 영향을 주었는지, 어떤 역할을 하였는지 깨닫기 전에는 결코 개선되지 않을 것이다. 아마도 래리는 그동안 스튜가 자신을 대하는 방식에 대해 건물관리 위원회 위원인

삼촌이나 담임 목회자에게 불만을 털어놓았을 것이다. 스튜 또한 래리가 얼마나 멍청한 가에 대해 불만을 토로했던 것처럼 말이다. 어느 누구도 자신의 행동이 상대방에게 어떤 영향을 주는지에 대해서 생각하지 않는다. 그들이 속한 상황이 감정적으로 극한 상호작용을 하게 만들고 있는 것에 대해서도 생각하지 않는다.

제3교회에서는 어려운 상황이 발생했음에도 불구하고 각 사람이 상대적으로 차분하게 자신의 감정을 유지할 수 있었다. 이것은 다른 사람들과의 관계에서 상대방 또한 차분한 감정 상태를 유지할 수 있게 하는 데 도움이 되었다. 그리고 무엇을 해야 할지 함께 생각하며 협동할 수 있었다. 두 교회에서 각 개인의 행동에 반응한 것은 그들 각자가 처한 체계였고, 그 체계는 개인의 행동에 의해 생성되기도 하고 반대로 개인의 행동을 낳기도 한다.

교회에서 각 성도들은 그들이 속한 체계 안에서 상호적인 관계를 맺으며 기능한다. 이때 각 개인들은 자신들의 가정이나 직장 등 서로 다른 체계 안에서 유사하게 반응하거나 아니면 다른 방식으로 행동할 것이다. 우리는 교회에서 다른 사람들과의 관련성 속에서 교회 구성원으로서 그리고 리더로서의 자기 정체성을 발전시킨다. 그리고 교회는 하나의 전체로서 다른 체계, 즉 다른 교회나 지역사회와의 관련성 속에서 자신의 집단 정체성을 발전시킨다. 사람들은 어떤 특정한 교회에 대해 말할 때, 종종 다음과 같은 질문을 한다. "거기는 어떤 교회예요?" 이것은 교회들 또한 오랜 시간을 지나면서 나름대로의 특성을 형성하게 된다는 것을 의미한다.

각 개인들과 교회의 정체성은 이전 세대 교회 구성원들과의 관련성 속에서 발전하기도 한다. 이러한 사실은 성경에서도 부모의 죄나 축복이 자녀들에게 전달된다는 말씀을 통해 확인된다. 어떤 젊은 목사가 교회에 파송을 받아 가기 전에 감독 목사로부터 다음과 같은 말을 들었다. "자네가 사역하게 될 이 교회는 목사를 잡아먹는 교회일세. 그들은 요구하는 것만 많고 만족시키기는 힘든 사람들이지. 그러니 마음을 단단히 먹고 그들을 대해야 할 걸세." 그래서 이 신임 목사는 본래 자신의 모습과는 달리 마음을 강하게 먹고 고집스러운 자세로 사역에 임하였다. 물론, 그는 결국 교회 성도들과 문제 상황에 직면하게 되었다.

후에 이 목회자를 구하기 위해 감독 목사가 찾아왔다. 그러나 그는 자신 또한 체계의 한 부분이라는 사실을 인식하지 못했기 때문에 비록 이 젊은 목회자를 지원해 주기 위해 오기는 했지만 결국 교회와 싸움만 하도록 부추기는 결과를 초래하였다. 각각의 교회가 갖는 성격은 어떤 특정한 맥락에서 형성되고, 그것은 목회자와 교회의 관계에 강력한 영향을 끼친다. 그래서 교회 성도들이 교회 체계 안에서 저마다 자신의 특정한 역할과 태도를 발전시키듯이, 각 교회들도 좀 더 큰 체계 안에서, 즉 이 교회의 경우 지방 연회 안에서 나름대로의 방식으로 기능하는 어떤 특성을 발전시켜 왔다. 그리고 과거에서부터 형성되고 작동되어 온 그 모든 체계들의 특정한 방식이 현재에도 영향을 미친다.

각 성도들의 과거와 현재는 교회 내의 다른 성도들과 직접적인 접촉이 있든 없든 상관없이 서로에게 영향을 준다. 교회 차원이든 교단 차원이든, 위원회에서 교회 교육에 대한 어떤 결정을 내리게 되면 비록 교회학교 교사는 그 위원들과 만난 적이 없었을지라도 그 결정으로 말미암아 교회학교에서 무엇을 어떻게 가르칠지에 큰 영향을 받을 수 있다. 밸리 뷰 교회의 교회학교 부장인 모린 니븐이 사의를 표명한 것은 부분적으로 바로 이러한 외적 영향에 기인한 것이었다.

다른 사람에게 영향을 주거나 영향을 받는 것은 사람마다 그 정도가 다르다. 영향력에 있어서 다른 사람들보다 더 큰 무게를 갖는 사람이 있고 안 그런 사람들도 있다. 예를 들어, 어떤 교회의 선교위원장이 저소득층에 대한 교단의 정책에 불만이 있다고 하자. 그는 위원회를 조정하여 성도들이 저소득층을 지원하려는 교단의 새로운 프로그램에 대해 아무런 이야기도 듣지 못하게 할 수 있다. 그 정보를 들었더라면 성도들은 그러한 계획을 지원하려고 했을 것임에도 불구하고 말이다.

성도 가운데 한 사람에게 일어나는 변화도 전체에게 영향을 미칠 수 있다. 대개의 경우 한 구성원에게 일어나는 변화는 다른 사람들에게 일어난 변화에 영향을 받았을 가능성이 크다. 이처럼 교회 체계란 모든 구성원과 그들이 행하는 서로 다른 행동들과 그것에 대한 반응 등 모든 것들이 합쳐져 구성되는 전체적인 어떤 총합을 의미한다.

한 교회에서 활동적이고 핵심적인 어떤 성도가 세상을 떠나거나 다른 교회로 옮겨 가면 그 교회에 어떤 일이 발생하는가? 오랫동안 '새로운 피'가 수혈되기를 기다렸다가 마침내 그런 사람이 나타났는데 일처리를 전과는 다르게 하려고 한다면 어떻게 되겠는가? 이런 경우 교회는 대개 다음과 같은 "교회의 마지막 일곱 마디"를 내놓는다. "우리는 전에 한 번도 그런 방식으로 일하지 않았다". 교회의 모임이나 행사에 갔는데 그동안 함께 지내 왔던 오랜 친구들은 거의 없고 잘 모르는 새로운 사람들만 잔뜩 왔다고 가정해보라. 어떤 생각이 들겠는가? '이젠 더 이상 예전 같지가 않군'이라는 생각이 들 것이다. 이 모든 것이 교회 체계의 일부분이다.

이러한 교회 체계는 우리 각자가 속한 다른 여러 체계들 가운데 하나에 불과하다. 우리는 그 모든 체계에서 서로 영향을 주고받는다. 사무실에서 좋지 않은 일이 발생한 날은(직장 체계) 그 영향이 저녁에 집에 와서까지(가족 체계) 이어질 수 있다. 로이 핸슨이 교회 성도들과 맺은 관계의 양태는 그의 아내와의 관계에 영향을 받는다. 나아가 교단 지도부나 다른 교회에 있는 친구 목사들과의 관계에 영향을 받으며, 궁극적으로는 그의 원가족, 즉 자신이 성장한 가정에 의해 가장 중요한 어떤 영향을 받는다.

이 책은 원가족에서의 경험이 성인의 삶과 관계에 미치는 영향을 다루지는 않는다. 하지만 자신의 삶에 어떤 변화를 원한다면 이러한 부분을 점검하는 것이 필요하다. 보웬의 가족체계이론에서는 이러한 영향을 핵심적으로 강조하고 있다. 독자들 중에 이러한 작업을 원하는 사람은 원가족의 문제를 다룬 나의 저서 『가족의 띠』(*Family Ties That Bind*, Self Counsel Press, 1984)를 읽어 보기 바란다.

체계 내부의 체계

교회 체계 안에는 문화 체계, 의사소통 체계, 재정 체계 등 다양한 종류의 다른 체계들과 하부 체계들이 있다. 의사결정과 관련된 체계가 있는가 하면, 누가 어떤 직책을 맡고 어떤 직무를 수행할 것인가 등과 관련된 구조적 체계도 있다. 이러한 각각의 체계는 상대적으로 분명하게 인식할 수 있고 합리적이며, 그것에 관해 이야기하는 것이 그리 어렵지 않다. 필요하다면 변화를 시도할 수도 있다. 교회에서는 이러한 체계들을 개선하기 위한 제직 수련회를 개최하기도 한다.

하지만, 정서 체계는 인식하고 이해하기가 가장 어려운 체계다. 그것을 변화시키는 것은 말할 것도 없다. 하지만 교회나 사람들의 모임 가운데 가장 강력한 힘을 발휘하는 체계의 하나는 바로 이 정서 체계다. 교회 내의 다른 체계들이 얼마나 잘 기능하는가는 이 정서 체계가 얼마나 건강하냐에 달려 있다. 정서 체계가 건강하게 기능하지 않는다면 아무리 합리적으로 잘 계획된 사역이나 부서의 노력들도 결국 궤도를 벗어나게 될 것이다.

따라서 교회의 지도자들은 성도들 간에 정서 체계가 어떻게 작동하고 있는지 인식하고 있는 것이 매우 중요하다. 자신들이 그 정서 체계 안에서 수행하고 있는 역할을 인식하고, 나아가 어떻게 하면 교회의 정서 체계를 좀 더 건설적으로 개선할 수 있을지 알아야 한다. 밸리뷰 교회가 제3교회와 달랐던 주된 요소 가운데 하나는 바로 이 정서 체계에 있어서 건강하지 않은 방법으로 반응하며 그것에 좌우되었다는 점이다.

정서 체계는 섬세하게 균형을 유지하는 모빌과 같다. 모빌의 중심 쪽으로든 바깥쪽으로든 어느 한 편이 움직이면 이내 모빌 전체의 균형이 영향을 받아 흔들리기 시작한다. 이것은 리더십에 해당하는 모빌의 윗부분에 가까울수록 더 심하고, 밑으로 내려갈수록 그 영향은 다소 덜하다. 모빌이 균형을 잃고 한쪽으로 치우치기 시작하면 다시 균형을 이룰 때까지 가만히 매달려 있지 못하게 된다.

교회의 정서 체계는 언제라도 균형을 잃고 흔들릴 수 있다. 즉, 교회 안에는 리더십을 위협하는 문제와 갈등이 늘 있는 법이다. 그것은 정상적이고 피할 수 없는 일이다. 하지만 이러한 상황들이 어떤 결과를 가져올지, 그것이 긍정적인 경험이 될지 아니면 부정적인 경험으로 나타날지는 제3교회와 밸리 뷰 교회의 경우처럼 교회마다 다르다. 이것은 궁극적으로 목회자를 비롯한 교회의 전문 스텝들, 그리고 평신도 리더들이 그 상황에서 어떤 행동을 취하고 어떻게 반응하느냐에 달려 있다.

교회의 정서 체계가 균형을 잃게 될 때 종국적으로 어떤 결과가 나타날지는 그 상황에 대한 리더들의 반응에 의해 결정적인 영향을 받는다. 정서 체계가 불균형 상태에 있는 동안, 성도들의 불만이나 분노는 그것이 크던 작던 대개 교회 지도자들을 향하게 마련이다. 이때 지도자들이 체계적 관점이 아닌 개인주의적 관점에서 이 상황을 받아들이게 되면, 그들은 정서 체계의 불균형으로 공격이 온 것으로 보기보다는 자신들이 그 상황에 대해 개인적인 공격을 받는다고 생각하고 반응하게 된다. 이런 식으로 생각하게 되면 그들이 어떤 반응을 보이든, 실제로 어떤 말을 하고 어떤 행동을 하건, 더 많은 문제가 발생하고 교회생활은 혼란스러워질 것이다.

지도자이든 아니든, 누구나 정서 체계와 관련이 되고 그것의 영향을 받는다. 그러나 다른 사람들과 비교해서 그 영향을 좀 덜 받거나 덜 좌우되는 사람들도 있다. 감정의 소용돌이가 칠 때 그 와중에서도 차분하고 합리적으로 생각할 수 있는 사람들은 정서 체계의 힘에 덜 좌지우지될 수 있는 것이다.

제3교회의 사람들은 정서적 혼란과 분노라는 측면에서는 밸리 뷰 교회 사람들과 그다지 다를 바 없는 느낌을 받았을 수 있다. 하지만 그들은 그 상황에 대해 좀 더 객관적인 자세를 유지할 수 있었고 그러한 차원에서 적절하게 반응하였다. 각자 느끼는 감정이 있기는 했지만, 단순히 그러한 주관적 감정에 따라 행동해야 할 필요는 없었다. 그들은 감정에 사로잡히기보다는 감정을 사로잡을 수 있었다. 상황에 감정적으로 반응하기보다는 그 상황에서 어떻게 하는 것이 가장 도움이 될 것인지 생각할 수 있었다.

그러나 밸리 뷰 교회에서는 반동적인 정서가 그들을 사로잡았다. 그들은 자신들의 감정에 사로잡혀 당면한 상황에 대처하기 위한 적절한 반응을 보이지 못하였다. 그래서 그렇잖아도 어려운 상황이 그들의 감정 반응 때문에 더 악화되는 결과를 초래하고 말았다. 이러한 현상은 사람들이 어떤 스트레스를 받거나 위협을 느낄 때 나타나는 자연스러운 반응이자 결과다.

정서 체계가 작동하고 있는 것을 볼 수 있는 한 가지 좋은 방법은 어떤 문제에 대해 논란이 발생할 때 여러 교회와 지도자들이 그것을 어떻게 다루는지를 관찰하는 것이다. 최근 많은 교단들이 당면한 논쟁거리 가운데 하나는 동성애자들을 사역자로 안수하느냐의 여부에 관한 문제다. 캐나다 연합 교회에서는 이것을 실행하기로 가결한 바 있다. 그러자 소속 교회들은 저마다 나름의 방식대로 대응하기 시작했다. 어떤 교회들은 이 결정으로 정서적 소요에 빠진 와중에서도 자신들을 잘 관리하고 대처한 반면, 서로 분열되고 갈라진 교회들도 있었다.

정서 체계는 정치적인 입장을 따지지 않는다. 그것은 사람들이 어떤 '진보적'인 확신을 가졌는가 아니면 '보수적'인 확신을 가졌는가에 좌우되지 않는다. 연합교회 교단의 경우, 진보적인 교회와 보수적인 교회 양쪽 모두에서 정서적으로 폭발하여 교단의 결정을 수용하느냐 여부에 따라 교회를 떠날 것인지 결정하겠다고 말한 사람들이 있었다. 이때 그 교단을 떠나는 것은 그들이 정서 체계에 따라 좌우되었다는 것을 보여 주는 주요 지표는 아니었다. 그것은 그러한 과정에서 표출된 감정성의 정도였던 것이다.

어느 입장에 있느냐와 상관없이, 많은 교회들과 구성원들이 매우 당황했다. 그러나 그들은 반대 입장에 있는 사람들과 어느 정도 관계를 유지하며 그 문제에 대처할 수 있었다. 소수의 사람들은(그들이 어느 입장에 있느냐와 상관없이) 당면한 문제에 대해 염려하고 특정한 결과를 얻어 내기 위해 깊이 관여하였지만, 그 상황에 감정적으로 반응하지는 않았다. 그들은 자신들의 입장을 강하게 주장하며 논쟁하였지만 상대의 입장과 확신에 대해 존중하는 태도를 취하였다. 이런 과정을 통해 그들은 자신들의 확신을 타협하지 않으면서도 상대방을 통해 배울 것은 배우며 우호적인 관계를 유지할 수 있었던 것이다.

정서 체계에서 관계적 양상은 겉으로 나타나는 것이 아니다

어느 주일 아침 밸리 뷰 교회 여선교회장인 마리 폰타나가 개인적으로 로이 목사와 대화를 나누고 싶다고 요청하였다. 로이의 사무실에서 폰타나는 예배위원회의 해리 하딩 때문에 화가 났다고 말했다. 예배당에 장식된 꽃을 이동하지 말아 달라는 여선교회의 요청을 무시하고 하딩이 주일 아침에 구석으로 옮겨 놓았다는 것이다. 게다가 폰타나는 예배위원회에서 예배당에 걸려 있는 깃발들을 치우려고 한다는 것 때문에도 잔뜩 화가 나 있었다.

로이는 솔직히 말해 자신도 하딩이 함께 일하기 힘들 뿐 아니라 '아주 비협조적인' 사람임을 알게 되었다고 여선교회장에게 말하였다. 로이는 그렇게 말하면 안 된다는 것을 알았지만, 화가 난 마리에게 지지 의사를 표명하고 싶어서 그런 반응을 보였던 것이다. 그러고는 꽃과 관련하여 예배위원회와 이 문제를 논의하고 자신이 할 수 있는 일이 무엇일지 생각해 보겠다고 했다. 하지만 예배당에서 깃발들을 치우려고 하는 문제에 대해서는 자신도 그렇게 하는 데 동조하고 있다는 사실은 언급하지 않았다.

마리는 로이에게 깊은 감사를 표하고, 그가 교회에서 일하는 데 어려움을 겪고 있다는 사실을 안다고 했다. 그러면서 자신은 그를 지지하며 돕겠다는 말을 덧붙였다. 그러자 로이는 사람들이 모든 것을 자신에게 맡기는 데만 급급하고 그녀처럼 스스로 책임을 지려고 하지는 않는다고, 그런 참된 리더들이 교회에 부족하다며 말을 이어 갔다. 그는 사람들이 모든 것을 자기가 다 해주기 바라고 있는 것 같다는 생각을 피력했다.

그러자 마리는 로이가 말하는 것이 무슨 뜻인지 알겠다는 듯 한숨을 쉬며, 자신도 모든 사람들이 자기를 이해해 주지 않는 것 같은 느낌을 받는다고 말했다. 심지어 남편마저도 자신을 이해해 주지 않는 것 같다고 말하면서 울기 시작했다. 그러자 로이는 울고 있는 마리를 가볍게 안아 주었고, 그녀는 이에 감사를 표했다.

　이 상황에서 로이와 마리가 생각하는 것은 무엇인가? 로이는 이 상황을 통해 자신이 교회 내에 자기편을 하나 더 얻어 낼 수 있다고 생각한다. 그리고 마리는 자신이 원하는 목표를 성취하기 위해 필요한 도움을 얻을 수 있는 기회라고 본다. 두 사람 다 이 과정에서 상대를 통해 정서적 지지와 동정을 얻는 것을 즐긴다. 그리고 전보다 더 깊은 유대감이 생기고 관계가 가까워진 것을 느낀다. 이런 경우, 아래의 그림에서 보는 것처럼, 이것이 단지 이 두 사람 사이에서 생기는 관계적 상황이라고 생각하기 쉽다.

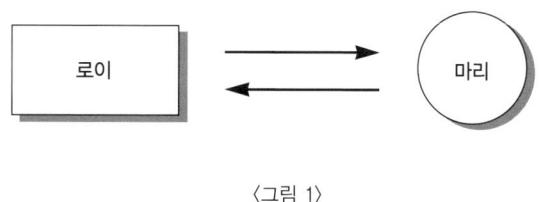

〈그림 1〉

　그러나 이러한 이자 관계(dyadic relationship)는 단지 두 사람만의 관계가 아니다. 여기에는 교회라고 하는 정서 체계가 관여되어 있고, 이들 각자가 속해 있는 다른 집단이나 관계의 정서 체계 또한 긴밀하게 연결되어 있다. 마리의 경우, 그녀의 관계망 속에는 여선교회의 다른 여성들이 포함되어 있으며, 그녀가 껄끄럽게 느끼는 예배위원회 사람들도 관련되어 있다. 그뿐 아니라 여기에는 그녀와의 관계에 거리감이 있는 남편이 개입되어 있고, 이제는 성장하여 어느 정도 갈등을 겪고 있는 자녀들도 있다. 그리고 마리가 어렸을 때 일찌감치 아버지가 세상을 떠난 이후로 늘 연약한 상태로 있는 어머니와 아직 미혼인 남동생도 관련되어 있다. 다음은 마리의 관계망에 따른 정서 체계를 보여 주는 도표다.

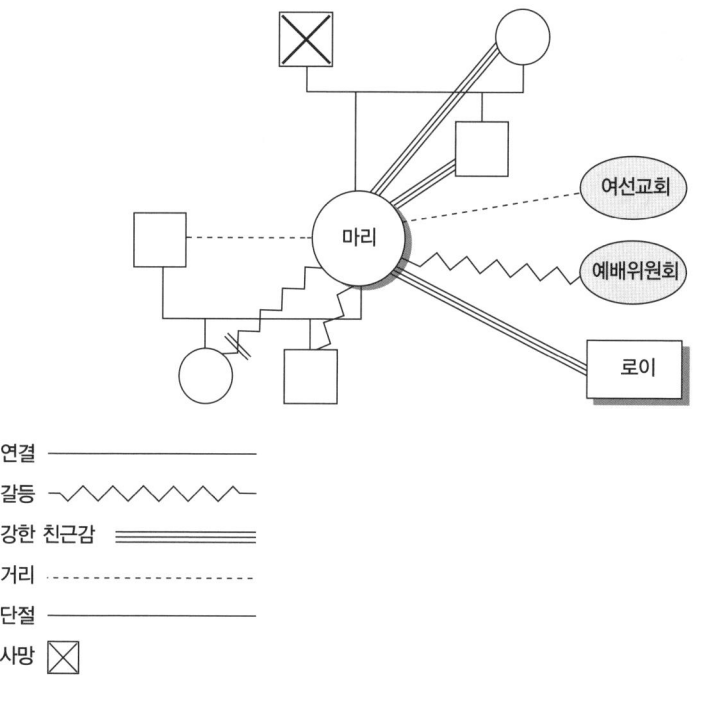

〈그림 2〉

로이의 관계 모빌은 밸리 뷰 교회의 성도들과 교단 내 동료 목회자들이 한 부분을 차지하고 있다. 로이는 이들이 자신에게 우호적이지 않다고 생각한다. 이 외에도 그의 모빌에는 아내와 두 딸들이 있는데

이들 또한 그와 그다지 가깝지 않다. 그리고 알콜중독자인 아버지와 모든 가족에게 희생적이면서 자신은 잘 돌보지 않는 어머니, 성공한 의사인 형이 있다. 로이의 정서 체계를 그려 보면 다음과 같다.

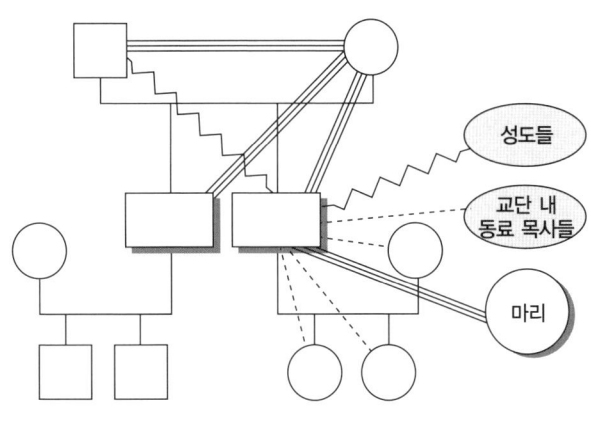

〈그림 3〉

로이와 마리가 만났을 때 거기에는 눈에 보이지 않는 수많은 사람들이 정서적으로 그 자리에 함께 존재한다. 이 모든 사람들은 로이와 마리 두 사람이 속한 더 큰 정서 체계로서, 비록 서로 다른 분리된 존재들이지만 로이와 마리에게 발생하는 온갖 생각이나 느낌, 반응들에 영향을 준다. 이들 각자는 자신의 모빌 상태가 불안정한 상황에 있을 때 상대방을 통해 어떤 안정된 상태를 이끌어 내고자 서로에게 접근한다.

가족 체계 치료사가 부부상담을 할 때, 그들은 이와 똑같은 방법으로 부부 두 사람의 삶과 그들이 살아 온 배경을 탐색한다. 내담 부부 2명을 각각의 개인으로 보는 것이 아니라 그들 각자가 관련되어 있는 전체적인 관계의 모빌을 보려고 하는 것이다. 그들이 속한 모빌 전체를 봄으로써, 치료사들은 부부 각 사람의 행동을 좀 더 잘 이해할 수 있고 어떤 변화가 필요할지를 생각하기 시작하는 것이다.

이러한 정서 체계는 두 사람 사이의 관계가 어떠하든지 상관없이 존재한다. 예를 들어, 두 목사가 팀 목회를 할 때 그들은 각자 자신이 속한 개인의 모빌을 공동 목회라는 관계 속에 가져오게 된다. 데이빗과 윌마는 교회에서 팀 사역을 하면서 모든 면에서 호흡이 잘 맞았는데 유독 재정적인 면에서는 그렇지 못하였다. 그들은 교회 재정 문제로 격렬한 논쟁을 경험하면서, 서로의 행동에 대해 부정적으로 말하기 시작했다. 데이빗은 윌마를 '싸구려'라고 부르면서 사역을 '지나치게 조심스럽게' 하려 한다고 비판하였다. 그러면서 윌마에게 이렇게 말하였다. "당신은 좀 더 위험을 감수하고 그에 대한 대가를 지불할 준비가 되어 있어야 합니다. 비록 올해에 재정 상태가 균형을 이루지는 못했지만, 더 많은 돈이 들더라도 이 프로그램을 실시하면 내년에는 교회에 더 많은 돈이 들어올 것입니다."

그러나 윌마는 데이빗이 재정과 관련하여 너무 '무책임'하게 위험 부담이 큰 사역들을 벌리려 한다고 말한다. 그의 방식대로 한다면 결국 교회 재정이 바닥나고 말 것이라고 주장한다.

두 사람 중 어느 누구도 자신의 입장을 변화시키지 않고 이런 논쟁을 계속 이어 갔다. 심지어는 자신의 입장을 지지한다고 생각하는 성경 구절들을 들먹여 가며 그렇게 하였다.

이 두 사람이 어떤 공통점을 찾는 것을 어렵게 만드는 것은 이들이 서로 상대방의 입장에 대해 개인적인 감정으로 받아들이고 서로 상대방에게 부정적인 낙인을 찍었기 때문이다. 이러한 태도는 그들 각자가 자신의 입장만을 고수하도록 만들고 있다.

이 상황 속에서 두 사람은 그들 각자의 삶에 관련된 수많은 사람들이 그들의 대화 속에 개입되어 있다는 사실을 깨닫지 못하고 있다. 그리고 그동안 두 사람이 각기 살아오면서 갖게 된 다른 모빌 속에서의 경험들을 통해 오늘의 자신들이 형성되어 왔다는 것도 깨닫지 못하고 있다. 다음은 그들의 대화 속에 실제로 어떤 요소들이 개입되어 있는지를 보여 주는 그림이다.

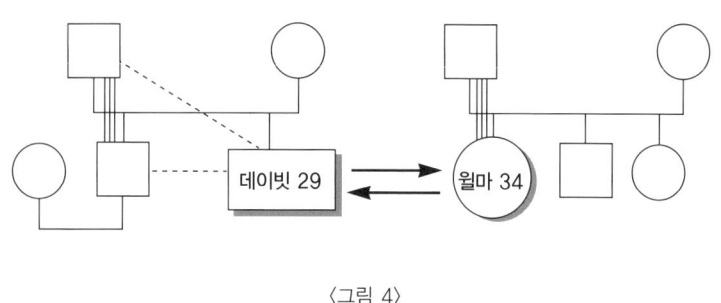

〈그림 4〉

데이빗은 두 형제의 막내로 대체로 위험부담을 즐기는 편이다. 그의 부모님과 형은 재정적으로 매우 보수적인데, 데이빗의 눈에는 그 때문에 그들이 그저 그런 삶을 사는 것으로 보인다. 반면에 윌마는 가정의 장녀로서 가족의 경제적 상황에 대해 염려하며 성장하였다. 그것은 부분적으로 세 번이나 모험적인 사업에 뛰어들었다가 파산한 경험이 있는 아버지 때문이었다. 참고로 그녀의 아버지는 막내로 자란 사람이었다. 윌마는 아버지로 말미암아 온 가족이 경제적인 어려움을 겪을 때마다 자신이 가족을 지켜야 한다고 생각했다.

데이빗과 윌마가 돈에 관해 이야기를 할 때면, 거기에는 그들이 성장기에 가정에서 경험했던 과거 사건들이 개입된다. 그들은 이러한 과거의 경험이 그들에게 어떤 영향을 주는지 인식하지 못한다. 이로 말미암아 그 경험은 그들의 현재 관계에 더 큰 힘을 행사하게 된다. 현재 돈에 관한 자신들의 태도가 과거 가족 경험의 영향에서 비롯된 것이라는 사실을 인식하기 전까지, 그들의 관계 상황에 어떤 변화가 일어나기는 어려울 것이다. 그들 각자의 원가족이라는 모빌의 정서 체계가 교회라는 모빌의 정서 체계 안에서 상호 충돌하고 있기 때문이다.

이러한 정서 체계 간의 충돌은 데이빗과 윌마의 관계에서만 발생하는 것이 아니다. 그들이 교회의 재정 문제에 대해 서로 합의하든 안 하든, 교회의 재정위원회 위원들이 재정 문제를 토의하기 위해 모일 때면 그들 간에도 똑같은 종류의 정서 체계 간 충돌이 발생한다. 각 위원들이 속한 다양한 모빌들 또한 그들이 모인 자리에 함께 내재하고 있기 때문이다.

아래 그림은 교회의 부서나 위원회들이 재정에 관한 것처럼 어려운 문제들을 다루기 위해 모일 때 발생하는 상황을 묘사한 것이다. 재정위원회 각 위원들은 가운데 동그라미에 위치해 있다. 그러나 그 주변으로는 위원들 각자가 그 모임에 가져오는 개별적인 정서 체계들이 보이지 않는 가운데 포진해 있다.

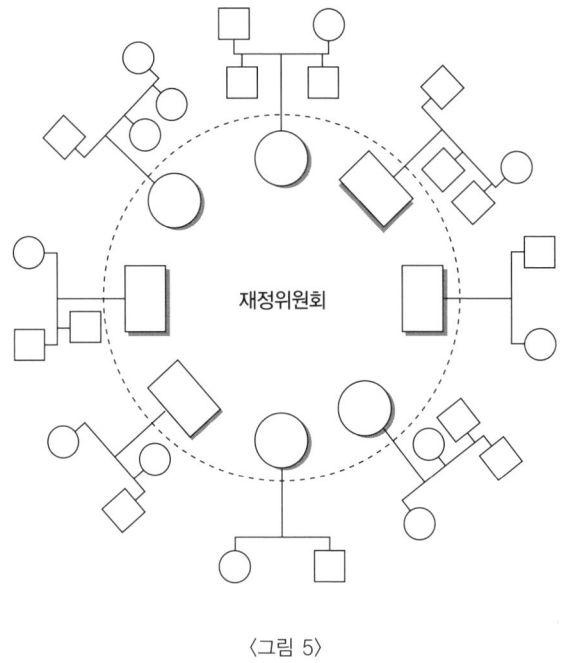

〈그림 5〉

교회는 단순히 개인들이 모이는 장소가 아니다. 사람들은 교회에 올 때 그들 각자가 속한 모든 관계 모빌들과 함께 온다. 교회가 이런 장소라고 생각하면 우리는 그 사실에 압도되지 않을 수 없다. 그러나 이것은 교회에서 어떤 일이 일어나는지를 잘 보여 주는 그림이다. 그리고 교회생활이 매우 복잡할 뿐 아니라 사람들이 교회에서 정서적으로 아주 강력한 경험들을 하게 되는 이유를 설명하는 데 도움이 된다.

상상과 사실: 정서 체계를 관찰하는 법 배우기

당신이 속한 교회의 정서 체계를 다루는 일차적인 기술은 그것을 잘 관찰할 수 있는 능력을 배양하는 것이다. 교회에서 작동하는 정서 체계를 관찰하려면 먼저 어떤 일이 발생하고 있다고 느껴지는 것에 대한 자신의 주관적 반응에서 한 발짝 물러나야 한다. 그리고 실제로 어떤 일이 벌어지고 있는지, 누가, 언제, 어디에서 무엇을 어떻게 하고 있는지 보는 법을 배워야 한다.

우리의 삶 속에는 많은 일들이 발생한다. 우리는 대개 그것들에 대한 일종의 환상 속에서 많은 시간을 허비하며 살아간다. 우리는 실제 '저곳에서' 일어나고 있는 어떤 것들은 눈여겨보고, 어떤 것들은 보지 못한다. 때로는 무시하며 그냥 지나치는 것들도 있다. 그러면서 자기 나름대로 그 모든 것들에 대한 이야기를 만들어 낸다. 자기 자신은 주변에 돌아가는 일들을 잘 인식하며 살아간다고 생각하겠지만, 사실 대부분은 그렇지 못하다. 대개의 경우, 몇 개의 조각만을 보고는 바로 어떤 일이 발생하는지, 사람들이 무엇을 왜 그렇게 하는지에 대해 나름의 평가를 내리고 그렇게 믿는다.

인간 행동에 대한 개인적 모델은 다른 사람들의 내적 동기에 대해 추론하게 한다. 그러고는 그 동기들이 '선하다' 혹은 '나쁘다' 등으로 평가를 내리게 한다. 그러나 다른 사람들의 내적인 동기나 의도를 정확하게 알 수 있는 사람은 없다. 대개의 경우 자신도 스스로를 이해하지 못하는 것이 사실이다. 그래서 우리는 다른 사람들에게 어떤 일이 벌어지고 있는지, 그들이 언제 무엇을 하는지에 대해 상상하거나 '환상'을 만들어 낼 때가 많다. 그러고는 이러한 주관적인 상상 속에서, 그들 자신보다도 우리가 그들을 더 잘 알고 있다고 믿기 시작한다.

그러나 다른 사람들의 행위에 대한 이러한 확신은 그들의 행동에 대한 우리 자신의 주관적 경험과 그것이 우리에게 어떤 영향을 미치는가에 따라 크게 달라진다. 우리가 다른 사람들을 어떻게 평가하느냐는 그들의 행동에 대해 기분 좋게 느끼느냐 아니면 나쁘게 느끼느냐에 따라 좌우된다. 이것이 주관성의 본질이다. 이처럼 다른 사람들이 '우리에게'(혹은 다른 사람들에게) 어떻게 반응한다고 상상하는 것에 따라 우리는 그것에 반응하게 된다. 그러면 상대방은 똑같은 방식으로 우리의 반응에 대해 반응을 보인다. 밸리 뷰 교회에서는 이처럼 다른 사람의 동기에 대해 나름대로 추측하거나 판단하여 감정적 반응을 보이는 양상이 반복적으로 일어났던 것이다. 정서 체계는 이런 방법을 통해 더욱더 혼돈 속으로 빠져든다.

그 한 예로서, 스튜는 래리가 무책임하고 게으르며 아무 목표도 없이 그저 적당히 살려고 하는 사람이라고 생각했다. 스튜는 래리의 행동을 이끌어 내는 동기에 대해 나름대로 판단한 이러한 '믿음'에 따라 반응을 보였으며, 래리는 그러한 스튜에게 반발하는 반응을 보였다. 이처럼 그들은 서로 상대방의 반발 반응에 따라 똑같은 방식으로 반응했던 것이다.

이러한 상황에서 그런 반동적 순환을 완전히 벗어나거나 온전한 객관성을 유지할 수 있는 사람은 없다. 자신의 정서 체계를 완전히 벗어날 수 있는 사람은 없다. 그러나 체계 안에서 한 사람이라도 좀 더 객관적인 자세를 유지하려고 할 때, 이것은 그 개인에게는 물론 체계 자체에 유익한 결과를 가져다줄 수 있다.

관계의 체계에서 객관성을 유지하려면 다른 사람의 내적인 동기처럼 우리가 볼 수 없거나 이해할 수 없는 것에 대해 생각하기보다는 정서 체계가 어떻게 기능하는지 그러한 '사실적인 것'에 관심을 기울이는 것이 필요하다. 정서 체계로 말미암은 기능적 사실들은 관계 당사자들의 행동과 관련하여 그 이유를 찾기보다는 누가, 무엇을, 어디에서, 언제, 어떻게 등의 질문들에 대한 답변을 추구할 때 찾을 수 있다.

예를 들어, 위원회 모임 도중에 한 사람이 어떤 말에 대해 눈을 치켜뜨고 몇 마디 반응을 보이더니 이내 눈을 내리깔고 침묵하기 시작했다고 하자. 이러한 것이 기능적 사실이다. 이러한 상황이 발생하면, 사람들은 대개 자동적으로 눈에 보이는 이런 사실들을 넘어 그 사람에게 어떤 일이 일어나고 있는지 추측하기 시작한다. 즉, 화가 났나 보다, 무언가 슬프거나 두려운 것이 분명하다, 등등 나름대로의 판단을 하는 것이다.

우리는 이러한 행동에 대해 다양한 추론을 만들어 내고, 거기에 대한 '이유'를 덧붙인다. 그러고는 자신이 상상한 일이 실제로 상대방에게 일어난 것처럼 그에게 행동하기 시작한다. 다른 사람들의 행동에 대한 이유를 상상할 때, 그것은 자책('내 말 때문에 지금 저 사람이 기분 나빠하고 있구나')이거나 혹은 남탓('저 여자는 지금 나와의 대화를 거부하면서 침묵으로 싸우려고 하는구나')이 될 수 있다. 그러나 실제 사실은 이런 상상과는 전혀 다른 것일 수 있다.

이런 이야기를 들은 적이 있다. 어떤 사람이 말을 하지 않고 조용히 앉아 있어서 왜 그러한 행동을 취했느냐고 물어보니까, 부인이 무언가를 부탁했는데 그만 그것을 잊어버리고 하지 않아서 그 일에 대해 생각하느라 잠시 말없이 앉아 있었다는 것이었다. 그 모임에서 이야기된 내용 때문에 그렇게 침묵하고 있었던 것이 아니었다.

우리는 이런 사실에서 주관성에 관한 또 다른 측면을 보게 된다. 즉, 우리는 다른 사람들의 행동을 개인적으로 받아들이는 경향이 있다는 것이다. 다른 사람들이 어떤 행동을 할 때 우리는 그것을 자신에 관한 것으로 생각한다. 자신에 대한 반동으로 상대방이 그런 행동을 한다고 생각하지만, 사실 상대방은 위에서 언급한 것처럼 우리에 대해 전혀 아무런 생각도 안 하고 있는 것일 수 있다. 설사 말없이 조용히 앉아 있는 사람이 당신이 언급한 어떤 것 때문에 그렇게 한다 하더라도, 그 침묵 반응은 당신에 대해서라기보다는 자기 자신에 대해 어떤 생각을 하느라 그런 것일 수 있다. 그가 왜 그런 행동을 했는지는 자기 스스로 말해 주기까지는 아무것도 알 수 없는 것이다.

예수님은 성령에 대해 언급하시면서 바람이 임의로 불어 어디로 가는지 알 수 없지만 그 결과는 알 수 있다고 말씀하셨다. 마찬가지로, 사람들의 내부에서 어떤 일이 일어나는지 많은 경우 우리는 이해할 수 없다. 각 사람 안에서 작동하는 정서 체계에 대해 이해한다는 것은 쉬운 일이 아니다. 하지만 사람들이 서로 어떻게 관계를 맺는지에 주목할 수는 있다. 사람들은 서로의 관계 속에서 어떤 행동을 하고 어떤 입장을 취하며 반응하는가?

우리는 지금까지 교회 안에서 누가, 무엇을, 언제, 어디에서, 어떻게 행하는지를 살피면서 정서 체계의 흐름을 관찰하는 것에 대해 생각해 보았다. 그렇게 되면, 우리는 현재 상황에서 다음에 어떤 일이 발생할지 예측하는 것도 배울 수 있다. 현재의 상황에 대한 정확한 관찰은 앞으로 일어날 일에 대한 어느 정도의 예측을 가능하게 해준다. 이것은 우리로 하여금 교회에 감정적으로 부정적인 상황이 발생할 때 교회 체계 안에서 어떻게 반응할지 미리 생각하고 계획을 세울 수 있는 여지를 마련해 준다. 우리는 이러한 과정을 통해 주관적인 감정 반응으로 교회에 더 큰 혼란과 어려움을 초래하기보다는 교회 체계를 안정시키고 문제를 해결하는 자원이 될 수 있다.

이러한 능력을 배양하려면, 먼저 정서 체계 안에 있는 자신의 모습을 잘 관찰할 수 있어야 한다. 이것은 자신의 주관성을 좀 더 명료하게 파악하고 자신도 어떻게 정서 체계에 사로잡혀서 반발 반응을 할 수 있는지 인식할 수 있는 객관적 자세를 가질 때 가능한 일이다.

생각할 것들

자신과 관련하여

1. 최근 다른 여러 사람들과의 관계에서, 누군가 당신이 원하지 않는 방식으로 행동했던 상황과 관련하여 한두 가지 문제나 어려웠던 점들을 생각해 보라.
   - 당신과 그 사람과의 사이에 있었던 이런 행동과 어려움에 대해 당신은 스스로에게 어떻게 설명하는가?
   - 이러한 어려움이 발생할 때 그 책임을 주로 상대의 실수로 돌리는가 아니면 자신에게 돌리는가?
   - 이런 행동을 누구의 '실수'로 보지 않는다면, 관계 안에서 일어

난 이러한 어려움을 어떻게 이해하겠는가?
- 당신은 자신의 어떤 것 때문에 상대방이 당신이 원치 않는 행동을 하게 되었다고 보는가?
- 당신이 상대방에게서 그러한 행동이 일어나게 만드는 가장 쉬운 방법은 무엇인가?
- 당신과 상대의 관계가 개선되려면 상대가 얼마나 변해야 한다고 생각하는가?

2. 당신은 자신의 원가족 경험을 통해 인간의 본성과 동기에 대해 무엇을 배웠다고 생각하는가?
- 당신의 부모님이 실제로 '사람들'에 대해 말씀하신 것은 무엇인가? 특별히 '당신'에게는 무엇이라고 말씀하셨는가? 당신과 다른 사람들에 대한 부모님의 행동에 근거할 때, 그분들은 사람에 대해 어떻게 생각하셨다고 보는가?
- 당신은 성장하면서 부모님의 이러한 '가르침'들과 관련하여 어떻게 반응하였는가?
- 당신은 그러한 가르침들이 인간의 본성과 동기에 대한 당신의 인식에 어떤 영향을 끼쳤다고 생각하는가?
- 당신의 신앙은 이러한 가르침들과 관련하여 어떤 도전과 영향을 주고 있는가?

3. 당신에게 '정서 체계'라는 개념은 얼마나 새로운 것인가? 이 개념이 교회 내에서 발생하는 성도 간 관계에서 당신이 이해하는 것과 얼마나 잘 들어맞는가?
- 당신의 교회에서 작동하고 있는 정서 체계의 한 가지 사례를 생

각해 보라.
- 당신 교회의 정서 체계 때문에 교회의 목표나 계획 수립에 어려움을 겪었던 경우들을 생각해 보라.

4. 당신의 원가족 관계나 경험, 결혼했다면 현재의 가족 관계나 경험이 교회에서의 관계나 특정한 논쟁점 등을 대하는 당신의 태도에 어떤 영향을 주었는지 생각해 보라.

5. 앞에 제시된 로이와 마리의 경우처럼 당신 자신의 가계도를 그려 보라. 그리고 당신이 교회에서 신앙생활을 하는 것이 가족들 각 사람과의 관계에 어떤 영향을 주고 있는지 자문해 보라.

6. 교회의 어떤 부서나 위원회에서 활동한 경험이 있다면, 과거 가족이나 친구와의 관계 때문에 교회에서 어떤 특정한 입장을 취하거나 투표를 하는 등, 영향을 받은 적이 있는가? 예를 들면, 교회에서 돈에 관한 주제가 거론될 때, 가정에서 있었던 돈과 관련된 어떤 경험들 때문에 자신의 입장이 좌우되는 등의 경험을 한 적이 있는가?

그룹 토론을 위하여

1. 그룹으로 제2장에 관한 어떤 질문이나 언급하고자 하는 내용 등을 함께 나누며 대화하라.

2. 위에서 제시된 개인적 질문들에 대한 생각들을 그룹과 함께 나누고 싶은 것이 있으면 그렇게 하라.

3. 최근에 교회 정서 체계의 균형이 흔들렸던 사건이나 상황이 있었는가? 그때 성도들은 그 상황에 어떻게 대처하였는가? 이에 대한 당신의 견해는 무엇인가?

4. 당신의 교회는 '논쟁'이 되는 문제들을 어떻게 대처하는가?
   - 이러한 상황에 도움이 되는 것은 무엇이고 장애가 되는 것은 무엇인가?
   - 이런 상황에 대처하는 당신의 강점이나 능력은 무엇인가?
5. 최근에 당신 교회의 성도들에게 일어났던 감정적 사건을 기능적 사실에 따라 탐색하여 설명해 보라. 즉, 이유에 대한 추론이나 판단은 피하고, 누가, 어디에서, 무엇을, 언제, 어떻게 했는지 등에 대한 질문을 통해 그 상황을 탐색하라.
   - 그 상황에 대한 이러한 방식의 접근이 당신이 이해하는 데 어떤 영향을 주는가?
   - 이러한 접근이 당신에게 도움이 되는가? 된다면 얼마나 되는가?
6. 성경의 이야기 혹은 신학적 주제 중에서 이 장에서 언급된 내용들과 관련이 있다고 생각되는 것은 무엇인가?

체계의 균형을 흔드는 것은 무엇인가?

목숨을 위하여……염려하지 말라 [마 6:25].

하나님이 우리에게 주신 것은 두려워하는 마음이 아니요
오직 능력과 사랑과 절제하는 마음이니 [딤후 1:7].

불안(anxiety)이란 무엇인가?

교회의 정서 체계를 구성하는 다양한 모델들은 서로 뒤엉켜 그 균형된 상태에서 벗어나기 쉽다. 그러면 어떤 사람들은 균형을 상실하게 하는 어떤 자극이나 정서 체계가 흔들리는 그 자체를 통해 위협을 느낀다. 위협을 느낀 사람들은 그 상황에 반발하여 반응하고, 이는 다시 정서 체계를 더 크게 흔들어 놓는다. 사람 안에는 어떤 위협이 감지될 때 그것에 본능적으로 반응하는 생물학적 기제가 있는데, 바로 그 위협 상황에 맞서 싸우거나 도망치는 것이다. 어떤 위기 상황이 닥치면 우리는 자동적으로 공격적인 반응을 보이거나 무서워하며 도망치는 반응을 보인다.

그런데 일상생활에서 얼마나 위협을 느끼는가 혹은 안전감을 느끼며 사는가 하는 것은 사람마다 다르다. 밸리 뷰 교회 사람들은 위협을 느끼는 데 있어서 제3교회 사람들보다 훨씬 높은 수준에 있었다. 건물 관리인 래리는 그 주일 아침에 교회에 들어서자마자 즉시 어떤 위협을 느꼈다. 이 상황에 대해 자신이 비난을 받을 것이고, 난장판이 된 교회를 자기가 책임지고 처리해야 할 것이라고 생각했다. 그래서 그는 건물관리 위원장 스튜 맥과이어와 전화하는 가운데 공격적인 방식으로 접근하였다. 스튜 또한 순간적으로 이 상황에 대한 어떤 위협을 느끼고, 래리를 비롯하여 담임 목회자에게 공격적으로 다가갔다. 스튜의 이러한 공격적 방식은 다른 사람들에게 위협으로 다가왔고, 그들 또한 공격적인 방식으로 반응하거나 이 장면에서 사라져 버리는 반응을 택하게 하였다.

제3교회에서는 이 상황을 위협으로 인식하는 정도가 낮았다. 그래서 위협적이라고 볼 수 있는 상황이었음에도 불구하고 그들은 그 상황에 다른 반응을 보일 수 있었다. 그들은 문제가 된 그 상황에 자신들이 내부적으로 느끼는 위협감을 보태지 않았다. 따라서 상황은 더 악화되지 않을 수 있었고, 자신들이 상상하는 것에 따라 대처하기보다는 사실에 대해서만 대처할 수 있었던 것이다.

제3교회의 건물관리 위원장 앤디 화이트는 그날 아침 문제 상황에 대한 전화를 받았을 때 위협감과 더불어 그 책임이 자신에게 전가되는 것을 느꼈다. 하지만 그는 신속하게 그 상황에 대한 사실에 초점을 맞추어 대처해 나갔다. 그는 건물관리인 웨인을 공격하거나 비난을 전가하는 등의 행동을 하지 않았다. 그 자신이 잘못해서 이러한 상황이 발생했다며 어떤 죄책감을 느끼거나 왜 자신에게 이런 일이 생기냐고 탄식하지도 않았다. 그에게 필요했던 것은 단지 그렇다면 이제 무엇을 해야 할 것인지에 대해 명료하게 생각하는 것뿐이었다.

어린이집 책임자인 수잔 에이저도 처음에는 어느 정도 위협감을 느꼈다. 하지만 재빨리 그런 느낌에서 빠져나와 교회 담임 목회자와 앞으로 어떤 행동을 취해야 할지 대책을 세웠다. 그날 아침 내내 다른 사람들도 이와 유사한 반응을 보였다. 제3교회 사람들도 그 상황에서 어느 정도는 위협을 느꼈다. 그렇지만 그것에 사로잡히지는 않았다. 대신 함께 합리적인 판단을 내리고 협동하여 문제를 해결했다. 그 상황을 개인적인 위협으로 느끼지 않았기 때문에 다른 사람에게 화를 내거나 비난하면서 시간을 낭비할 필요가 없었던 것이다.

밸리 뷰 교회에서 그랬던 것처럼, 사람들은 자신이 공격을 당한다거나 어떤 위협을 느끼게 되면 정서 체계에 있어서 균형을 잃고 통제력을 잃는다. 이때 위협이란 것은 꼭 위험하게 보이는 어떤 것이 아닐 수도 있다. 단지 자신이 인생이나 교회에서 원하는 어떤 것이 이루어지지 않는다거나 다른 사람들에게서 기대하는 것이 주어지지 않는 데에서 오는 어떤 느낌일 수도 있다. 다른 사람들에게서 느껴지는 어떤 공격이나 위협이란 것도 꼭 의도적인 것이 아닐 수 있다. 밸리 뷰 교회 예배당에서 깃발을 옮기려는 결정은 누구를 공격하려고 의도한 것이 아니었다. 그러나 많은 사람들은 그렇게 받아들였다. 다른 사람으로부터 공격을 받는다는 느낌은 대개의 경우 사람의 인식과 관련이 있는데, 그러한 인식은 오랜 세월 동안 축적된 그 사람의 삶의 경험에 기초하고 있다. 사람은 과거의 경험에 근거하여 현재의 경험을 해석

하는 경향이 있다. 우리가 과거에 경험한 사건들, 특히 원가족과 관련하여 경험한 것들은 아주 강력해서 우리가 현재 상황에 어떻게 반응하고 기능할지에 중대한 영향을 끼친다.

가족체계이론에서는 사람이나 체계가 경험하는 위협감을 '불안'이라고 부른다. 여기서 말하는 불안이란 갑작스럽게 심장마비나 어떤 위기상황이 발생할 것 같은 증상을 보이는 공황장애 현상과는 다른 개념이다. 불안은 그 존재를 부인할 수 없는 방식으로 뚜렷하게 찾아오기도 하지만, 매일의 삶에서 지속적으로 경험하는 불안은 대개 우리가 그것을 인식하지 못하는 가운데 발생한다. 그래서 그것이 얼마나 우리의 생활에 영향을 미치고 삶을 통제하는지 인식하지 못할 때가 많다. 그 추운 12월의 어느 주일 아침에 밸리 뷰 교회 사람들을 사로잡은 것은 바로 이러한 종류의 불안이었다. 하지만 그들에게 그날 아침 마음이 '불안' 했었냐고 물어보면 대부분은 아니라고 대답했을 것이다. 그보다는 분노, 상처, 두려움, 혹은 슬픔 같은 감정을 느꼈다고 할 것이다. 아마 자신이 경험한 것이 불안이었다고 말할 사람은 아무도 없었을 것이다.

불안이란 매우 불편한 감정이다. 그것은 두려움보다도 더 편치 않다. 두려움이란 최소한 알려진 어떤 것에 대한 반응이기 때문이다. 우리가 무서워하는 것이 무엇인지 알면 그것을 어느 정도는 통제할 수 있다는 느낌이 든다. 우리는 어떤 무서운 상황에 처하게 되면 그것으로부터 벗어나거나 회피하는 방식으로 자신을 통제할 수 있다. 뱀이나 높은 장소, 폐쇄된 곳, 화난 사람 등을 무서워한다면 그것으로부터 거리를 유지함으로써 피할 수 있다. 이처럼 거리를 유지할 수 있는 능력은 최소한 두려움의 대상에 대한 어느 정도의 통제감을 느낄 수 있게 한다.

하지만 불안은 두려움보다 그 존재나 형체를 알기 어려운 어떤 것이다. 이러한 이유로 불안에 대해서는 어떤 통제감을 느끼기가 어렵다. 예를 들어, 몸이 아프기는 한데 의사들이 그것에 대한 진단을 내리지 못할 때 우리는 불안하다. 그러나 일단 증상의 원인이 규명되면 대개의 경우 불안감은 가라앉는다. 어떤 심각한 병에 걸렸을지라도 일단 진단이 내려지면 어느 정도 안도감을 갖게 된다. 무언가 구체적으로 대처할 수 있기 때문이다. 불안감은 대개 자신이 통제할 수 없는 상황에서 어떤 일이 진행되는지 모를 때 그 결과로 생기는 것이다.

개인들처럼 교회들도 일상적으로 경험하는 불안의 정도에 있어서 차이가 있다. 어떤 교회는 불안의 정도가 높아 어떤 일이 발생하든 거기에서 위협을 느끼고 이내 편집증적인 증상을 보인다. 그러나 세상에서 어떤 것도 심각한 위협으로 보지 않는 교회도 있다. 그저 모든 것에 안전하게 느끼는 것이다. 그러나 대부분의 교회들에서는 위협으로 받아들여지는 상황들이 종종 발생하고 그 가운데 불안을 느끼기도 하고 그럼에도 불구하고 안전하게 느끼기도 하는데, 그 정도는 저마다 다르다.

건강하게 잘 기능하는 교회의 지도자들은 불안을 야기하는 상황이 발생하더라도 그것으로부터 느끼는 위협의 정도가 낮다. 모빌의 각 부분들이 요란하게 흔들릴지라도 안전감을 상실하지 않는다. 그리고 모빌의 각 부분들과 접촉을 유지하면서 차분하게 대처한다. 모빌의 윗부분에 있는 지도자들이 이렇게 차분하게 대처하면 할수록 그 효과는 교회 전체에 파급된다. 교회 지도자들이 만성적인 불안 속에서 안전감 없이 위협을 크게 느끼면 느낄수록 그 부정적인 영향 또한 교회의 전체 성도들에게 전해진다.

교회의 리더란 반드시 지정된 어떤 공적 위치를 갖고 있어야 하는 것이 아니다. 제3교회에서, 주일 아침에 난방이 안 되었음에도 불구하고 그것에 대해 웃어넘기면서 다른 사람들과 대화를 나누었던 성도들 또한 교회 리더들이었다. 그들은 교회에서 어떤 공식적인 자리에 있는 것은 아니었지만 그날 아침 교회에 긍정적이고도 건설적인 공헌을 했다. 전형적인 '리더십' 이라고 하는 측면에서는 그들이 어느 수준에 있는지 몰라도, 그런 상황에서 불평하며 불안 분위기를 증폭시키기보다는 개인적으로 높은 수준의 안전감을 갖고 다른 사람들과 여유 있게 관계를 나눌 수 있다는 측면에서 그들은 교회의 '지도자' 였다.

사람에게 불안을 야기하는 위협은 사실적인 것일 수도 있고 상상에서 비롯된 것일 수도 있다. 그러나 어떤 경우에서건 그것이 갖고 있는 위력은 막강하다. 추운 겨울 주일 아침에 두 교회가 직면한 외적 상황은 실제로 주일 아침 예배에서 경험할 수 있는 평안함과 즐거움, 위로를 위협하였고, 어린이집 아이들의 건강을 위협하는 것이었다. 이런 종류의 위협은 눈으로 볼 수 있는 급성 불안을 불러일으킨다. 급성 불안이란 일상생활의 범주를 벗어나는 어떤 특정 상황에 대한 반응으로 생기는 것으로서, 집중적인 관심을 필요로 하는 것이다. 대부분의 사람들은 이런 불안 상황을 나름대로 관리하며 대처해 간다.

그러나 이런 급성 불안을 어떻게 관리하느냐는 대개 각 사람 안에 있는 만성적 불안의 정도와 정서 체계에 따라 좌우된다. 따라서 밸리 뷰 교회에서 사람들이 더 부정적인 반응을 보인 것은 부분적으로 그 교회의 불안 수준이 만성적으로 높은 상태에 있었다는 것을 의미한다. 그 교회는 이미 어느 정도 감정적 폭발 직전에 있었던 것이다. 그래서 그들은 실제의 위협뿐 아니라 상상적인 위협에 쉽게 반발하는 식으로 반응하였다. 예를 들어, 밸리 뷰 교회의 관리인 래리는 그날 아침의 상황이 자기와 어떤 관련이 있는지에 대해 부정적인 상상을 하고 그것에 근거하여 반응하였다. 그리고 보일러 엔진의 재시동 버튼을 누르다가 그것이 폭발할지도 모른다는 근거 없는 상상도 하였다. 교회에 대한 만족 수준이 낮은 사람은 별것 아닌 것을 가지고도 크게 부풀려 문제를 증폭시킨다. 그렇게 해서 교회에 불안 수준이 높아지면 그것에 대한 반발 반응 수준 또한 더불어 상승한다.

불안은 어떻게 발생하는가?

유기(abandonment) 이론

존 보울비(John Bowlby)는 영국의 심리치료사이자 연구자로서 불안에 관해 엄청나게 많은 것들을 우리에게 가르쳐 주었다. 그는 『애착과 상실』(Attachment and Loss)이라는 책에서 영아들이 어머니로부터 신체적으로 격리되었을 때 어떤 일이 발생하는지에 대해 기록하였다. 영아들에게 있어서 그것은 아주 위협적이고 심지어는 끔찍한 경험이다. 이때 영아들은 이 상황에 대처하기 위해 다양한 심리적 기제를 사용하게 된다.

보울비가 이 책을 통해 우리에게 제시하는 것은 본질적으로 불안의 기원은 인식론적이고 생리학적이며 정서적인 복잡한 경험에 있다는 것이다. 즉, 어머니로부터 신체적으로 격리된 영아는 그것을 하나의 위협으로 인식한다. 이러한 인식은 영아 자신을 신체적, 정서적으로 자극하는 다양한 호르몬을 생성하게 만든다. 그리고 울음이라는 수단으로 경종을 울리게 한다. 이때 울음은 어머니와 함께 있을 때 느끼는 지지와 보살핌, 그리고 보호받는 느낌을 회복하려는 아기의 노력이다. 사람을 포함하여 모든 포유동물들은 분리·위협의 경험에 대해 이런 방식으로 대처한다. 다른 동물들과 마찬가지로, 우리 인간들은 아기들이 울 때 부모로부터 떨어지지 않으려는 대처를 한다는 것을 인식한다.

영아들은 그들의 생존에 꼭 필요한 것들에 대해 철저히 부모에게 의존적인 상태로 세상에서의 삶을 시작한다. 인간은 생리학적·심리학적으로 영아가 부모와의 접촉이나 시각, 그리고 소리를 통해 가능한 한 많은 영양과 보호를 공급받을 수 있도록 설계되어 있다. 그런데 이러한 부모라는 존재가 사라질 때 영아는 불안전감과 위협을 느끼고 불안해진다.

보울비는 영아들이 어머니 주위를 기어다니는 것을 관찰하였다. 그들은 새로운 것을 탐색하려는 자연스러운 본성에 따라 조금씩 어머니로부터 멀리까지 떨어져 기어다녔다. 그러면서도 아기들은 가끔 뒤돌아보며 시선을 교환하곤 하였다. 그리고 모든 것이 괜찮은 것 같으면 계속하여 기어다니고, 다시 눈으로 어머니의 존재를 확인하는 동작을 반복하곤 하였다.

하지만 이처럼 주변을 탐색하며 돌아다니다가도 어느 시점이 되면 어머니에게 기어와 마치 어머니가 실제로 거기에 있으며 모든 것이 괜찮은지 확인이라도 하려는 듯 신체적인 접촉을 하였다. 그러고는 다시 방 안의 다른 곳을 향해 탐색하며 돌아다녔다. 그러다가 어느 순간에는 옆방에까지 진출하여 기어다니게 되었다. 그러면서도 그들은 지속적으로 어머니가 여전히 그 자리에 있는지 확인하려는 듯 뒤를 돌아보았고, 다시 돌아와 어머니를 붙잡으며 신체적인 접촉을 하였다. 이처럼 어머니가 계속 그 자리에 있고, 영아는 언제라도 어머니에게 돌아와 접촉을 유지할 수 있을 때 그들은 안정감을 얻고 주변 세상을 더 멀리 탐색할 수 있었다.

그러나 어머니가 방에서 사라지든가 낯선 사람이 어머니와 자신 사이에 끼어들면 영아의 얼굴에는 일종의 경계 반응이 눈에 띄게 나타났다. 그들은 불안감을 느끼며 울기 시작하였다. 이런 반응은 생후 6개월에서 18개월에 이르는 영아들에게서 가장 흔하게 나타나는 현상이었다. 밥 스팀슨 목사가 유아세례를 주면서 생후 11개월 된 첫 번째 아기가 울 것이라는 점을 알았던 것은 바로 이런 이유에서였다. 그는 4개월 된 두 번째 아기는 낯선 얼굴이 자기를 내려다봐도 울지 않을 것이라고 예상할 수 있었다.

아기들은 시간이 지나면서 자신을 돌봐 주는 부모로부터 분리되는 시간이 길어져도 점점 불안을 덜 느끼게 된다. 아이들은 경험을 통해 부모가 눈에 보이지 않아도 없어지는 것이 아님을 알게 된다. 그리고 적당한 시점이 되거나 어떤 필요가 생기면 부모님은 다시 나타날 것이라고 믿게 된다. 이처럼 부모님과의 분리와 재결합의 경험이 길어지면서 아이는 부모로부터 떨어지는 것이 항상 위협적인 것은 아님을 인식하기 시작한다. 동시에 그들은 부모와 떨어져 있어도 자신이 괜찮을 것이고 점차로 그 상황을 혼자서도 감당할 수 있다는 것을 깨닫게 된다.

아이들은 부분적으로 자신을 돌보는 부모상을 내면적으로 투사하거나 자기 의식 속에 받아들이기 시작하면서 부모와의 분리를 점점 더 오래 감당할 수 있게 된다. 부모와의 관계에서 신뢰할 수 있는 분리와 재연합의 경험이 충분하게 이루어지면서 아이의 머리 속에 안전한 가족 환경에 대한 기본적인 인식이 주어지고, 실제적으로 부모와 함께 연결되어 있어야 할 필요가 감소되는 것이다.

한편, 부모 자신의 안전감 혹은 불안감의 정도 또한 아이에게 영향을 미치는 중요한 요소 가운데 하나다. 아이들은 부모가 차분하고 안정된 마음 상태에 있는지 아니면 불안한 상태인지를 알아낼 수 있다. 어떤 상황에 대해 부모가 어떤 반응을 보이느냐에 따라 아이는 그것이 위협적인 상황인지 아닌지를 파악하게 된다. 예를 들면, 부모가 놀라거나 긴장하는 표정을 지으면 아이의 내부에서는 두려움이라는 반응이 생기는 것이다.

가족체계이론에 따르면, 아이는 일차적으로 자신을 돌보는 사람인 어머니뿐 아니라 어머니와 연결되어 있는 전체 정서 체계와 애착 관계를 갖는다. 어머니가 자신의 정서 체계와 안전하게 연결되어 있고 그 안에서 안전감을 느낄 때 아이는 어머니를 더 안전한 본거지로 경험하게 된다. 그러나 어머니와 정서적으로 중요한 다른 성인들과의 관계가 불안하거나 안정되지 못하다면, 그 영향은 아이와의 관계에도 미치게 된다. 이러한 방식으로 전체 가족 체계에 존재하는 안전감과 위협감의 일반적인 수준은 다음 세대인 아이에게 전달되고 이것이 아이의 만성적 불안 수준을 좌우하게 된다.

정상적인 발달 과정에 있는 아이들은 점차 부모와 떨어져 있어도 아무런 문제가 없다는 사실을 발견해 가게 된다. 탁아방이나 유치원 등에 가는 첫날은 부모와 아이 모두에게 불안감이 발생할 수 있지만, 이러한 경험은 부모와 아이의 분리를 향한 전환점이 된다. 이후로 아이는 친구 집에서 자고 오기도 하고, 주말 캠프에 가기도 한다. 비록 떨어져 있어도 부모와 집은 여전히 그 자리에 있을 것을 알기 때문이다. 이러한 분리와 연합이 반복되면서 집이 안전하고 신뢰할 수 있는 곳이라는 인식이 형성되고, 이는 곧 아이의 심리적 발달 경험으로 이어지게 된다. 그러면서 아이는 집에서 멀리 떨어진 곳에서 더 많은 시간을 보내면서도 여전히 안전감을 유지할 수 있다.

이상적으로 말해서, 아이가 청년으로 성장하게 될 때면 스스로 자기 나름의 방식을 가지고 세상을 살아가는 데 필요한 정서적 자원들을 구비할 수 있게 된다. 성인으로서 안전감을 갖고 스스로 자기 자신을 지탱하면서 불안하지 않을 수 있다. 그러나 이러한 정상적 발달 과정이 어떤 이유들로 말미암아 방해를 받게 되면 청년이 되어 높은 수준의 만성적인 불안감을 갖게 되고 일상의 삶에서 일어나는 사건들이나 관계들을 통해 쉽게 위협을 느끼게 된다.

정서적 기술의 발달

아이들은 성장하면서 중요한 가족 구성원들과의 관계에서 안전감이나 위협뿐 아니라 삶에서 자신을 지탱하거나 자신감을 주는 기술들을 발전시켜 간다. 어떤 기술들은 부모나 다른 성인들을 통해 습득한다. 친구들에게서 배우는 것이 있는가 하면, 스스로 발견해 가는 것들도 있다.

이러한 기술들은 대개 공개적으로 다양한 경로를 통해 배우게 된다. 그러나 관찰을 통해 학습하는 것들도 있다. 이처럼 삶에 필요한 기술들을 습득하는 측면에서 볼 때, 정서적인 문제들을 다루는 기술은 대개 관찰을 통해 무의식적으로 학습된다. 우리는 가족 구성원들이 다양한 상황들에서, 특히 감정이 치미는 상황에서 자신의 정서 상태를 어떻게 다루는지를 보면서 정서적 기술들을 배운다. 이때 발전시키는 정서적 기술 혹은 대처방식은 대개 가족의 어른들이 보여 주었던 것과 유사한 경우가 많다. 예를 들어, 정서적으로 불안정하고 분노의 감정이나 갈등을 불편해하며 잘 다루지 않는 가정환경에서 성장한 사람은 만성적으로 불안 수준이 높고, 주변에 화를 내는 사람이 있으면 그 상황을 매우 힘들어할 수 있다. 그럴 때 대개의 경우 그 상황에서 문제가 되는 것을 거론하거나 해결하려 하기보다는 그 상황을 회피하거나 도피하는 반응을 보이게 된다.

사람들은 자신이 어떤 정서적 기술이나 대처방식을 갖고 있는지, 혹은 갖고 있지 못한지 거의 대부분 인식하지 못한다. 밥 스팀슨 목사와 아내 앨리스가 결혼한 지 얼마 되지 않았던 어느 날 밤, 잠을 자려고 할 때였다. 침실문과 창문들은 전부 닫혔고 불도 꺼졌다. 밥이 막 잠이 들려는 순간 앨리스가 다급한 목소리로 그를 깨우며 말했다. "여보, 여기 뭔가가 날아다녀요." 그러자 밥은 "그 무슨 뚱딴지같은 소리야. 여기에 날아다닐 게 뭐가 있어. 잠이나 잡시다"라고 대꾸하였다. 하지만 그녀는 계속하여 무언가가 날아다니고 있으니 잘 들어보라고 다그쳤다. 그러자 정말 "우쉬, 우쉬, 우쉬"하는 소리가 들릴 듯 말 듯 들려왔다.

그러자 밥은 순간적으로 앨리스가 그랬던 것처럼 오싹했다. 그래서 두 사람은 재빨리 이불을 머리끝까지 끌어올려 몸을 덮었다. 무언가 알 수 없는 존재에 대한 심한 불안을 경험한 것이다. 그들은 어떤 위협을 느꼈다. 무엇을 어떻게 해야 할지도 몰랐다. 그것은 어떤 것에 대해 단순히 무서워하는 것과도 다른 것이었다. 자신들이 무엇을 무서워하는지도 몰랐기 때문이었다.

마침내 밥이 침대에서 내려와 바닥을 살금살금 기어가 불을 켰다. 그리고 박쥐가 방 안을 날아다닌 것을 알게 되었다. 앨리스는 박쥐를 보자 더 무서워졌다. 그러나 밥은 "어, 박쥐였군" 하며 별것 아니라는 듯 아래층으로 내려가 빗자루와 신문지를 갖고 돌아왔다. 그는 박쥐를 바닥에 떨어뜨려 신문지로 싸서 밖으로 내보냈다. 그는 전에 이렇게 해본 적이 없었지만 이 모든 과정을 마치 매일 하는 일인 양 천연덕스럽게 해냈다.

앨리스는 이런 밥을 보며 신기해서 어떻게 그렇게 할 수 있었느냐고 물었다. 밥은 사실상 어떻게 해야 할지 알아서 한 것이 아니라 그냥 그렇게 한 것뿐이었다고 대답했다. 그때 그에게 자신이 7살이었을 때 할머니가 똑같은 일을 했었다는 사실이 생각났다. 그는 할머니가 아무것도 아니라는 듯 차분하게 그렇게 하시는 것을 지켜보았던 것이다. 비록 의식적으로 이때의 경험을 기억한 것은 아니었지만 방 안에 들어온 박쥐를 보자 즉각적으로 어떻게 해야 할지를 알았던 것이다.

이러한 기술은 그의 두뇌에 저장되었다가 그것이 필요한 상황이 닥치자 자연스럽게 표출된 것이었다. 그는 이 기술을 기억했을 뿐 아니라 그 상황에서 요란법석을 떨 성질의 일도 아니라는 사실 또한 기억하였다.

밥은 자신이 직면한 상황이 무엇인지를 알기 전까지는 앨리스와 마찬가지로 불안감을 떨칠 수가 없었다. 그러나 일단 그것이 무엇이고, 자신이 대처할 수 있는 성질의 상황이라는 것을 알게 되자 자신감이 생기고 안전감을 회복할 수 있었다. 만약 할머니가 집에 들어온 박쥐를 보고 공포에 질린 반응을 보였다면 밥 또한 침대에 숨어 나오지 못했을 것이다. 그러나 할머니가 기술적으로 그리고 정서적으로 차분하게 대처하신 것에 대한 기억이 무의식 가운데 다시 일어나 이제 성인이 된 그가 적절하게 대응하도록 도왔던 것이다.

이처럼 사람들은 실제적이고 정서적인 자신감을 가질수록 갑작스럽게 불안감이 엄습할지라도 그 상황을 다룰 수 있는 능력이 커지고 안전감을 갖게 된다. 정서적 자신감이 부족할수록 사람들이 느끼는 만성적 불안의 정도는 높아지게 된다. 따라서, 고장 난 보일러나 추운 예배당이나 방 안에 들어온 박쥐를 다루는 것과 같은 기술적인 문제에 대처하는 방안을 배우는 것과 이런 상황에서 자신과 사람들의 감정적 반응에 대처하는 법을 배우는 것은 전혀 다른 차원의 문제라 할 수 있다.

불안과 자아

불안이란 근본적으로 '자기', 즉 자신의 존재 상실에 대한 위협의 문제라고 볼 수 있다. 이것은 어떤 면에서 영아가 부모와 분리될 때 본능적으로 느끼는 두려움과 같은 것이다. 영아는 전적으로 부모에게 의존적이기 때문에 살아남기 위해서는 부모의 존재가 꼭 필요하다. 버려지는 것은 아이에게 일어날 수 있는 최악의 상황이다.

성인이 되면 신체적으로 다른 사람에게 그렇게 의존적이 되지는 않는다. 그러나 정서적으로 자신의 생존이 다른 사람들에 의해 좌우되는 것처럼 느끼는 사람들이 있다. 어떤 사람들은 자신이 관심과 돌봄을 받지 못하거나 존중받지 못한다고 느낄 때, 혹은 수용되지 못하거나 다른 사람들에게 가볍게 취급당하고, 사람들이 자신의 말을 귀담아듣지 않는다고 느낄 때 마치 정서적으로 버림받은 것처럼 느끼기도 한다. 자기 인생에 중요한 사람들이 정서적으로 자신에게 필요하다고 생각되는 것들을 제공해 주지 않으면 자기는 파멸하고 말 것이라는 생각을 하는 경우도 있다. 그래서 그런 것들이 주어지지 않으면 위기감을 느낀다. 자신이 불완전한 존재로 인식되거나 공격을 받는다고 생각한다. 밸리 뷰 교회 사람들은 바로 이러한 자세를 갖고 있었다.

우리는 자신의 자아를 좀 더 분명하게 인식하고 스스로를 자신감 있는 사람으로 경험할수록 주변 세상에서 오는 도전들에 대해 덜 불안해하며 잘 대처할 수 있게 된다. 존재감이 정서적으로 안전하지 못하거나 자신감이 없을수록 불안의 정도는 증가한다. 그렇게 되면 사람들은 불안에 대처하는 한 방법으로 다른 사람들이 자신의 불안 상태를 개선시켜 주기를 기대한다.

불안과 관계

사람들은 저마다 어느 정도 불안 요소들을 갖고 있고, 이것은 그들이 맺는 모든 관계에 영향을 미친다. 우리가 버림을 받는다면 생존할 수 없을 것이라는 생각이 이제 더 이상 문자적으로는 사실이 아니게 되었을 때조차도, 사람들은 정서적으로 그것이 사실인 것처럼 느낀다. 이것이 바로 소위 '해결되지 않은 정서적 애착'이라고 하는 것이다. 우리는 어린 시절 성장과정에서 가족 구성원들과 맺었던 관계를 무의식적으로 현재의 관계에 대치하여 해결되지 못한 정서적 문제들을 해결하려고 한다. 버림받을 수 있는 가능성을 줄임으로써 자신의 불안 수준을 감소시키려고 지속적으로 노력한다.

불안 정서는 관계에 강력한 영향을 끼친다. 어떤 중요한 사람이 자신을 버릴 것이라는 염려가 엄습하면 우리는 어떻게 하든지 그러한 일이 일어나는 것을 막으려고 할 것이다. 어떤 남자가 자신의 아내에게 복종을 요구한다고 하자. 이러한 요구는 물론 남편 자신의 불안 요소 때문에 생긴 것일 수 있다. 어쨌거나 이 상황에서 그의 아내는 자신이 순종하지 않고 자기 주장을 내세우는 등의 태도를 취한다면 남편은 자기를 떠날지도 모른다고 믿을 수 있다. 그렇게 되면, 아내는 버림받는 것이 두려워 그 상황을 피하기 위해 자신의 생각을 가지고 자신을 주장하며 살아가는 것을 포기하게 될 것이다. 그리고 결국에는 우울하게 살아갈 가능성이 크다.

이처럼 해결되지 않은 정서적 애착 때문에 생긴 불안은 개인적인 관계는 물론 사회나 사업 세계에서의 관계에도 다양한 영향을 미칠 수 있다. 인간관계에서 정서적인 요소를 피할 수는 없다. 어떠한 상황에서든 우리는 저마다 다른 사람들을 통해 우리가 필요하다고 생각되는 것, 즉 좀 더 안전하고 차분하며, 만족스럽고 행복한 느낌을 갖게 되기를 원한다.

그러나 관계에서 어떤 위협을 인식하거나 그런 느낌을 받게 될 때 우리 내부의 불안 수준은 증가한다. 밸리 뷰 교회에서 사람들이 어떤 위협을 느낀 것은 실제 상황 자체나 다른 사람들의 어떤 행동 때문이 아니었다. 상대방이 갖고 있을 것으로 생각되는 어떤 의도에 대한 각자의 인식 때문이었다. 그들은 교회 건물이 춥고 지저분해진 상황에서 상상을 통한 위협을 경험하였던 것이다.

제3교회의 불안 수준은 아주 낮은 편이었다. 그래서 보일러가 고장이 나고 교회 내부가 엉망이 된 실제적인 위협 앞에서도 불안 수준의 균형은 깨어지지 않았다. 그러나 밸리 뷰 교회의 경우 그러한 사태는 만성적인 불안을 자극하고 그 균형을 뒤흔들기에 충분했다. 그들의 불안 수준은 너무 예민하여 조금만 바람이 불어도 그 균형을 흐트러뜨릴 수 있었다. 이러한 바람은 어떤 큰 문제만 해당하는 것이 아니다. 아주 작은 변화조차도 여기에 해당될 수 있다. 그것은 새로운 위원회를 뽑는 것일 수도 있고, 교회에 큰 액수의 기부금이 들어오는 것일 수도 있고, 새로운 목회자가 부임하는 것일 수도 있다. 좋든 나쁘든 교회에서 날마다 발생하는 모든 변화나 사건들이 여기에 해당된다.

좀 더 차분하고 불안 수준이 낮은 교회에서는 그러한 바람이 모빌을 흔들고 지나갈 때, "와우!" 하는 정도로 차분하게 대처할 수 있다. 그리고 그것에서 어떤 즐거움을 찾거나 그것에 도전할 수도 있다. 그러나 똑같은 바람일지라도 불안 수준이 높은 교회에서는 결국 모든 것을 잃어버리거나 수렁으로 가라앉아 버리는 결과를 맞이하게 된다.

불안 상황에서의 차분한 리더십

불안은 개인적으로든 집단적으로든 교회에서 사람들을 이해하고 대하는 데 있어서 강력한 힘을 갖고 있다. 불안은 신실한 하나님의 사람이 될 수 있는 우리의 능력을 저해하는 중요한 요소가 될 수 있다. 추운 주일 아침에 밸리 뷰 교회에서 있었던 일들은 사람들의 불안 상태가 교회의 정서 체계를 통해 어떻게 다른 사람들에게까지 퍼져나갈 수 있었는지를 잘 보여 주는 사례다. 한 사람의 불안이 다른 사람의 불안을 자극하고, 그 사람의 불안은 또 다른 사람의 불안을 자극하는 과정이 반복하여 일어날 수 있다. 이러한 상황에서 교회 지도자들이 할 수 있는 핵심적인 역할은 이러한 과정이 통제 불능 상태가 되기 전에 그 흐름을 둔화시키는 것이다.

변압기는 전기의 흐름을 증대시키거나 감소시키는 기능을 한다. 즉, 220볼트 전기에 110볼트짜리 헤어 드라이어의 플러그를 꽂거나 그 반대의 경우를 가능하게 하는 것이다. 교회 지도자도 이런 변압기와 같은 역할을 할 수 있다. 어떤 경우에는 실제보다 더 많은 전기가 흐르게 하여 교회의 정서 체계에 불안 수준이 올라가게 한다. 밸리 뷰 교회의 스튜와 롤리는 친구들에게 전화하여 자신들의 관점에서 주일 아침에 일어난 일들을 이야기하는 과정에서 불안 수준을 증가시키는 역할을 하였다.

그런가 하면 불안을 흡수하거나 가라앉게 하여 교회 내 불안 정도를 감소시키는 경우도 있다. 제3교회의 주일학교 부장이었던 제니스 호피는 춥고 냄새나는 교회에서 교사들과 학생들을 잘 다룸으로써 이러한 결과를 이끌어 내었다.

이러한 측면에서 볼 때, 효과적인 교회 지도자가 할 일은 교회의 정서 체계 내에 존재하는 불안 수준을 가라앉히는 것이다. 상황이 차분해질수록 사람들은 스트레스 상황에서 선택할 수 있는 방안들에 대해 좀 더 명료하게 생각할 수 있고 합리적이면서도 실천 가능한 행동 계획들을 수립할 수 있다. 따라서 효과적인 지도자들은 성도들 스스로 각자의 불안 수준을 관리함으로써 이와 같은 일들을 실천할 수 있도록 돕는다. 그들은 단순히 다른 사람들에게만 '진정하라' 고 요구하지 않는다. 먼저 자신들의 불안을 점검·관리하고, 나아가 불안 상황에 있는 핵심 인물들과 의미 있는 접촉을 유지함으로써 다른 사람들이 그렇게 할 수 있도록 한다. 그들은 자신이 먼저 불안 상황에 차분하게 대처한다. 차분함을 유지하면서도 불안해하는 사람들과 연결됨으로써 그들의 불안 수준을 감소시키도록 돕는다. 이러한 사람들은 교회에서 어떤 공식적인 직분을 갖고 있느냐의 여부를 떠나 교회에 긍정적인 영향을 끼치는 훌륭한 지도자인 셈이다.

생각할 것들

자신과 관련하여

1. 불안에 대해 생각하거나 말해 보라. 그것만으로도 어떤 불안감이 엄습하지는 않는가? 이러한 연습이 당신에게 어떤 의미를 주는가?

2. 어린 시절 당신이 불안감을 느낄 때 부모님이 나타나서서 안도감을 느꼈던 경험이 있는가? 부모님이 곁에 계시지 않았을 때의 심정은 어떠하였는가? 예를 들면, 백화점 같은 곳에서 부모님의 손을 놓쳐 혼자가 되었을 때, 당신의 심정은 어떠하였는가?

3. 당신은 심리적으로 어떻게 '안전감'을 발전시켜 왔는가? 지금까지 살아오면서 이를 위해 도움이 되었던 사건들이나 주요 지표들이 있었다면 무엇인가?

4. 당신이 성장과정에서 가정을 통해 습득한 가장 중요하고 가치 있는 정서적 기술은 무엇이라고 보는가? 어떻게 이러한 기술들을 배웠다고 생각하는가?

- 어떤 구체적인 사례들을 생각해 보라.
- 당신이 가정에서 배운 정서적 취약점은 무엇인가?

5. 당신은 교회의 정서 체계 안에서 불안 수준을 높이는 사람에 속하는가, 아니면 낮추는 사람에 속하는가? 당신은 불안을 흡수하는 사람인가, 아니면 확장하는 사람인가?

6. 당신은 자신의 불안 수준에 대해 얼마나 알고 있는가?

- 1에서 100까지의 척도가 있을 때, 그리고 100은 있을 수 있는 가

장 높은 위기상황을 의미한다고 할 때, 당신의 삶에 찾아오는 어떤 위협감이나 위기의식의 일반적인 수준은 몇 점 정도라고 볼 수 있는가?
- 당신이 어떤 불안감을 경험할 때, 그 증상은 구체적으로 어떤 모습으로 나타나는가?
- 당신에게 불안이 엄습할 때 나타나는 신체적인 증상과 정서적인 증상은 각각 무엇인가?
- 이러한 상황이 발생할 때 당신은 주로 무엇을 하는가? 또는 그 불안에 어떻게 대처하는가?
- 당신이 불안감을 표출할 때 당신과 가까운 주변 사람들은 그런 당신에게 어떻게 반응하는가?
- 주변 사람들의 그런 반응들 중에서 당신에게 가장 도움이 된다고 생각되는 반응은 어떤 것인가? 당신에게 가장 도움이 안 되는 반응은 무엇인가?
- 당신은 다른 사람들의 불안에 대해 어떻게 반응하는 편인가?
- 불안을 표출하는 다양한 방식 중에서 당신을 가장 어렵게 하는 어떤 특별한 방식이 있는가?
- 당신이 어렸을 때, 부모님은 당신의 불안에 대해 어떻게 반응하셨는가?
- 당신이 어렸을 때, 당신을 불안하게 만든 가족 상황에는 어떤 것들이 있었는가?
- 당신은 그러한 상황에 어떻게 대처하였는가?
- 당신을 불안하게 만드는 것들을 변화시키거나 고치려고 한 적이

있었는가?
- 당신은 어떻게 이러한 것들을 실행하였는가?
- 어떻게 하면 거의 확실히 당신을 불안하게 만들 수 있다고 생각하는가?

그룹 토론을 위하여

1. 1에서 100까지의 척도가 있을 때, 그리고 100은 있을 수 있는 가장 높은 위기상황을 의미한다고 할 때, 당신의 교회에서 느끼는 위협감의 수준은 몇 점 정도라고 보는가? 이러한 점수를 주는 이유나 사례들을 제시하라.

2. 교회의 불안 수준을 차분하게 가라앉히는 리더들을 본 적이 있는가? 그런 때는 언제였으며, 그들은 어떻게 그렇게 하였는가?

3. 어떤 집단의 불안 수준을 이용하여 그 집단으로 하여금 자신이 원하는 것을 하도록, 혹은 자신이 원하는 사람이 되도록 유도한 사람을 본 적이 있는가? 그러한 사례들을 함께 나누라.

4. 당신의 교회에 어떤 변화가 있었을 때, 그것이 교회를 위협하거나 불안 수준을 높인 경우가 있었는가? 좋은 일로 생긴 변화라 할지라도 이런 일은 일어날 수 있다. 그때 그 변화에 건설적으로 대처하였던 사람들 혹은 교회 리더들은 어떤 자원들을 이끌어 내어 그렇게 하였는가? 변화에 건설적으로 대처하는 데 실패했던 때는 언제였는가?

5. 현재 당신 교회의 정서적 모빌 상태는 어떠한가? 균형을 이루고 있는가? 그렇지 않다면, 어느 정도나 불균형 상태에 있는가?

- 당신의 교회가 지금 직면하고 있는 '실제' 위협은 무엇인가? 그

로 말미암은 급박한 심리적 불안 증상은 어떻게 나타나고 있는가?
- 당신은 교회가 이러한 '위협' 상황에 어떻게 대처하고 있다고 보는가? 이러한 당신의 견해를 뒷받침하는 사례가 있는가?
- 당신의 교회가 현재 만성적인 불안 수준을 갖게 만든 과거의 해결되지 않은 문제나 사건들이 있었는가? 그리하여 교회가 직면하는 다른 급박한 상황들에 효과적으로 대처하지 못하게 하는 것들이 있다면 무엇인가?

6. 불안감이 우리에게 줄 수 있는 긍정적인 요소들은 무엇이라고 보는가? 하나님이 우리에게 불안에 대처할 수 있는 능력을 주시지 않았다면 인류의 역사에 어떠한 일들이 벌어졌겠는가? 이러한 능력이 우리에게 없었다면 우리는 어떻게 되었겠는가?

7. 우리의 삶 속에서 발생하는 불안이라는 문제에 대해 언급하고 있는 성경구절이나 이야기, 혹은 신학적 주제는 무엇인가?

CREATING

A HEALTHIER CHURCH

4 다수 가운데 하나 되기

여호와 하나님이 이르시되 사람이 혼자 사는 것이 좋지 아니하니 [창 2:18].

우리가 하나가 된 것같이 그들도 하나가 되게 하려 함이니이다
곧 내가 그들 안에 있고 아버지께서 내 안에 계시어
그들로 온전함을 이루어 하나가 되게 하려 함은…… [요 17:22-23].

교회에서의 연합과 다양성

예수님을 포함하여 신약성경의 저자들은 반복해서 교회의 연합을 위해 기도하고, 모색하며, 노력할 것을 권면하고 있다. 그러나 사도행전이나 바울 서신들, 그리고 신약성경의 다른 부분들에 명백하게 드러나고 있듯이, 초대교회 역시 오늘날 우리가 경험하고 있는 것과 마찬가지로 교회가 연합하는 데 있어 동일한 어려움을 갖고 있었다. 그때나 지금이나 사람들은 저마다 서로 다르며, 이것이 연합하는 데 장애가 된다는 생각이 있어 왔다.

어느 교회에서든지 각 사람들은 서로 다르다는 사실에서 오는 딜레마를 갖고 있다. 나는 어느 정도까지 이 교회의 방식에 순응하고, 어

느 정도까지 내 방식을 따라 지내야 하는가? 다른 사람들과 다른 나의 모습은 혼자만 간직한 채 그냥 다른 교인들에 맞추어 따라가야 하는가? 그것이 '그리스도인다운 것'이기 때문에 그렇게 해야 하는가? 대부분의 교회들에서, 그리스도인이 된다는 것은 자기 자신의 모습대로 살아가는 것이 이제는 허용되지 않는다는 것을 의미한다. 그것은 곧 '참된 그리스도인'이라는 어떤 전형에 맞추어 행동한다는 것을 의미한다. 그 결과, 많은 사람들은 교회 입구에서 자신의 모습을 점검하고, 그 안에 들어가서는 평소 자신의 삶과는 다른 어떤 사람이 되어야 한다고 생각한다.

물론 교회에서 서로 다르다는 것이 항상 문제가 되는 것은 아니다. 어느 정도까지는 서로의 다름을 이해하고 그것을 수용하기도 한다. 그러나 어떤 교회나 관계에서 서로 다르다는 것은 결국 어느 지점에선가 문제가 되곤 한다. 우리는 서로 다름에서 어떤 위협감을 느끼고 불안을 경험한다. 그러고는 함께 지내기에는 서로 '너무 다르다'고 말한다. 대개의 경우 속으로만 그렇게 하고 말기는 하지만.

그래서 어떤 교단들은 교회 지도자들에게 교회의 '연합과 평화를 위해 연구'하라고 요구한다. 하지만 문제는, '연합과 평화'에 대한 이해에 있어서 대개의 경우 중대한 차이라는 요소를 고려하지 않는다는 것이다. 만약 '연합과 평화'라는 것이 각 개인의 정체성 상실과 갈등이 사라진다는 것을 의미한다면 교회에 이러한 상태가 이루어지는 일은 결코 오지 않을 것이다. 그리고 그것을 추구하는 것은 불가능한 목표를 향해 나아가는 것이다.

교회에서 어떤 상황이 발생할 때, 어떤 것을 지지하거나 믿을 때,

거기에는 늘 한쪽을 지지하는 사람들과 더불어 다른 쪽을 지지하는 사람들이 있게 마련이다. 밸리 뷰 교회의 경우를 예로 들면, 일부 사람들은 국기를 성전 안에 세워 놓아야 한다고 생각한 반면 그렇지 않다고 생각하는 사람들도 있었다. 예배당을 장식하는 일에 있어서도 서로 자신들이 해야 한다고 생각하는 사람들이 있다. 이처럼 사람들이 모여 사는 곳에는 반드시 서로의 다름과 그것에서 오는 갈등이 있게 마련이다. 그것은 그리스도인이냐 아니냐의 문제와는 별개다.

그런데 교회에서 서로 달라서 갈등이 발생하면, 우리 대부분은 그것에 대해 옳지 않다고 느끼고, 그로 인해 무언가 불편하거나 불안한 감정을 경험하는 경향이 있다. 대개의 경우, 교회가 조용하고 만족스럽게 느껴지는 것은 성도들이 서로에게 있는 깊은 차이들을 표현하지 않거나 서로 비슷하게 행동하며 지낼 때다. 이러한 현상은 합창단이 지휘자를 따라 악보대로 완벽하게 각자의 파트를 노래할 때와 같다. 합창단의 각 파트는 서로 다르다. 그들은 똑같은 소리를 내지 않는다. 하지만, 그렇다고 해서 각자가 원하는 대로 마음대로 부르는 것은 아니다. 각자에게 주어진 파트를 따라 부를 때 '조화로운' 소리를 낼 수 있는 것이다.

문제는 합창을 하는 것과 실제 현장에서의 인간관계는 다르다는 것이다. 교회에서는 성도들 간에 조화를 이루기 위해 누가 무엇을 어떻게 하라는 등 각각의 역할을 써주는 사람이 없다. 우리는 저마다 자신의 역할을 쓰면서 나름대로 최선을 다해 그것을 실천한다. 그리스도인이 된다는 것이 무엇을 의미하는지, 한 사람의 교인으로서 무엇을 해야 하는지 나름대로의 이해에 따라 그렇게 하는 것이다.

우리는 흔히 다른 사람들이 우리가 기대하는 바에 따라 행동해 주기를 바란다. 자신의 역할과 관련하여 어떤 특정한 방식으로 그들이 반응하기를 기대한다. 하지만 다른 사람들은 우리가 당연하다고 생각하는 것과 전혀 다르게 행동한다. 협조적이지도 않고 결국에는 톤이 다른 '노래를 불러' 조화를 깨는 결과를 가져오기도 한다. 그들 나름대로의 음조를 따라 노래함으로써 (우리가 듣기에) 불협화음을 초래한다. 그러나 동시에 그들도 그들이 생각하는 조화를 위해 우리가 어떻게 해야 한다는 나름대로의 각본을 쓰고, 우리가 그렇게 행동해 주기를 기대한다. 그들이 보기에는, '우리가' 조화를 이루지 못하는 것이다.

여기에 우리의 딜레마가 있다. 즉, 우리는 교회에서 서로 연합하고 조화를 이루고 평화를 유지하는 것처럼 보이기 위해 자신의 본래 모습을 포기해야 하는가? 아니면 교회 내에서 '문제아'로 낙인찍히는 위험을 감수하고라도 자신이 생각하는 것을 공개적으로 드러내고 주장해야 하는가? 만약 모든 사람들이 저마다 자기 나름대로 주장하고 행동한다면 다수의 사람들이 모인 교회에 연합과 평화가 존재할 수 있겠는가?

하나님이 우리 모든 사람들을 똑같이 창조하지 않으셨다는 것은 분명하다. 인간이 된다는 것은 결국 다르다는 것을 의미한다. 우리는 이러한 사실을 피할 수 없다. 개미나 벌들을 보면 인간 집단보다 더 '조화롭게' 행동하며 살아간다. 사람보다 더 협력하며 조화로운 집단을 이루는 동물들도 많다. 우리의 문제는 과연 무엇인가?

우리는 이 문제를 신학적 차원에서 죄라고 말할 수 있을 것이다.

이것은 사실이다. 하지만 이 대답만으로는 현실을 충분히 설명한다고 볼 수 없다. 여전히 어떤 교회들은 다른 교회보다 더 협조적이며, 목표를 세워 그것을 향해 함께 전진하고, 조화로운 공동체의 삶을 구축해 가고 있지 않은가? 위의 대답만으로는 왜 어떤 교회는 이렇게 할 수 있고, 다른 교회는 그렇지 못하는지를 설명할 수 없다. 가족체계이론은 인간 집단에 이러한 딜레마가 어떻게 발생하는지를 설명해 주는 몇 가지 유익한 개념들을 제공한다. 그리고 제3교회의 성도들처럼 교회의 연합과 평화를 위해 무엇을 어떻게 해야 할지에 관한 도움을 준다.

연합성과 개별성을 향한 생명력

인간을 생물학적으로 움직이게 하는 기본적인 원동력에는 크게 나누어 두 가지가 있다. 그것은 연합성(togetherness)을 추구하는 힘과 개별성(individuality)을 추구하는 힘이다. 이 요소들은 인간의 정서 체계나 집단에서 강력하게 작용하는 생명력이다. 그것은 생명체가 생명을 향해 움직이게 하는 원동력이며 동기를 유발하는 힘이다. 심지어는 잔디를 자라나게 하는 요소가 되고, 꽃을 활짝 피우게 하는 생명력이다. 새가 때를 따라 이동하게 만드는 힘이며, 갓 태어난 영아가 엄마의 젖을 찾게 만드는 생명력이기도 하다. 인간을 포함하여 동물들을 '모이게' 하고, 또한 '개별적으로' 흩어지게 만드는 요소다. 호감과 반감, 경쟁과 협동, 사랑과 미움, 추구와 도피, 지배와 순종 등 이 모든 것들은 다 삶 속에서 작동하는 이 두 가지 원동력에 따른 우리의 반응들이다.

사람의 자기 인식은 자신이 속한 그룹, 즉 각자의 결혼과 가정, 직장, 학교, 사회적 활동이나 클럽, 지지하는 스포츠 팀, 도시나 국가 등의 정체성에 크게 영향을 받는다. 자신이 속한 교회의 정체성에 영향을 받는 것은 물론이다. 사람들은 사회적으로 특정한 어떤 그룹들에 소속되면서 자기 정체성의 일부를 형성하게 된다. 어떤 그룹에 소속되려면 각 개인은 최소한 어느 정도까지는 그 그룹과 보조를 맞추고 그 안에서 팀 플레이어가 되어 자신을 맞추어 가야 하고, 그룹에서 기대하는 것을 충족시킬 수 있어야 한다.

하지만 우리의 자기 인식은 자신만의 개인적인 독특함이나 특별성에 기반을 두고 형성되는 것 또한 사실이다. 이것이 개별성을 추구하는 힘이다. 이는 다른 사람들로부터 구별되기 위해 달라지려고 하는 것이 아니다. 그보다는 어떤 사물이나 상황을 스스로의 관점에서 생각하고 자신의 확신에 도달하는 것을 의미한다. 자신의 인생이나 세상에 대해 나름대로 자기에게 와 닿는 방식으로 이해하는 것을 의미한다. 이것은 모든 개인에게 꼭 있어야 할 요소이기도 하다.

이 두 가지 원동력은 인간 정서 체계의 핵심을 차지하는 요소들이다. 사람들의 관계와 삶을 이끌어 가는 기본 동력인 것이다. '팀의 일원'이 되고 싶어하면서도 '자기 자신'으로 존재하기를 원하도록 만드는 이유가 바로 여기에 있다. 우리가 흔히 개인의 권리와 집단의 권리를 말할 때 그 표면적인 갈등 이면에 바로 이 두 가지 요소가 자리잡고 있다.

이러한 요소들은 서로 상반된 것이 아니다. 우리는 '함께' 있거나 서로 '분리' 되어 있거나 둘 중 하나를 선택해야 하는 것이 아니다. 이들은 서로 적대적이어서 하나를 추구하면 다른 것은 추구할 수 없는 그런 성질의 것이 아니다. 어떤 상황이나 시간에 따라 그 정도에 있어서 차이가 있을 수 있지만 이 둘은 우리 안에 함께 존재하고 있다.

그러나 정서적인 성숙도가 낮은 사람들은 흔히 이 두 가지 원동력이 양 극단에 있는 것처럼 경험한다. 그래서 양쪽을 모두 추구하려고 하다가 찢어지는 경험을 하기도 한다. 이러한 사람들은, 어떤 그룹의 일원이 된다는 것은 자신의 개인적인 측면을 희생해야 하는 것처럼 생각한다. 또 자신의 개별성을 유지하려고 하면 공동체적인 측면을 희생해야 할 것처럼 생각한다.

정서적 성숙도가 높은 사람들의 경우에는 이 두 가지 요소들이 비교적 잘 균형을 이룬다. 그래서 자신의 한 부분을 희생하든지 아니면 다른 사람과의 연결성을 희생해야 하는 것으로 상황을 이해하지 않는다. 이들은 자기 자신이 되면서 동시에 다른 사람들과도 잘 연결될 수 있다. 물론 이것은 쉬운 일이 아니다. 그것은 우리가 얼마나 정서적 성숙도를 이루는가에 달려 있다. 우리는 제6장에서 이러한 측면을 좀 더 자세히 살펴볼 것이다.

연합성을 추구하는 힘

연합성은 생물학적 측면에 뿌리를 둔 생명력이다. 이로 말미암아 우리는 다른 사람들과 연결되거나 연합하기를 원하게 된다. 이러한 경향은 모든 종의 동물에게서 동일하게 발견된다. 그것은 우리로 하여금 공동체를 지향하게 만들고 최소한 정서적으로 우리에게 중요한 인물들을 향해 나아가게 한다. 그것은 우리가 다른 사람들과 연결되고 의존하는 것을 불가피하게 만드는 요소이기도 하다. 다른 사람들에게 관심을 갖고, 그들에게 예민한 반응을 보이며, 귀 기울여 그들이 하는 말을 듣고, 그들과 돌봄이나 사랑을 주고받으려고 하는 이유가 바로 여기에 있다. 사람들 간에 팀워크를 가능하게 하는 요소이기도 하다. 우리가 속한 교회나 다른 그룹들에서 '일치'를 추구하게 하는 것도 바로 연합성을 추구하는 힘이다.

그것은 부모들로 하여금 자식이나 가족을 위해 얼마든지 희생하게 만들며, 교인들로 하여금 교회의 선교나 사역을 위해 기꺼이 자신들의 시간과 돈과 에너지를 투자하게 만드는 동력이기도 하다.

연합성을 추구하는 힘은 곧 다른 사람들과 함께 삶을 나누고 가까이 하는 기쁨이다. 이 기쁨은 우리가 우정이라고 부르는 것, 모두에게 중요한 프로젝트를 함께 실천하는 것, 자녀를 사랑하고 양육하며 돌보는 데서 오는 즐거움, 로맨틱한 사랑이나 성적 즐거움을 나누는 것, 음악이나 미술과 같은 예술을 통해 얻는 즐거움, 서로 하나 됨을 느끼는 공동체에서의 예배, 심지어 서로 이름도 모르더라도 함께 지지하는 '우리' 팀을 위해 응원하고 환호하는 데서 오는 그런 종류의 것이다.

상호적인 연결을 의미하는 용어인 '우리'라는 단어가 포함하는 범위와, 우리와 다르다는 차원에서 그 반대인 '그들'이라는 용어가 의미하는 범위는 사람에 따라, 나아가 시대에 따라 서로 다를 수 있다. '우리'라는 개념의 범위는 교회에서도 서로 다르다. 성도들 간에 서로 다른 측면들을 폭넓게 수용하는 교회가 있는 반면, 제한적으로 받아들이는 교회도 있다.

연합성을 추구하는 힘이 없다면 인간적인 삶도 공동체도 존재하지 않을 것이다. 신학적으로 볼 때, 이 힘은 어떤 면에서 하나님의 한 부분이요 표현이라고 볼 수 있다. 사도 바울은 그의 서신서에서 그리스도를 묘사하면서 "만물이 그 안에 함께 섰느니라"(골 1:17)고 하였다. 히브리서 저자는 하나님을 가리켜 "만물이 그를 위하고 또한 그로 말미암은 이"(히 2:10)라고 언급하였다. 그리스도는 모든 것에 있어서 연합을 이루는 핵심 원리다.

인간 공동체 내에 존재하는 연합성을 추구하는 힘에는 부정적인 측면도 있을 수 있다. 접착제란 본래 끈적거리는 법이다. 특별히 불안 수준이 높거나 정서적 성숙이 낮은 사람들에게는 이러한 끈적거림이 더할 수 있다. 이럴 때 연합성을 추구하는 힘은 다른 사람들도 나와 똑같은 방식으로 생각하고 느끼고 행동해야 한다는 기대나 요구로 나타날 수 있다. 또는 모든 사람들은 저마다 어떤 특정하고 예상 가능한 방식으로 각자의 역할을 수행해야만 한다고 말하기도 한다.

만성적 불안 수준이 올라가고 정서적 성숙도는 낮아질 때, 그 체계는 서로의 차이나 기대되는 방식에서 일탈하는 것에 대한 포용력이 떨어지게 된다. 이러한 경우 정서적 가까움은 '똑같음'으로 이해된다. 다른 사람들이 내가 원하는 사람이 되던가, '권위자'가 원하는 그런 사람이 되는 것을 요구하게 된다.

불안 수준이 높으면 연합성에 대한 압력이 증대될 것이다. 그리고 그러한 압력은 정서적 성숙이 낮을 경우에, '모두가 똑같아야만 한다'거나 모든 사람들이 특정한 역할을 수행하는 방식에 대한 어떤 기대에 부응해야 한다는 형태로 드러난다. 여기에 예외란 거의 없다.

1930년대의 독일 사회는 전반적으로 불안 수준이 매우 높았다. 이러한 불안 요인에는 여러 가지가 있었지만 일차적인 요인은 혼란스러운 경제적 상황과 관련된 것이었다. 독일인들은 지적이고 잘 교육받은 사람들이다. 그러나 그들 안에 불안 수준이 증폭되자 점차 히틀러의 나치 그룹과 그들의 단순한 사고방식에 끌려가기 시작하였다. 당시 히틀러는 유대인들과 공산주의자들, 동성애자들, 그리고 사회 부적응자들로 낙인찍힌 사람들을 '순수한 아리안 혈통'을 흐리게 하는 사람들이자 독일의 문젯거리로 지목하였다.

사회적으로 불안감이 고조되자 대부분의 사람들은 명료하게 생각할 수 있는 능력을 상실하였고, 그로 말미암아 깊은 영적 확신과 가치관을 제쳐 놓고 새롭게 일어나는 사회적, 정치적 운동에 동원되었다. 이러한 행동을 통해 그들 자신이 좀 더 나은 사람이라는 느낌과 자신감을 얻을 수 있었기 때문이었다. 그들은 나치당을 따르면서 자신들의 신념을 상당부분 버려야 했다. 독재자들은 사람들이 불안해할 때 활개를 친다. 나치당은 이러한 상황에서 사람들의 표를 얻고 권력을 차지했던 것이다.

독재 권력은 사람들로 하여금 하나가 되어 따르도록 일방적으로 압력을 가한다. 하지만 이러한 독재적 압박은 역설적으로 그 그룹 내의 사람들을 더 많이 분열하게 만든다. 이러한 압력을 받으면 이것을 자기 자아에 대한 위협으로 받아들이는 사람들이 생겨나고 그러면 그들은 그 압박에 반항하게 된다. 자신들의 자유가 제한된다는 생각을 하고, 일방적으로 일치를 요구하는 사람들의 압력에 압도당하는 느낌을 받기 때문이다.

만약 히틀러가 전쟁에서 이겼다 할지라도 그의 '제국'은, 독재적인 공산권 국가들이 그러했듯이, 내부에서부터 붕괴되었을 것이다. 어느 한 그룹이 다른 그룹에게 어떤 사상이나 의지를 강제적으로 주입하려고 하면 할수록, 그래서 그 그룹의 정체성을 제거하려고 할수록, 당하는 사람들의 입장에서는 그것에 대한 반항심이 커져 간다. 이러한 현상은 동일성에 대한 압력이 보수적 우파에서 나오든 자유주의적 좌파에서 나오든 상관이 없다. 이러한 현실은 동일성을 강요하는 그룹의 정치에서 비롯되는 것이 아니라 그룹 내에서 작동하는 역동 그 자체로 말미암아 일어나는 것이다.

개별성을 추구하는 힘

개별성이란 자기 자신이 되도록 충동하는, 생물학적으로 기인된 생명력이라고 할 수 있다. 그것은 정서적으로 독립된 사람이 되고, 자신에게 개인적으로 와 닿는 사실에 근거하여 독자적으로 생각하고 느끼고 행동하는 존재가 되게 하는 힘이다. 그리하여 그룹의 기준에 따라 움직이기보다는 자기 자신의 관점이나 기준에 따르게 하는 어떤 것이다. 개별성이란, 예를 들면, 어린아이들이 그 발달 과정을 따라 밖에 나가 자기 나름의 방법으로 주변 세계를 탐색하고 정서적으로 부모와 다른 구별된 존재가 되게 만드는 것이다.

하나님은 각 사람들 안에 생물학적으로 그리고 심리학적으로 일반적인 발달 과정을 통해 정서적으로 다른 사람들과 구분된 개별적 존재가 되게 만드는 어떤 기제를 심어 놓으셨다. 그래서 우리 각 사람은 저마다 자기 나름대로 생각할 수 있고, 자신만의 감정과 기대와 의도를 가질 수 있으며, 자기에게 이해되는 방식으로 행동하는 사람이 된다. 개인의 책임이라는 사상은 바로 이러한 사실에서 나온 것이다.

세상의 발명가나 위대한 사상가, 탐험가들은 거의 대부분 자신의 생각이나 사물을 새로운 방식으로 개진하고 실천하기 위해 다른 사람들의 '집단적인 사고'에 대항하여 일어서야 했다. 그들은 주변 사람들로부터 조롱과 웃음거리가 되기도 하였다. 이처럼 다른 사람들이 그럴 가치가 있다거나 혹은 그럴 가능성이 있다고 생각하지 않는 새로운 영역을 탐색하게 하는 것이 바로 개별성을 추구하는 힘이다.

우리는 온전히 자기 자신이 될 수 있을 때 비로소 정서적으로 성장한다. 자신의 꿈과 목표를 향해 나아갈 때 우리는 그 어느 때보다도 활력 있고 살아 있다는 느낌을 받는다. 어떤 사람이나 사물과 관련하여 자기 자신이 되는 것을 포기하거나 '자아'를 상실할 때 우리는 만성적인 우울 상태에 빠지게 된다.

개별성을 추구하는 힘은 정서적 성숙이 낮은 수준에 있는 사람들의 경우 자기 자신을 고립시키거나 접촉을 피하는가 하면, 사람들로부터 거리를 두고 단절하고 침묵하며 살아가는 형태로 나타날 수 있다. 미국 서부극의 주인공 존 웨인(John Wayne)처럼 다른 사람들과 별다른 관계를 갖지 않으면서 홀로 인생을 살아가는 '철저한 개인주의자' 유형의 사람이라고 할 수 있다.

미성숙한 개별성의 또 다른 유형은 나르시시즘적인 행동에 빠진 아주 자기중심적인 사람들로서, 모든 관심을 '자기'에게 두고 '자기'에 빠져 살아가는 사람이다. 근본적으로 이러한 이기적 형태의 개별성은 정서적으로 성장하지 못하였기 때문에 발생하는 결과다. 이러한 미성숙한 사람들에게는 "네 이웃을 사랑하라"는 성경의 말씀이 별 효력을 발휘하지 못한다. 자기 자신을 향한 사랑에서 다른 사람들을 사랑하는 것으로 나아갈 수 없기 때문이다.

다른 사람들을 진정으로 보살피고 사랑하기 위해서는 성숙한 개별성을 발달시켜야만 한다. 미성숙한 부모는 자녀와의 관계에서 두 가지 양태로 나타날 수 있다. 즉, 개별성을 추구하는 힘에 이끌려 자녀의 바람이나 필요는 무시하고 자기중심적으로 사는 경우가 있는가 하면, 연합성을 추구하는 힘에 이끌려 아이가 무엇을 원하든지 그것을 주려고 하는 경향을 보일 수 있다.

그러나 자기 자신에 대한 인식을 분명히 하고 균형을 유지하는 부모의 경우, 어려운 일이 닥치거나 힘든 시기가 찾아온다 해도 자녀와 함께 그 상황에 대처해 나갈 수 있다. 성숙한 개별성의 감각을 가진 사람들은 갈등 상황이나 어려운 시기를 지날 때 다른 사람들에게 반발하는 태도를 보이기보다는 함께 '난관을 헤치고' 나갈 수 있다. 다른 사람에게 자기 자신을 의존하거나 자신이 원하는 방식으로 해주기를 요구하기보다는 자기 스스로 그 상황에 대해 책임을 지려고 하며 다른 사람들과의 관계를 유지한다.

개별성을 추구하는 힘은 하나님의 본성에서도 잘 드러나고 있다. 우리는 자기 자신의 독자적 정체성을 강하게 유지하면서도 다른 이들과 아주 가깝게 존재하시는 하나님의 능력을 본다. 예수님은 이러한 사실을 자신의 삶과 사역을 통해 명료하게 보여 주신다. 그는 군중들의 기대에 따라 행동하지 않으셨다. 심지어 자신과 가까운 사람들에 의해서도 좌우되지 않으셨다. 당대의 지도자들이나 인기 있는 사상을 따라가기보다는 묵묵히 자신의 길을 걸어가셨던 것이다.

성경에 나타난 두 가지 생명력

세상을 향한 하나님의 사랑과 구속의 행위는 하나님 안에 있는 연합성을 추구하는 힘이 겉으로 드러난 것이다. 하나님은 세상을 보시면서 "사람이 혼자 사는 것이 좋지 아니하니"라고 말씀하셨다. 다른 사람과 함께한다는 것은 '좋은' 일이다. 아담은 '깊은 잠'에서 깨어났을 때 자기와 같은 동반자가 생긴 것을 보고 크게 기뻐하였다. 그렇지만 남자와 여자는 서로 다른 부분들이 있다. 이것은 모든 커플들이 관계 속에서 알고 있는 사실이다.

"하나님의 형상"으로 창조되었다는 사실에는 이처럼 '다른 사람'과의 관계 안에서 살아간다는 것이 전제되어 있다. "나는 다른 사람들이 필요 없다"라고 말할 수 있는 이가 있다면, 이는 하나님뿐이다. 그러나 하나님은 여전히 다른 누군가와 연결되기를 원하신다. 성경 이야기는 바로 이러한 사실에서 출발한다. 다른 존재와의 연결은 하나님의 본성에 필수적인 부분일 뿐 아니라 하나님이 지으신 피조물의 세계에서도 마찬가지다.

이러한 연결성에 있어서 필수적인 부분의 하나는 개별성이다. 성경에서 이러한 사실이 잘 드러난 것은 예수님이 12살이 되던 해에 가족과 함께 처음 예루살렘에 가셨을 때의 일이었다. 예수님은 유월절 절기를 마치고 귀가 길에 오른 가족과 합류하지 않고 성전에 남아 선생들과 대화를 나누셨다(눅 2:41-51). 우리는 여기에서 이른 나이에 부모와 정서적인 분리를 이루신 예수님의 모습을 본다. 당시에 12살은 어른이 된 것으로 간주되던 나이였다.

예수님은 또한 요한에게서 세례를 받으시고 '홀로' 광야에 들어가 거기에서 사탄에게 시험을 받으셨다. 이것은 누구도 그를 위해 대신 받거나 함께 받을 수 없는 것이었다. 우리 각자에게는 홀로 감당해야 하는 자신만의 광야 경험들이 있다. 그것은 다양한 방식으로 찾아온다. 예수님이 그러하셨듯이, 우리도 이러한 경험을 통해 자신의 확고한 신념을 발견하고, 자신의 헌신을 명료하게 인식하고, 자아 개념과 인생에서 자신에게 주어진 독특한 사명을 개발해야 한다.

예수님이 개별적이고도 분리된 존재로서의 자기 자신을 발전시키지 못했다면, 하나님이 세상과 맺으셨던 관계에 대한 자신의 독특한 인식을 그렇게 설파하실 수 없었을 것이다. 또한 자신에게 주어진 하나님의 사명을 성취하실 수도 없었을 것이다. 예수님은 개별적 존재로서의 자기 인식을 발전시키셨을 뿐 아니라, 동시에 유대 역사 및 전통과 자신이 연결되고 그것을 지속해야 한다는 인식을 유지하실 수 있었다. 그가 자신을 정서적으로 분리된 존재로 인식하였다는 것은 그 모든 역사적 현실을 내던지고 그것에서 자신을 단절시켜야 한다는 것을 의미하지 않았다. 여기에서 우리는 예수님 안에서 역사하였던 연합성을 추구하는 힘이 갖는 영향력을 본다. 그러나 예수님은 자신을 하나의 분리되고 개별적인 존재로 인식함으로써 유대의 역사와 전통 안에서 세상에 대한 하나님의 사랑과 그 구속적인 행위에 대한 새로운 관점과 해석 및 메시지를 이끌어 낼 수 있었던 것이다.

고린도 교회에는 여러 파당들이 있었다. 바울 사도는 고린도전서

9-13장에 이르는 부분을 통해 개별성과 연합성을 추구하는 힘의 균형을 유지함으로 이러한 파당의 문제를 해결하고자 하였다. 그래서 바울은 심각한 분열을 겪고 있는 교회에게 그리스도의 몸으로서 서로 연합하여 하나가 되라고 요구하였다. "그리스도의 마음"을 품고 자신이 그리스도를 닮아 가는 것처럼 그러한 자신을 그들도 닮아 가라고 권면한 것이다.

그러면서 동시에 바울은 고린도 교회의 성도에게 사람들은 저마다 다른 확신과 행동, 활동방식을 가질 수 있다는 것을 인정하라고 촉구한다. 그러면서 몸의 한 부분이 다른 부분들에게 자기와 똑같아지라고 강요할 수 없다는 사실을 강조한다. 몸의 모든 부분이 손이나 발, 혹은 눈이 된다면 그러한 몸은 정상적으로 기능할 수 없기 때문이다. 따라서 "그리스도의 마음"을 갖는다는 것은 교회 안에 존재하는 다양성을 수용하고 존중하는 것을 의미한다.

사도 바울에 의하면, 세상에서 가장 최고인 한 가지 방식이란 존재하지 않는다. 다만 고린도전서 13장에서 언급하고 있는 것처럼 '더 좋은 길', 즉 사랑으로 하는 방법이 있을 뿐이다. 사랑의 길은 자신의 개별성에 대한 뚜렷한 인식과 더불어 다양성에 대해서도 불편하지 않을 때 가능하다. 그것은 각 개인의 개별성에 대한 인식과 더불어 성숙한 연대 의식을 유지하는 것이다.

우리는 복음서나 사도 바울의 서신서뿐 아니라 사도행전에서도 초대 교회에 존재하였던 개별성과 연합성 사이의 긴장에 관한 다양한 경우들을 볼 수 있다. 베드로는 한때 유대인들로 구성되었던 당시 교회를 향하여 이방인도 수용해야 한다고 역설한 바 있었다. 그러나 그는 이러한 입장에서 그리 멀리 나가지는 못했다. 결국 그는 교회의 다른 지도자들과 마찬가지로 이방인이 교회에 들어오려면 먼저 유대인이 되어야 한다고 말하기 시작하였다. 그러자 사도 바울이 극적인 방식으로 이들을 대면하여 반대 입장을 전개하였다. 예수 안에서 새로운 일을 행하신 하나님이 구원에 이르고 하나님께 나아가는 방식에서 새로운 지평을 여셨다고 주장한 것이다. 결국 초대교회는 사도 바울의 견해에 동의하였다. 바울은, 단독으로, 분연히 일어나 복음에 대한 자신의 이해에 근거하여 분명한 입장을 표명하였다. 그리고 교회 공동체는 그를 통해 이 문제에 대한 새로운 이해에 도달할 수 있었다.

신학적으로 삼위일체 교리에 대한 이해에 있어서도 이러한 긴장은 존재한다. 삼위일체 교리에는 하나님은 세 위격(person)이시되 연합된 상태로 존재하신다는 입장과 더불어 각 위격의 독자성을 강조하는 입장도 있다. 우리의 입장은 하나님은 온전히 구분되고 개별적인 각 '위격'으로 존재하시되 동시에 함께 온전한 하나님이 되신다는 것이다. 우리가 하나님과 연합되고 하나가 된다는 것에 대해서도 이와 같은 방식으로 이해해야 한다. 그것은 우리의 개별성이 소멸되거나 다른 대상에 융합되고 함몰되는 것을 의미하지 않는다.

교회 안의 두 가지 생명력

교회에 어떤 불안이나 긴장이 고조되면 미성숙한 사람들은 공동체의 일치 혹은 연합을 지키기 위해 모든 사람들이 똑같은 행동을 하거나 어떤 입장에 순응할 것을 촉구하는 경향이 있다. 사도 바울이 사용했던 몸의 비유를 따른다면, 이것은 몸의 모든 지체들에게 전부 발이 나 손, 혹은 눈이 되라고 말하는 것과 같다.

이러한 교회에서는 주로 '타자'에 초점을 둔다. 즉, 다른 사람들이 '마땅히 해야 할 바' 기대대로 잘 따르고 순응하는지, 교회의 지도부에서 요구하는 '참된 그리스도인'의 모습에 어느 정도까지 이르는지 등에 대해 눈여겨본다. 이러한 교회에는 다른 사람들의 믿음과 행동에 대한 평가와 판단이 난무한다. 밸리 뷰 교회 사람들의 정서적 분위기와 관계에 일차적인 영향을 미친 것은 바로 이러한 요소였다. 그들은 저마다 다른 사람들이 '마땅히 했어야 할 것'을 제대로 하지 않았다는 확신을 갖고 서로를 대하였다.

하지만 좀 더 성숙한 사람들은 자신들의 자아나 개별성에 대한 뚜렷한 인식을 갖고 있으면서 동시에 성숙한 연대의 경험을 나눈다. 그래서 다른 사람들에 대한 호기심과 관심을 갖고, 다른 사람들은 자신과 다르다는 사실 또한 알아 간다. 이렇게 서로 연합함으로써, 자신들 안에 있는 독특성과 다양성들을 인정하고 그것에 불편해하지 않으면서 서로를 수용한다.

성숙한 개별성은 자신의 생각과 생활 원리에 좀 더 철저하고 그것을 명료하게 이해하도록 이끌어 간다. 그리고 자신이 믿는 것이나 말하는 것과 자신의 행동이 일치하는가에 관심을 둔다. 이들에게는 다른 사람들을 판단하는 '타자 초점'이 아니라 자신을 돌아보는 '자기 초점'이 두드러진다. 자기 자신의 문제나 어려움에 초점을 두고, 자기 스스로 그러한 요소들에 대해 책임을 지려고 한다. 예수님의 말씀을 따른다면, 이러한 교회의 성도들은 다른 사람들의 눈에 있는 '티'

에 관심을 두기보다는 자신들에게 있는 '들보'를 다루는 것에 더 초점을 기울인다.

제3교회의 경우에도, 주일 아침에 일어난 불편한 상황을 처리하는 것을 좋아한 사람은 하나도 없었다. 하지만 저마다 당면한 문제를 처리하기 위해 그날 아침의 계획이나 기대들을 조금씩 조정할 수 있었다. 융통성을 발휘하여 우선적으로 해야 할 것들을 처리했고, 동시에 자신이 늘 해왔던 과제들 또한 적절히 수행할 수 있었다. 상대방의 실수나 필요를 존중해 주었고, 상대의 행동이나 태도에 대해 '틀렸다'거나 '나쁘다' 혹은 '부적절했다'와 같은 용어를 사용하여 단정하지 않았다. 그 결과, 교회 성도들은 서로 협력하며 당시의 상황을 비교적 문제없이 처리할 수 있었다.

하지만 밸리 뷰 교회에서는 서로에 대한 존중심은 부족했고 다른 사람들이 '잘못' 해서 그런 일이 발생했다는 생각이 팽배하였다. 그 결과, 그들 사이에 위협감과 정서적 반발 수준이 높아졌고, 문제 상황을 처리하기가 매우 어려웠다. 그들은 문제 상황을 해결하기 위한 융통성이 없이 서로에게 반응하였다. 문제 상황에 대해 대화할 때마다 상대의 입장을 존중하며 대하기보다 자신의 입장에서 자신의 안위를 중심으로 행동하였고, 그러다 보니 상황은 더 꼬여 갔고 상대방 또한 같은 방식으로 반응하는 결과를 연출하였다.

위기 상황에 처할 경우, 정서적 성숙도가 낮은 사람들일수록 더욱 정서적 불안감에 휩싸이고 흔들리게 된다. 그렇게 되면 교회 안에 연합성을 추구하는 힘이 더 강하게 활성화되고, 다른 사람들에게 같은 입장과 같은 확신을 갖고 행동하거나 대처할 것을 요구하는 경향이 생긴다. 그러나 이러한 분위기에서 무조건 동조하거나 합리적인 사고 과정 없이 자동적으로 발생하는 어떤 입장이나 태도는 대개의 경우 공동체에 파괴적인 결과를 초래하게 된다. 그러나 위기 상황에서도 구성원들이 모든 가능한 사실들에 근거하여 서로 존중하며 자신들의 인식이나 생각들을 자유롭게 나눌 수 있을 때 서로 연합하여 하나가 될 수 있다. 그리고 그런 연합의 관계 안에서 적절한 행동을 할 수 있게 된다.

생각할 것들

자신과 관련하여

1. 당신은 교회의 구성원들 간에 존재하는 차이점들에 대해 어떤 느낌이 드는가? 그것에 대해 편한 느낌을 갖고 있는가? 이러한 감정을 어떻게, 어떠한 방식으로 드러내고 있는가?

2. 교회에서 당신과 가장 다른 사람은 누구인가? 당신은 그 사람과의 차이에 어떻게 대처하고 있는가?

3. 당신은 이러한 차이점들을 통해 무엇을 배웠는가? 또는 무엇을 배울 수 있는가?

4. 당신과 다름에도 불구하고 잘 연합할 수 있었던 사람과의 관계나 그러한 때를 생각해 보라. 어떻게 그렇게 할 수 있었는가?

5. 예수님은 이렇게 말씀하셨다. "나와 함께 아니하는 자는 나를 반대하는 자요"(마 12:30). "우리를 반대하지 않는 자는 우리를 위하는 자니라"(막 9:40). 당신은 매일의 삶 속에서 어느 말씀에 더 기울어진

다고 생각하는가? 어떻게 균형을 유지하고 있는가?

6. 다른 사람들이 당신에게 행동하는 것과 당신이 다른 사람들에게 행동하는 것 중에서 당신은 어느 것에 어느 정도나 더 관심의 초점을 두고 있는가?

그룹 토론을 위하여

1. 당신의 교회는 사람들 간에 존재하는 차이점들 중에서 특별히 어떤 차이점을 잘 다루고 있다고 보는가? 교회 안에 주로 문제들을 야기하는 차이점들은 무엇인가?

2. 당신 교회의 지체들은 사역을 하면서 어떤 중요한 차이점들이 노출될 때 어떻게 서로 화평을 유지하면서도 연합을 이루려고 시도하는가?

3. 당신의 교회에서 '연합'이란 말은 어느 정도로 '동일함' 내지는 '다양성의 부재'를 의미하는가? 이러한 사례들을 제시하라.

4. 당신의 교회는 어떻게 경계를 그어 누가 '우리'에게 속하고 누가 '그들'에게 속하는지를 결정하는가?

5. "그리스도의 마음"을 갖는 것이 교회 지체들 간의 다양성을 존중하고 인정하는 것이라면, 당신의 교회는 어떻게 이러한 요소를 실천하고 있는가?

7. 교회 안에서의 평화와 연합, 그리고 다양성에 대한 당신의 생각과 관련 있는 것으로 보이는 성경구절이나 신학적 개념들은 어떤 것들이 있는가?

CREATING

A HEALTHIER CHURCH

교회 내 관계의 근접성과 거리성

이러므로 남자가 부모를 떠나 그의 아내와 합하여
둘이 한 몸을 이룰지로다 [창 2:24].

또 오셔서 먼 데 있는 너희에게 평안을 전하시고
가까운 데 있는 자들에게 평안을 전하셨으니 [엡 2:17].

근접성과 거리성의 역동

머레이 보웬의 동료인 마이클 커(Michael Kerr)가 추운 겨울을 나는 고슴도치들에 대한 이야기를 해준 적이 있다. 그들은 본래 군집성 동물은 아니지만 추운 겨울에 가까이 있으면 서로의 체온 때문에 좀 더 온기를 느낄 수 있다는 사실을 발견하였다. 하지만 너무 가까이 있으면 서로의 바늘에 찔렸다. 그들은 시행착오 끝에 서로 찔리지 않으면서도 온기를 나눌 수 있는 '적절한' 거리를 찾아냈다.

교회에서 한 공동체라는 느낌을 갖는 데 영향을 미치는 주요 요인은 교인 상호간에 '적절하다'고 인정되는 관계의 거리, 즉 정서적 거리의 정도라고 할 수 있다. 어떤 사람이 교회를 방문할 때 방문자의 입장에서, 혹은 교인들끼리도 서로 '너무 거리가 멀고' '차가운' 교회라는 느낌이 들 수 있다. 그런가 하면 어떤 교회는 교인들이 서로에게 지나치게 간섭하고 참견하는 것처럼 비쳐질 수도 있다.

사람들이 서로 만날 때 어느 정도의 신체적 거리를 유지해야 좋을지 문화마다 그 기준과 정도가 다 다르듯이, 교회에서도 성도들 간에 느끼는 관계의 정서적 근접성과 거리성에 대한 인식이 다 다르다. 이러한 관계의 근접성과 거리성에 대한 감각은 사람들이 연대와 개별성을 추구하는 힘 안에서 자신들을 조절해 가는 방식을 반영하는 것이다.

유기(abandonment)와 함몰(engulfment)

우리가 성장하고 성숙해진다는 것은 다른 사람들과 신체적으로, 그리고 정서적으로 분리된 존재가 되어 가는 것에 대해 점점 더 편안해지는 것과 관련된 문제다. 신체적인 분리의 문제는 어렵지 않게 이루어진다. 하지만 정서적 분리의 문제는 그렇게 쉽게 달성될 수 있는 것이 아니다. 대부분의 사람들은 자신의 부모와 다른 가족 구성원들에 대한 어느 정도의 해소되지 않은 애착을 가진 채 성인이 된다. 보웬의 이론에 근거한다면, 이를 '해소되지 않은 정서적 애착'이라고 부를 수 있을 것이다. 이러한 애착의 정서가 해소되지 않은 상태로 평생을 살아가는 사람들이 많이 있다.

가정이나 교회 회중은 하나의 체계다. 그런데 거기서 관계의 근접성과 거리성의 평형에 어떤 변화가 생기면 그 안에 있는 사람들은 정서적인 어떤 도전에 직면하게 된다. 각 개인들은 다른 사람들과 정서적 가까움을 느끼는 것과 어느 정도의 거리를 유지하는 것에 있어서 편안함을 느끼는 정도가 저마다 다르다. 이것을 각 개인이 가지고 있는 '정서적 평안 지대'(comfort zone)라고 한다.

김 아무개라는 사람이 있다고 하자. 관계 거리의 연속선을 다음과 같이 그린다면, 김 아무개가 다른 사람과의 관계에서 정서적으로 편안함을 느끼는 범주의 정도는 아래와 같이 표현될 수 있을 것이다.

정서적 평안 지대

〈그림 6〉

하지만 그와 교제 중인 박 아무개의 정서적 평안 지대는 다음과 같이 나타날 수 있다.

정서적 평안 지대

〈그림 7〉

그렇게 해서 김 아무개와 박 아무개 사이의 관계는 다음과 같은 5가지 종류의 정서적 평안 지대로 나누어질 수 있게 된다.

정서적 평안 지대

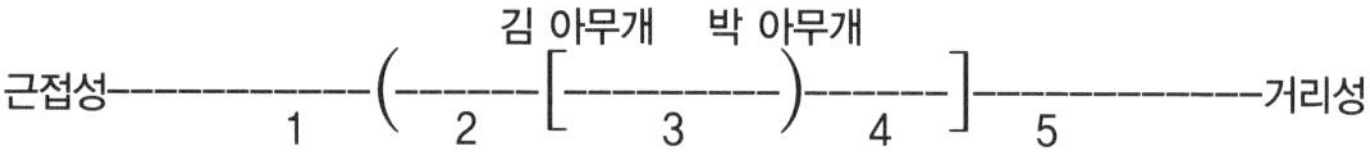

```
                    김 아무개    박 아무개
근접성--------(------[----------)------]----------거리성
          1     2      3        4     5
```

〈그림 8〉

1번 지대는 김 아무개와 박 아무개 두 사람 다 정서적으로 편안함을 느끼지 못하는 영역이다. 관계의 거리가 너무 밀착되어 있다고 보기 때문이다. 2번 지대는 김 아무개의 입장에서 박 아무개가 좀 더 가까이 다가와 즐거운 관계를 갖기 바라는 영역이다. 그러나 박 아무개로서는 여전히 너무 밀착되어 별로 편안함을 느끼지 못하는 부분이다. 3번 지대는 정서적 평안을 느끼는 정도가 겹쳐지는 부분으로, 서로 관계의 거리에 대해 편안함을 느낀다. 이 영역 안에서 관계가 진행될 때 두 사람 모두 편안함을 느낀다. 4번 지대는 박 아무개의 입장에서 김 아무개가 좀 더 정서적 거리에 여유를 주었으면 하고 바라는 부분이다. 그렇게 되면 김 아무개에 의해 정서적으로 구속되는 느낌이나 통제되는 느낌을 덜 받을 것이기 때문이다. 하지만 이 부분은 김 아무개의 입장에서는 정서적으로 너무 멀게 느껴지는 부분이다. 5번 지대는 김 아무개와 박 아무개 두 사람 모두에게 정서적으로 너무 거리를 느끼게 하는 영역이다. 둘 다 편하지 않은 정도의 관계 거리다.

사람들이 다른 사람과의 관계에 있어서 도외시되거나 함몰된다고 느끼는 부분은 주로 2번과 4번 지대에서 발생한다. 김 아무개가 비교적 차분하고 안정된 상태에 있을 때는 박 아무개의 거리에 대해 크게 문제 삼지 않고 관계를 잘 이어갈 수 있다. 그러나 김 아무개가 박 아무개와의 거리감에 대해 불안해하며 더 가까워져야 할 필요를 간절히 느끼고 있고, 박 아무개는 그러한 요구에 부응하지 않는다면 김 아무개는 박 아무개에 의해 정서적으로 유기되거나 도외시된다고 느낄 수 있다.

불안의 정도가 더 높아지면 그러한 현상은 더 심해진다. 김 아무개는 더욱 박 아무개를 절실히 필요로 할 것이고, 박 아무개가 보이는 정서적 거리감은 아주 큰 문제가 될 수 있다. 그것은 그들 관계를 위협하는 요소가 될 수 있고, 김 아무개의 불안감을 더욱 팽창시키는 결과를 가져올 수 있다. 정서적으로 좀 더 가까워지려는 노력에도 불구하고 박 아무개가 정서적 거리를 고집한다면, 김 아무개는 점점 더 두려움과 분노에 휩싸이게 될 것이고, 이러한 감정은 김 아무개가 버림받았다는 느낌이 들도록 더욱 자극하게 될 것이다.

박 아무개의 입장에서는 불편함을 느끼지 않으면서 김 아무개가 원하는 정도까지 그 정서적 필요를 충족시켜 줄 수 있는 때가 있을 것이다. 이러한 때에는 자신의 자아를 상실하지 않으면서도 기꺼이 상대를 위하여 자신을 내어줄 수 있다. 경우에 따라서는 2번 지대에까지 나아가 한동안이나마 김 아무개의 필요를 만족시켜 줄 수도 있다. 그렇게 되면 박 아무개에게는 어느 정도 불편한 마음이 없지 않겠지만, 김 아무개로서는 박 아무개가 자신에게 깊은 관심과 돌봄을 제공한다는 생각과 더불어 정서적으로 가까움을 느끼면서 관계를 재확인 받는 느낌을 갖게 된다.

그러나 경우에 따라 박 아무개는 김 아무개의 요구에 자기 개인의 삶이나 자기 자신은 없어지는 것 같은 느낌을 받기도 한다. 이럴 때는 김 아무개가 원하는 2번 지대까지 절대 나아가지 않는다. 도리어 김 아무개로 하여금 자기처럼 되기를 요구하고, 4번 지대의 거리를 유지하며 지내기를 원한다. 김 아무개 때문에 답답하고 질식할 것 같다고 말하기도 한다.

극단적인 경우, 박 아무개는 김 아무개의 생활 태도나 문제에 완전히 압도당하는 느낌을 받을 때도 있다. 그렇게 되면 점점 더 뒤로 물러나고 싶어진다. 자기에게는 혼자 있으면서 숨쉴 수 있는 공간이 좀 더 필요하다는 말을 하기도 한다. 심지어는 관계를 떠나 혼자 사는 공상을 하거나, 김 아무개를 떠나겠다는 위협을 하고, 실제로 그렇게 하는 경우도 생긴다.

교회들은 저마다 자신들이 생각하기에 '적절하다'고 판단되는 정도의 관계 거리를 유지하려고 한다. 하지만 교회생활을 하면서 이렇게 일정한 관계 거리의 균형 상태를 유지하기란 쉬운 일이 아니다. 관계의 차원에 있어서, 어떤 겨울은 더 춥고, 어떤 겨울은 상대적으로 덜 춥기도 하기 때문이다. 관계의 거리가 너무 춥다고 느끼는 사람들은 전보다 상대방에게 더 가까이 다가가려고 한다. 그러면 상대는 이에 대해 불편함을 느끼며 거리를 유지하려고 반발 반응을 보이는 경우가 생긴다.

교회 성도들은 정서적 거리의 연속선상에서 다른 사람들의 정서적 움직임에 예민하게 연결되어 있고 그에 따라 반응한다. 상대방이 조금이라도 자기에게로 향하거나 자기에게서 멀어지는 움직임을 보이게 되면 많은 경우 금방 그것을 알아차린다. 자기와의 관계에서 상대방이 느끼는 정서적 편안함의 정도에 대해서도 마찬가지다. 그것은 마치 고무줄의 양쪽 끝을 손가락으로 잡고 있으면서 둘 중 어느 한 편이 쏠리거나 할 때 느껴지는 강도나 긴장감을 알아차리는 것과 같은 이치다.

예를 들어, 어떤 여성도가 교회의 목회자 혹은 어느 성도와 가깝게 지내고 있다고 하자. 두 사람은 대개 정서적 평안 지대에 머물며 별 불편 없이 잘 지내고 있다. 그런데 어떤 스트레스가 되는 상황이 발생하여 목회자 혹은 친구가 그 일로 말미암아 뒤로 물러나 두 사람의 관계가 예전 같지 않게 되었다. 그러자 이 여성도는 상대와의 관계에 거리가 생기는 것은 상대가 스트레스 상황에 대처하느라 그런 것이라고 생각하기보다는 자기와 관련된 어떤 문제가 있어서 그런 것이라고 생각하기 시작한다. 그리고 이렇게 거리를 두는 것에 대해 불편하고 화가 난다. 그래서 어떻게 하든지 자기들 사이에 생긴 이 거리감을 줄이기 위해 노심초사하며 상대방에게 다가간다. 그렇게 해서 자기 기분이 좀 더 차분하고 안정되기를 바라기 때문이다.

추적하는 사람과 거리를 두는 사람

공중에 매달린 모빌의 평형 상태가 깨어져 흔들리기 시작하는 것처럼, 관계 체계의 균형이 흔들리면 사람들은 그것에 대해 염려하거나 불편한 마음이 들고 그 균형을 되찾기 위해 정서적으로 상대를 쫓아다니거나 거리를 두는 관계 메커니즘을 사용하게 된다. 자신에게 중요한 의미가 있는 사람이 멀어짐으로써 자기 안에 그런 감정이 들면 사람들은 대개 상대를 쫓아가 다시 가까운 관계로 되돌려 놓으려고 시도한다. 반대로 자신이 별로 편안하게 느끼지 않는 사람인데 자신에게 더 가까이 다가옴으로 그런 불편한 마음이 들면 그 사람으로부터 거리를 두려고 한다.

모린 니븐은 사직서를 낸 후 점차 교회와 거리를 두기 시작하였다. 몇 주가 지나고 몇 개월이 지나면서 모린과 가깝게 지냈던 사람들은 점차 이러한 사실이 불편해지기 시작하였다. 자신들이 버림받은 느낌도 들었다. 그래서 어떤 사람은 모린에게 다가가 거의 애원조로 교회를 떠나지 말라고 요청하기도 하였다. 그녀를 힘들게 한 로이 목사를 비난하면서 목사가 그녀의 마음을 돌이키도록 해야 한다는 사람들도 있었다. 그러나 로이 목사는 내심 모린이 교회학교 부장직을 유지하면서 자기 가까이에 있는 것을 좋아하지 않았기 때문에 그녀가 떠난 현재 상황에 안도하고 있었다.

또 다른 어떤 교회에서는 목회자의 아내가 예기치 않은 자동차 사고로 갑작스럽게 세상을 떠났다. 그때 그의 딸은 성장하여 막 독립하려고 하던 참이었다. 이 목회자는 그동안 딸이 독립할 것을 알고 준비도 했었다. 그런데 아내가 갑자기 세상을 떠나고 난 후 몇 개월이 지나지 않아 수영장이 딸린 큰 집을 사고 자신과 자기 '아이'가 즐길 수 있는 각종 어른용 장난감이나 물품들을 잔뜩 사들였다.

이제 그는 아내가 죽기 전과 달리 이미 성인이 된 자녀를 가능한 한 가까이에 두고 싶어하였다. 그러면서 그들은 종종 서로 다투기 시작하였다. 전에는 한 번도 없었던 일이었다. 그들은 상담을 하면서 처음으로 이러한 문제들을 확인하고 터놓고 대화하기 시작하였다. 딸은 아버지가 홀로 지내는 것에 대한 불안감이 있다는 것을 알기 때문에 계획했던 것보다 더 오랫동안 집에 머물러 있었다고 말하였다. 아버지가 새로 집을 산 것은 그녀를 가까이에 붙잡아 두기 위한 것이라는 사실도 알고 있었다. 자신이 집을 떠나고 싶어한다는 사실에 대해서는 죄책감을 느꼈지만, 동시에 자신이 집을 떠나 독립할 수 있다는 생각을 하지 않은 것에 대해서는 속이 상하고 화가 났다. 그리고 아버지가 자기를 붙잡으려고 하는 것에 대해서도 원망스러웠다.

한편, 교회와의 관계에 있어서 이 목회자는 목사로서 성도들을 돌봐야 할 임무들에 대해 점점 더 소홀하기 시작하였다. 이로 말미암아 교회와 목회자의 관계가 어려워졌다. 그동안 발생한 일들이 어떤 모양으로든 정리가 되어야 했다. 그렇지 않으면 이러한 상황은 계속될 것이었다. 그래서 교회 지도자들은 화가 난 상태에서 목회자에게 접근하여 이 상황을 해결하려고 하였고, 목회자는 그들의 요구가 '근거 없는' 것이라고 생각하였다. 이런 생각은 목회자가 자신에게 일어나고 있는 최근의 상황을 좀 더 잘 이해할 수 있을 때까지 계속되었다. 목회자의 가정에 일어났던 변화와 그의 가족 체계에 내재된 불안 정서가 교회 체계의 불안으로 전이되면서 교회의 일반적인 불안 수준에 영향을 끼쳤던 것이다.

관계에서 사람들이 서로를 쫓아다니거나 거리를 두는 현상은 본래적으로 갖고 태어나는 성격적 특성이 아니다. 그것은 특정한 관계나 상황에 따라 좌우된다. 어떤 젊은 부인의 남편이 비교적 젊은 나이에 세상을 떠났다. 이 여성은 남편을 깊이 사랑하기는 했지만 그에 대해 한 가지 불만이 있었는데, 그것은 남편이 자신에게 정서적으로 열려 있지 않았으며 자기가 원하는 만큼 감정을 터놓고 말하려 하지 않았다는 것이다. 그래서 그녀는 계속 남편을 정서적으로 쫓아다녔고, 남편은 그런 아내에게 거리를 두었다. 남편이 죽고 어느 정도 시간이 흐른 후, 이 여성은 다시 남자를 만날까 생각하기 시작하였다. 그러고는 의도적으로 정서적인 섬세함과 열린 마음, 그리고 감정에 대해 대화를 나눌 수 있는 남자를 찾았다. 그런 남성을 발견하자 그녀는 전율하였고 그와 결혼하였다. 그러나 결혼 첫 해를 보내면서, 이제는 남편이 늘 감정에 대해, 그것도 그녀 안에서 어떤 일들이 일어나는지에 대해 대화를 나누고 싶어한다는 것 때문에 불만이 생겼다. 그러고는 점차 남편에 대해 정서적으로 거리를 두고 첫 번째 남편이 자신에게 했던 것처럼 행동하기 시작하였다. 그러면서 이제는 첫 번째 남편에게 있어서 자기와 사는 것이 어떠하였을지 이해하게 되었다.

이처럼 모든 사람은 추적자가 될 수도 있고, 거리를 두고 도망가는 사람이 될 수도 있다. 어떤 역할을 하느냐는 어떤 상황에서 어떤 기능을 수행하느냐에 달려 있다. 두 사람의 관계에 있어서 쌍방은 어느 정도 같은 수준의 거리를 필요로 할 수 있다. 그러나 각 사람이 한 가지 역할만을 수행함으로써 이런 균형을 유지하는 경우가 있다. 즉 한 사람은 늘 가까워지려고만 하고, 상대방은 늘 거리를 두려고만 하는 것이다. 잘 진행되는 관계에서는 대부분 한 사람이 어느 한 기능에만 고정되기보다는 서로 융통성 있게 관계의 균형을 이루어 간다.

사람들의 관계에서 일반적으로 일어나는 아주 흔한 정서적 패턴의 하나를 예로 들어 보자. 김 아무개와 박 아무개가 차분하고 안정된 상태에 있을 때 그들은 서로 상대의 정서적 평안 지대에서 별 불편함을 느끼지 못하며 지낼 수 있을 것이다. 하지만 그들에게 스트레스를 주는 어떤 상황이 발생하였다. 그들의 스트레스 대처 방식은 서로 달랐다. 한 사람은 이 상황에서 어떻게 해야 할지 알기 위해 다른 사람과 대화하기를 원한다. 그런가 하면 상대방은 상황이 가라앉을 때까지 곰곰이 생각하기 위해 혼자 있기를 원한다. 그래서 그들은 관계 거리의 연속선상에서 서로 다른 방향으로 움직이기 시작한다. 이것은 일반적인 정서적 과정의 제1단계다.

한편, 두 사람에게 발생한 원래의 스트레스 경험과 별도로 그 상황에서 각자가 취하는 행동 패턴은 상대의 스트레스 경험을 더 악화시키는 결과를 초래한다. 두 사람이 느끼는 불안이나 긴장의 강도가 강해지면서 쫓아가거나 거리를 두는 행동 패턴은 더욱 강렬해지고 이는 다시 두 사람 사이에 불안의 정도를 한층 더 끌어올리게 된다. 그래서 한 사람은 버림받는 것 같은 두려움을 느끼고, 상대방은 자신이 함몰되는 것 같은 두려움을 경험하게 된다. 이처럼 관계의 긴장이 한층 고조되는 것을 정서적 과정의 제2단계라고 한다.

거리를 두는 사람은 언제나 쫓아가는 사람보다 더 멀리 거리를 두고 도망갈 수 있다. 그러다가 어떤 지점에 이르면 추적하는 사람은 한계에 이르렀다며 포기하게 된다. 그리고 반발하는 형태로 거리를 두는 반응을 보인다. 상황이 이렇게 되면, 본래 거리를 두어 왔던 사람은 이내 상대방이 더 이상 자기를 쫓아오지 않는다는 것을 느끼기 시작한다. 그러고는 자기들 사이에 거리가 있다는 것을 느끼게 된다. 그래서 이제는 도리어 추적자가 되어 어느 정도나마 연결성을 회복하려고 한다. 우리는 이것을 제3단계라고 한다.

이렇게 예전에 거리를 두던 사람이 쫓아오기 시작하고 예전의 추적자가 이러한 변화에 긍정적으로 반응한다면 그들 사이에는 서로 정서적인 편안함과 관계의 연결성이 회복되는 때가 오게 된다. 그러나 새로운 불안 요소가 발생하면 그들의 관계는 이내 예전처럼 쫓아가고 거리를 두는 관계 패턴으로 다시 돌아가고, 각자의 옛 역할에 고착되어 과거의 정서적 과정을 똑같이 반복하게 된다. 이것이 정서적 과정의 제4단계다.

이러한 종류의 관계 패턴이 오랫동안 반복되면, 반발하여 거리 두기 반응을 보였던 예전의 추적자는 본래 거리를 두던 상대방이 태도를 바꾸어 추적하는 반응을 보여도 어느 순간부터는 더 이상 그것에 반응하지 않는다. 그리고 관계의 벽을 쌓는다. 이런 말을 하기도 한다. "내가 당신을 필요로 할 때 당신은 어디에 있었나요? 나는 당신의 이러한 태도가 진짜인지 더 이상 신뢰할 수가 없어요. 너무 늦었어요. 이제 당신과 어떻게 되든 상관없어요. 그리고 당신에 대해서는 더 이상 아무 감정도 없어요." 그러고는 그냥 그대로 자신의 거리를 유지한다. 정서적 과정의 제5단계다.

특별히 강렬한 고통을 수반하는 관계에서는 이제 서로 관계의 거리가 고착되고 평생의 원수가 되기도 한다. 서로에게 크고 작은 비난의 폭탄을 던지기도 한다. 이러한 상태가 되면, 사람들은 정서적 이혼 과정의 마지막이자 가장 힘든 제6단계에 도달하게 된다.

우리는 이러한 관계 패턴이 교회 내의 두 사람 혹은 두 그룹 사이에서 일어나는 것을 볼 수 있다. 어쩌면 당신 자신도 어떤 형태로든 이러한 관계 패턴을 경험했을지 모른다. 살아가면서 우리에게 중요한 의미가 있는 한두 사람과 첫 번째 단계에서 네 번째, 심지어는 다섯 번째 단계까지 경험해 보지 않은 사람은 거의 없다. 여섯 번째 단계에 도달하는 사람들이 흔하지는 않지만 고통스러운 이혼을 경험하는 사람에게는 흔히 있는 일이다. 법적으로 이혼한다고 해서 강렬한 정서적 앙금이 없어지는 것이 아니다. 그래서 이혼하고도 또다시 20년 동안 서로 싸우는 현상이 벌어지는 것이다. 죽고 못 사는 친구 관계도 때로는 이러한 종류의 관계 단절로 끝나는 경우가 가끔 있다. 교회와 전임 목사 간에 이러한 마지막 단계에 이르는 경우들도 없지 않다.

성경에 나타난 근접성과 거리성

성경은 수많은 사람들이 오가고, 관계를 맺고 분리하는 이야기들로 가득한 책이다. 능동의 동사들로 구성된 책이기도 하다. 성경은 사람들이 어떻게 관계를 맺고 행동하는지에 대한 생생한 이야기들을 우리에게 전해 준다. 하나님은 생각하고 관조하는 분이시지만 동시에 행동하는 분이시기도 하다. 하나님의 사람들 또한 사색적이지만 동시에 활동적인 존재이기도 하다. 사람들은 서로를 향하여 움직이기도 하지만 서로에게서 멀어지기도 한다. 우리는 성경을 통해 사람들이 어떻게 서로 가까워지는지, 어떻게 서로에게서 멀어지는지 그러한 움직임의 패턴을 찾아낼 수 있다. 누가 누구와 연결되며, 누가 누구에게서 분리되는지를 알아낼 수 있다.

성경에 나타난 바, 많은 사람들에게 있어서 초대교회의 일원이 된다는 것은 아주 역동적인 경험이었다. 그러한 역동성을 만들어 낸 여러 요인 가운데 하나는 교회에 들어온 사람들의 유형과 계층이 아주 다양하였다는 것이다. 교회는 남자와 여자, 지식인과 노동자, 부유한 노예 주인들과 그들의 노예들, 이방인과 유대인, 종교적 경험이 적은 사람들과 높은 종교성을 지닌 사람들, 다양한 인종과 민족적 배경을 지닌 사람들이 한데 섞여 구성된 집단이었다.

그러나 현대의 교회들은 초대교회에 비해 상당히 동질적인 집단이 되었다. 사회적 계층과 인종, 문화 등과 같은 사회적 요소들에 따라 누가 우리의 모임에 수용되고 수용되지 않을지, 누구와 가까이 지내고 그러지 않을지가 결정되는 경향을 보이고 있다.

교회 체계는 성도들로 하여금 비슷한 부류의 사람들끼리만 연결되도록 함으로써 가깝거나 먼 관계의 거리에 고착되게 할 수 있다. 그러나 성령충만하고 잘 기능하는 살아 있는 교회는 서로 다른 부분들로 구성된 하나의 모빌과 같다. 그래서 성도들로 하여금 서로 좀 더 가까워질 때도 있고, 경우에 따라서는 조금 떨어져서 활동하도록 돕는다.

이러한 유연성이 없는 경직된 교회에는 배타적 집단들이 난무하는 경우가 흔히 있다. 사람들이 '배타성'에 유혹을 받는 것은 그러한 배타적 집단 안에 포함됨으로써 어떤 소속감과 안정감을 느끼기 때문이다. 사람들은 같은 부류의 사람들이라는 동질감을 통해서 이러한 느낌을 갖게 된다. 하지만 모르는 어떤 사람과 새롭게 어떤 관계를 갖는다는 것은 많은 사람들에게 있어서 불편하고 긴장감을 갖게 하는 일이다. 다른 사람들에게는 개방되지 않은 채 잘 알고 있는 사람들끼리 모인 폐쇄된 정서 체계 속에서는 이런 불편한 상황이나 도전들에 직면하지 않아도 된다.

우리는 그리스도인으로서 생명이란 우리의 외부에서 온다는 것을 믿는다. 즉, 하나님의 성령이 날마다 지속적으로 우리에게 새로운 생명과 에너지를 주신다. 주기도문에서 "우리에게 일용할 양식을 주옵시고"라고 기도하는 것은 영적인 것과 육적인 것을 포괄하는 요청이다. 우리가 닫힌 체계 속에서 활동한다면 하나님의 성령이 우리를 생명의 새로운 것으로 먹이고 자라게 하시는 것을 어렵게 한다.

성경은 사람들의 삶 속에 새로운 일을 일으키시는 하나님에 관한 이야기들로 가득 차 있다. 사람들은 새로운 일을 이루시려는 하나님을 피하고 멀어지려고 하는 경우가 너무 많다. 혹은 그러한 과정에서 갈등하고 몸부림친다. 하지만 그런 힘겨운 성장과정 속에서 우리는 결국 새로운 에너지와 생명을 얻는다. 그러나 우리 모두는 출애굽한 이스라엘 백성들의 모습에서 일면 자신의 모습을 보기도 한다. 그들은 자신들을 애굽의 노예생활에서 인도해 낸 모세에게 틈만 나면 불평을 늘어놓곤 하였다. 비록 노예 상태에 있기는 했지만 애굽에서는 적어도 날마다 어떠한 삶이 전개될 것인지 어느 정도는 예측할 수 있었다. 힘든 노역과 고통이 따르기는 했지만 날마다 반복되는 일상이 주는 익숙함이 있었기 때문이다.

사도 바울은 유대인들과 이방인들을 지칭하며 하나님께 "가까운 데" 있는 자들과 "먼 데" 있는 자들에 대해 언급한 바 있다(엡 2:17). 여기에서 그는 그리스도 안에 계신 하나님으로 말미암아 모든 사람들은 동일하게 하나님 앞에 설 수 있으며 하나님의 은혜로 말미암아 동일하게 구원의 자리로 나아갈 수 있다는 사실을 지적하고 있다. 그리스도 안에서, 하나님은 가까이 있는 자들과 먼 데 있는 자들이 서로 화평을 이루고 화목하게 하신 것이다.

누가복음 6장 32-36절에서는 그리스도인들에게 주시는 주님의 말씀을 전하고 있다. 그 말씀을 지금 우리가 생각하고 있는 주제와 연결하여 요약하면 다음과 같이 될 수 있을 것이다. 즉, "우리와 같은(가까운) 사람들만 사랑하는 것은 별로 칭찬받을 만한 일이 아니다. 자기 자신을 사랑하는 것과 그리 다를 바 없기 때문이다. 복음은 우리에게 더 큰 도전을 준다. 우리와 다른(멀리 있는) 사람들, 즉 삶에 대해서 우리와 다른 전제를 가진 사람들을 사랑하라고 한다." 예수님은 여기에서 자기와 같은가 아닌가에 근거하여 가까이 지내거나 사랑하는 것에 대해 직접적인 도전을 던지고 계신 것이다.

사도행전에 기록된 바, 베드로가 본 이상을 통해 하나님이 깨끗하게 하신 것을 깨끗하지 않다고 말하거나 그것을 멀리할 수 있는 권리가 우리에게는 없다는 사실을 알게 된다(행 10:15). 사람들은 저마다 다르다. 그러나 다르다는 것이 가까이 지내거나 교제하는 것을 거절할 어떤 근거가 될 수는 없다.

교회 리더십과 관계의 근접성/거리성

교회 내 관계 거리라는 주제는 사람들의 모임이나 집단을 관찰하거나 이해하는 데, 그리고 거기에 어떤 변화를 가져오는 데 핵심적인 요소가 된다. 이것은 교회 내 성도들의 관계뿐 아니라 교회와 교단 간의 관계, 나아가 주변 사회나 세계와의 관계에서도 동일하게 적용될 수 있다.

교회 지도자들은, 자신들의 삶의 모범을 통해, 교회 공동체 안에서의 관계 모습이나 주변 세계와의 관계에 대해 많은 것들을 이야기할 수 있다. 자기 자신에 대해 안정감을 느끼고 성숙해 감에 따라 지도자들은 더 자유롭고 융통성 있게 하나님을 따르며 사람들과 관계를 맺고 섬김을 제공하는 새로운 모습을 보여 줄 수 있다. 다음은 관계의 거리라는 역동이 교회에 어떻게 영향을 줄 수 있는지에 대한 몇 가지 생각들을 정리한 것이다.

첫째, 교회 안에 이러한 관계의 역동이 보다 융통성 있게 진행된다면 교회의 복음 사역에 큰 도움이 될 것이다. 오늘날 많은 사람들이 교회와 거리를 두고 문을 두드리지 않는 것은 자신들이 어떤 다른 사람이 되지 않으면 교회가 자신을 '수용'하지 않을 것이라고 믿기 때문이다. 그들은 교회가 자신들을 아주 다른 사람들이라고 보기 때문에 어떤 것을 믿어야 할지, 어떻게 행동해야 할지를 지적하고 요구하는 장소라고 생각한다. 교회는 자신들의 모습 그대로를 받아들이지 않을 것이라고 믿고 있다.

둘째, 관계의 근접성과 거리성이라는 역동은 교회 내 성도들의 교제에 큰 영향을 준다. 우리 스스로 교회 안에 어떤 사람들과는 먼저 거리를 두고 가까워지려 하지 않는다. 자신에 대한 기본적인 것조차 알려지기를 원하지 않는다. 정서적인 친밀함이야 더 말할 나위도 없다.

밸리 뷰 교회에서 모린 니븐은 교회학교 교과과정에 대해 목회자에게 자신의 생각이나 견해를 나눌 수 있는 방법을 찾지 못하였다. 그녀가 이것에 대해 대화하려고 할 때마다 목회자는 즉각적으로 강한 반작용을 보였다. 그 결과 그녀는 자신의 생각을 말하는 것이 소용없는 일이라는 사실을 깨달았고 입을 다물게 되었다. 자신의 경험과 생각들을 공개적으로 나누는 것을 회피하면서 정서적으로 멀어져 가기 시작했다. 그녀에게 있어서 그것은 자신의 자아와 자기인식을 지키기 위한 자구책이기도 하였다. 로이 목사 또한 그녀의 경험과 견해에 관심을 갖지 않았고 그녀로부터 거리를 유지하였다.

사람은 충분한 안전감을 느낄 때 그들 스스로 다른 사람과 가깝다고 느끼거나 혹은 자기 자신의 뜻을 관철시킬 수 있다. 이런 내적인 힘들에 따르는 불안감의 문제를 어떻게 다루느냐에 따라 우리의 성장은 크게 달라질 수 있다. 교회 지도자들은 성도들이 상호관계에서, 그리고 교회가 주변 세상과 관계를 맺는 과정에서 수반되는 이러한 안전감의 문제에 예민한 관심을 기울여야 한다. 불안감은 우리의 관계 행태를 제한하고 경직되게 하는 반면 안전감은 융통성 있게 대처하도록 돕는다.

셋째, 관계의 역동은 교회 성도들의 상호관계뿐 아니라 각 개인들의 다양한 정서 체계에도 영향을 준다는 사실을 기억해야 한다. 교회에서 아주 활발하게 활동하는 성도들 가운데는 교회와 교회 지도자로서의 일들을 자신의 가정이나 직장, 혹은 친구관계와 거리를 두는 이유로 이용하는 사람들이 있다. 밸리 뷰 교회의 마리 폰타나와 로이 목사가 바로 이 경우에 해당한다. 마리가 교회에서 누구보다도 많은 활동을 하고 목회자와 가까이 지낼 수 있는 것은 두 사람 다 자신의 배우자와 어느 정도의 거리를 두고 있다는 것을 전제로 한다. 아무리 교회를 위해 많은 일들을 한다고 해도 이러한 관계의 모습은 교회나 다른 사람들과의 관계는 물론 자신들의 결혼생활을 위해서도 건강한 것이 아니다.

넷째, 사람들에게 외면당할 것에 대한 두려움을 갖고 있는 지도자들은 사람들과의 관계에서 겉으로 보기에 상반되어 보이는 두 가지 유형의 태도를 나타낼 수 있다. 한 가지 유형은 관계를 지배하기 위해 독재적이고 지시적인 태도를 보이는 것이다. 이런 지도자들은 사람들에게 자기 생각을 말하게 하고 자유롭게 행동하게 하면 언젠가는 그들 마음대로 행동하고 떠나게 될 것이라고 믿는다. 그래서 권위적인 방식으로 관계를 휘어잡으려고 한다. 이러한 현상은 부부관계에서도 동일하게 일어난다.

관계를 좌우하는 사람들은 매우 독립적인 사람처럼 보인다. 그러나 사실은 외형상 그들에게 의존하는 사람들의 지지에 깊이 의존하고 있는 사람이다. 자신의 생각이나 확신을 확인하기 위해 자신들에게 동의하고 따르는 '의존적인 사람들'을 필요로 하는 것이다. 자기에게 의존하고 따르던 사람들이 그들 자신의 생각을 주장하고 스스로 결정을 내리는 등의 행동을 하면 어떻게 하든지 그들을 예전의 의존적인 방식으로 돌려 놓으려고 한다. 그러나 여전히 상황이 바뀌지 않으면 이런 유형의 지도자들은 비록 겉보기에는 독립적인 것처럼 보이지만 결국은 자신을 지탱하지 못하고 무너져 내리거나 의존적인 모습을 드러내게 된다.

또 하나의 유형은 이와 상반된 것처럼 보인다. 이 유형의 지도자는 다른 사람들에게 가까이 나아가기 위해 혹은 자신이 수용받는 느낌을 얻기 위해 기꺼이 자기 자신의 상당 부분을 포기하고 사람들에게 자신을 맞추려고 한다. 이런 사람이 갖는 가장 큰 두려움이나 불안 요인은 자기 자신에게 있다. 자기 스스로는 어떤 만족감이나 자신을 유지하기가 힘이 든다. 그래서 자신을 위해 다른 사람들과의 관련성을 필요로 한다. 이들은 중요한 사람들과의 관계가 부족함으로 말미암아 자신의 자아가 흔들리거나 버림받는 것에 대한 두려움과 불안이 아주 크다. 사람들이 경험하는 가장 강력한 행동 동기 중 하나가 바로 이것이다.

다섯째, 다른 사람들과 관계를 맺기 위해 그들에게 가까이 나아가는 것 자체에는 아무런 문제가 없다. 이러한 접근을 하는 사람이 없다면 사람들 간의 관계란 있을 수 없을 것이다. 다른 사람들과의 관계를 추구하고 가까이 나아가는 노력이 없다면 교회 또한 존재하지 않을 것이다. 연합성을 추구하는 힘은 다른 사람을 향해 움직이게 하고, 또 그러한 사람들에게 반응하게 한다.

하지만 교회의 지도자들이 특별히 명심해야 할 중요한 관계 원리의 하나는 반복하여 거리를 두는 사람들은 쫓아가지 말라는 것이다. 그렇지 않으면, 쫓아가고 도망가는 관계의 순환에 빠지게 되고 결국은 모든 사람에게 좋지 않은 결과를 경험하게 될 것이다.

좋은 관계에서는 쌍방이 서로의 관계를 유지하고 결속하는 데 필요한 책임을 함께 지려고 노력한다. 그리고 어느 한 편이 거리를 유지할 필요성이 있다면 그것을 인정하고 존중해 줄 수 있어야 한다. 성공적인 위원회 모임이나 가까운 다른 사람들과의 관계, 혹은 친구관계에서는 대개 이러한 원리들이 무리 없이 적용되고 있는 경우가 대부분이다.

여섯째, 우리는 어떤 사람에게 관심을 갖고 다가갈 때, 종종 상대에게 죄책감을 불러일으키는 방법을 사용한다. 또는 우리가 생각하기에 그들이 '해야 한다'고 여기는 일에 대해서, 그들이 그것을 해야만 한다는 의무감을 갖게 하려고 한다. 그럴 때 어떤 사람들은 기대대로 혹은 예상대로 순응하는 모습을 보이지만, 대개의 경우 내적으로는 우리에게서 거리감 내지는 거부감을 갖기 시작하고 결국에는 교회를 떠나 버리는 결과가 발생한다.

죄책감은 대개 정서적 거리감을 유발한다. 물론 어떤 사람이 잘못을 저질렀을 때는 죄책감을 갖는 것이 마땅하다. 이것은 합당한 것이다. 그러나 앞에서 언급한 죄책감은 회개하고 잘못한 사람에게 용서를 구하러 나아가게 하는 그런 것이 아니다. 거기에는 다른 요소들이 끼어들 수 있는데, 화해하고 다시 관계를 맺고자 하는 바람과는 전혀 상관이 없는 것이다.

사람들은 자신에게 어떤 요구 사항이 주어졌을 때, 그것에 대해 마음에서 우러나오는 동의를 표하고 '예'라고 말하기 전에 얼마든지 '아니오'라고 말할 수 있다는 사실을 알아야 한다. 어떤 것을 도와달라는 부탁을 받았을 때, '아니오'라고 말했다가는 죄책감을 느끼게 될 것이기 때문에 그렇게 말하지 못하는 사람들은, 대개 할 수 없이 그러한 요청에 '예'라고 말한다. 그리고는 그 일을 하지 못하거나 한다고 해도 적절하게 해내지 못한다. 만약에 지도자들이 성도들로 하여금 '아니오'라고 말하기 어렵게 만든다면, 결국은 지도자 스스로 실망과 짜증, 좌절을 초래하는 것이다. 동시에 사람들과의 중요한 관계를 망치는 결과를 만들고 말 것이다.

일곱째, 성숙한 리더십의 중요한 한 가지 자질은 다른 사람들이 거리감을 두는 것에 익숙해지고 그것을 편안히 받아들일 수 있는 것이다. 다른 사람들이 자신에게서 멀어지거나 그들의 책임을 다하지 않는다고 불안해하지 않는 것이다. 누가복음에 나타난 탕자의 비유는 이러한 사실을 잘 보여 준다. 독일의 목회자이자 신학자인 헬무트 틸리케(Helmut Thieliecke)는 이 이야기를 기다리는 아버지의 비유로 묘사한다. 아버지는 아들을 깊이 사랑하였다. 그런데 이 아들은 유산을 모두 싸들고 아버지를 떠나 '먼 나라'로 가서 그것을 탕진하였고, 아버지는 그 아들 때문에 큰 슬픔을 경험하였다. 하지만 아버지는 불안에 휩싸여 어떻게 하든지 아들을 막으려고 쫓아가지 않았다. 그렇게 하면 아들은 더 멀리 도망가려고 할 것임을 알았기 때문이었다. 어느 정도 시간이 흐른 후, 아들은 '정신을 차리고' 아버지로부터 떠나온 것이 잘못된 것이었음을 깨달았다. 그리고 비록 아버지 집의 종이 된다고 하여도 아버지에게로 돌아가야 한다는 것을 알게 되었다. 그는 아버지와 다시 연결되기 위해 자신이 감당해야 할 책임을 수행하였다.

여덟째, 교회 지도자들은 설교와 교육을 통해 사람들을 쫓아가는 모습을 보이기도 한다. 어떤 설교에서는 사람들에게 서로 교제하고 관계를 맺으라고 촉구한다. 이러한 접근은 사람들이 관계를 맺자는 초대에 어떻게 반응할지 스스로 결정할 수 있는 여지를 남기고 그들의 결정을 존중하는 방식으로 이루어질 필요가 있다.

이러한 양상은 교육에 있어서도 마찬가지다. 효과적인 교육은 사람들이 우리에게 다가올 때 가능해진다. 우리에게서 멀어지려고 하는 사람을 억지로 가르치려고 하면 그들은 더욱 거리를 유지하려고 한다. 아버지가 길을 나서는 아들을 쫓아가 만류하며 "너는 결국 후회하게 될 거야! 무릎 꿇고 돌아오게 될 거야!"라고 말했었다면, 아들은 아무리 불행한 상황에 빠졌더라도 아버지에게 돌아올 생각은 하지 않았을 가능성이 크다.

사람들이 멀어지려고 할 때 그들을 가르치려고 하기보다는 그들의 말에 귀를 기울여 듣는 것이 중요하다. 그들에게는 우리가 귀담아 들어야 할 정보가 있을 수 있다. 동시에 우리가 얼마나 그들을 이해하려고 노력하느냐에 따라 그들은 자신들이 중요한 존재이고 우리가 자신들을 잘 이해하고 있다고 느끼게 될 것이다. 경청은 사람들과의 관계를 유지하는 한 가지 중요한 형태다. 그리고 사람들이 우리에게서 거리를 둘 때 우리가 할 수 있는 최선의 반응이기도 하다.

아홉째, 지혜로운 지도자는 사람들과 관계를 맺고 가까이 할 때와 무엇을 말하기보다는 다른 사람의 말을 경청해야 할 때를 안다. 그리고 때로는 좀 떨어져 거리를 유지해야 할 때도 구분할 줄 안다. 사람들에게 가까이 다가가고 쫓아가는 것이 필요한 때가 있다. 이것을 통해 우리는 다른 사람들에 대한 관심과 배려하는 마음을 전달하고, 그들이 우리에게 중요한 존재라는 사실을 알릴 수 있다. 그러나 때로는 다른 사람들이 거리를 둔다 해도 불안해하거나 염려하지 않고 그들을 기다릴 줄 알고 그들의 소리에 귀를 기울임으로써 그들에 대한 배려와 존중을 드러낼 수 있다. 교회 지도자들이 성숙할수록 다른 사람들을 향해 가까이 나아갈 때가 언제이고, 거리를 두는 사람들을 기다리는 것이 필요할 때가 언제인지 알아가는 지혜도 더해진다. 그리고 어떤 입장을 취하든 불안해하거나 염려하지 않는다.

생각할 것들

자신과 관련하여

1. 그동안 교회 성도들과의 관계에서, 특별히 가까이 지내거나 거리를 두려고 했던 마음에 어떤 변화가 일어난 경우가 있는가? 무엇이 이러한 변화에 영향을 주었다고 보는가? 당신의 가족이나 직장 상황, 사회생활 등 당신 자신의 개인적 삶과 관련된 어떤 사건들에 의해 영향을 받았기 때문인가?

2. 현재 교회 성도들과의 관계 정도에 대해 만족하는가?

3. 교회 성도들과의 관계에 있어서 어느 정도까지 거리를 두거나 관계에 함몰될 수 있다고 생각하는가?

4. 당신의 교회에 현재 좀 더 가까워지기를 바라거나 거리를 두고 싶은 특정한 사람이 있는가? 이러한 사실이 현재 교회에서 느끼는 정서적 편안함의 정도에 어떤 영향을 주는가?

5. 당신은 대체로 다른 사람들에게 접근하는 유형의 사람인가, 아니면 어느 정도 거리를 두려고 하는 사람인가? 당신의 이러한 경향이나 역할은 언제, 어떻게, 누구와 함께 있을 때 달라지는가?

6. 당신은 다른 사람들의 정서적 평안 지대에 대해 얼마나 예민하게 인식하는가? 관계의 거리에 있어서 당신이 어느 한 편으로 치우친 상태에 있을 때, 당신 자신과 다른 사람들에 대해 얼마나 융통성 있는

자세로 대하는가? 이러한 모습이 당신에 대해 말해 주고 있는 사실은 무엇인가?

그룹 토론을 위하여

1. 당신 교회의 성도들은 서로 어느 정도가 필요적절한 관계 거리인지 어떻게 파악하고 대처하고 있는가?

2. 당신 교회의 지도자들은 서로의 관계 거리에 대해 얼마나 잘 조율하고 있는가? 교회 성도들과의 경우에는 어떠한가?

3. 관계 거리라는 문제에 있어서 교회 안에 어떤 부분에서 어떤 방식으로 불안 증상이 발생하는 것을 느끼는가?

4. 그동안 교회에서 발생했던 '뜨거운' 문제들을 떠올려 보라. 앞에서 다루었던 관계의 정서적 평안 지대 도표와 관련하여, 전에 있었던 뜨거운 논쟁거리들이 그 문제 자체보다는 정서적 거리와 관련된 것은 아니었는지 생각해 보라. 성도들이 서로의 관계 거리에 대해 정서적으로 편한 상태에 있었다면 그 문제들은 어떻게 되었을까? 여전히 뜨거운 문제가 되었겠는가? 성도들의 '자아'가 좀 더 안전하게 느끼고 위협받는다는 느낌이 없었다면 그 문제에 대한 정서적 반발의 정도는 어떠했을까? 여전히 그렇게 높았겠는가?

5. 교회에서 뜨거운 문제가 되고 있는 쟁점을 한 가지 선택하라. 이 문제가 성도들의 자기 인식에 어떤 영향을 주는가? 성도들의 개별적인 자기 정체감과 상호간의 관계적 연결성에 대한 인식에 어떤 영향을 주고 있는가?

6. 당신 교회의 지도자와 성도들은 어떤 방식으로 서로에 대해 쫓

아가거나 거리를 두는 관계의 패턴을 보이는가?

7. 당신의 교회는 편안한 사람들끼리 모이는 경향이 있지는 않은가? 그래서 다른 사람들이나 새로운 사람은 끼어들기 어렵지 않은가? 어느 정도나 그렇다고 보는가? 당신은 교회 지도자로서 이러한 문제를 어떻게 다루고 있는가?

8. 당신 교회에서 진행되고 있는 관계 거리의 역동에 있어서 어떤 변화가 일어날 필요가 있는가?

9. 교회 내에서 관계 거리라는 문제와 관련하여 마음에 떠오르는 다른 성경적, 신학적 주제들이 있다면 무엇인가?

교회 리더십의 어리석음과 지혜

대저 지혜는 진주보다 나으므로
원하는 모든 것을 이에 비교할 수 없음이니라 [잠 8:11].

아기가 자라며 강하여지고 지혜가 충만하며
하나님의 은혜가 그의 위에 있더라 [눅 2:40].

어리석음과 지혜의 기본 요소들: 융합과 분화

우리는 제1장에서 추운 겨울 주일 아침에 똑같이 교회 건물은 난방이 안 되고 하수구에는 물이 들어찬 두 교회에 대해 살펴보았다. 그 상황은 두 교회 모두에게 상당한 염려와 걱정거리가 되었다. 그들은 모두 연합성과 개별성을 추구하는 힘의 영향 하에 있었다. 밸리뷰 교회 사람들은 이 상황으로 말미암아 서로 갈등하며 멀어지게 되었다. 그러나 같은 상황에서도 제3교회 사람들은 문제를 서로 협력하여 잘 해결하였고 이 일로 서로 더 가까워졌다.

어떤 집단이든 그 구성원들의 관계가 얼마나 안정된 수준을 유지하는지, 얼마나 함께 뭉쳐 협동하며 자신들의 사명을 달성하는지를 결정하는 것은 그 집단의 일반적인 정서적 성숙도와 관계가 있다. 성경적 용어로 정서적 성숙을 가장 잘 묘사하는 말은 '지혜'라고 할 수 있다. 그렇다면 '정서적 성숙'이란 무엇을 의미하는가? 그것이 교회 리더십에 주는 의미는 무엇인가? 이제 우리는 이것을 살펴보고자 한다.

가족체계이론에서 볼 때, 융합과 분화는 관계 속에 있는 사람들의 정서적 성숙을 제한하거나 촉진하는 정서적 과정이다. 이 두 용어는 우리가 자신과의 관계나 다른 사람들과의 관계에서 개별성과 연합성을 추구하는 힘을 어떻게 드러내는가 하는 것과 관련이 있다. 우리가 인간관계에서 드러내는 정서적 합병과 분리의 정도를 의미하는 것이다.

사람은 다른 사람들과의 관계에서 결코 온전히 '융합' 되거나 '분화' 되지 않는다. 그러나 사람은 다른 사람과의 관계에서 늘 '어느 정도 융합' 되거나 '어느 정도 분화' 된다. 위의 두 교회는 서로 질적으로 다른 것 같지만, 융합과 분화의 연속선상에서 볼 때 그들은 서로 다른 두 지점에 위치하고 있다고 볼 수 있다.

융합과 분화는 연합성과 개별성의 개념과는 다른 것이다. 그것은 정서적 근접성과 거리성이라는 개념과도 다르다. 융합과 분화는 관계에 있어서의 정서적 과정에 관한 것이다. 여기에서 과정이란 말은 관계 대상에 대해 어떤 태도나 자세로 접근하는가를 가리킨다. 융합과 분화는 특별히 아래와 같은 두 가지 과정과 관련되어 있다.

첫째, 내적으로 사고와 감정을 분리한다. 자신의 주관적인 입장에 얼마나 객관성을 부여하느냐에 따라 관계의 양상이 달라진다.

둘째, 인간관계 속에서 나와 타인이 분리된 존재라는 사실을 얼마나 명료하게 이해하는지, 그리고 나의 책임은 무엇이며 아닌 것은 무엇인지 등에 대해 얼마나 객관적으로 이해하고 접근하느냐에 따라 관계의 모습이 달라진다.

정서적으로 성숙한 분화를 이룬 사람은 상황을 스스로 판단할 수 있으며, 교회 체계 안에서 다른 사람들과 효과적으로 관계하고 행동할 수 있다. 이런 성숙과 명료한 판단은 집단 내에 불안의 수준이 높아질수록 달성하기가 어렵게 된다.

융합과 어리석음

18세기 소설가 로렌스 스턴(Lawrence Stern)은 이런 말을 했다. "어떤 사람들은 가슴을 머리에 담고 다니고, 또 어떤 사람들은 머리를 가슴에 담는다. 그런데 문제는 이 두 개를 서로 분리하여 함께 일하게 하는 것이 어렵다는 점이다." 그의 말은 가족체계이론에서 사고와 감정을 분리시키려고 하는 것이 어떤 의미인지를 잘 지적해 주고 있다. 사고와 감정은 어떤 것이 더 좋고 어떤 것이 더 나쁘냐 하는 문제가 아니다. 우리가 살아가는 데에는 둘 다 필요하다. 관건은 우리가 이 둘 사이의 차이를 알고, 언제 어떤 것에 따라 행동해야 할지를 아느냐는 것이다.

밸리 뷰 교회 사람들은 문제가 생겼을 때 감정과 사고를 분리시키지 못하였다. 저마다 상황을 성찰하고 행동하기보다는 감정이 이끄는 대로 반발하는 반응을 보였다. 어떤 위협을 받는다는 느낌을 갖고 그대로 행동했던 것이다. 그들은 주관적인 감정과 제한되고 방어적인 상황 인식으로 상황을 좀 더 객관적이고 명료하게 인식하지 못했고 그로 말미암아 적절한 결정을 하지 못하게 되었다.

그들은 당시의 상황을 자기중심적으로 인식하였고, 다른 사람들에 대해 동일한 방식으로 반응을 보였다. 저마다 그날 아침의 상황을 자신에 대해 부정적으로 말하는 어떤 것으로 받아들였다. 그들은 자신들이 어떻게 그 상황에 부정적으로 영향을 받고 있는지를 느낄 뿐이었다. 그래서 당장의 상황에 대해 좀 더 넓은 시야를 가지고 객관적인 판단을 하는 데 실패하였다.

그들 각자는 저마다 자신의 불안과 위협감을 낮추려는 의도를 갖고 행동하였다. 이것은 위기감이 높아질 때 흔히 사용하는 전형적인 도피/공격 전략에 의한 것이었다. 주일 아침의 문제 상황으로 갑작스럽게 불안감이 증폭하자 평소에도 높이 잠재되어 있던 만성적 불안 감정이 그들을 사로잡았고, 그들은 서로에 대해 감정에 근거한 반발 반응들을 보였던 것이다.

정서적 융합은 관련 당사자들 모두에게 어디까지가 '나'이고 어디까지가 아닌지 혼동하게 하고 책임감의 소재도 불분명하게 한다. 밸리 뷰 교회 사람들은 자신들의 느낌과 행동의 원인을 타인에게 돌리고 그들 때문에 자신들이 그렇게 한다고 생각하였다. 다른 사람들이 달라진다면 자신도 다르게 행동할 수 있다고 보았다. 자신을 그 상황에서 정서적으로 분리하지 못하고, 적어도 자기 자신에 대해서는 스스로 책임을 지고 자율적으로 행동할 수 있다는 사실을 도외시하였다. 그 상황에서 자신이 책임져야 할 것은 없으며 다른 사람이 책임을 지지 못했기 때문에 그런 상황이 발생하였다고 비난하였다. 그리고 그날 아침에 부정적인 감정을 갖게 된 것에 대해서도 자기 스스로 그렇게 만든 측면이 있다는 사실을 보려고 하지 않았다.

만약 어떤 사람이 그들의 행동을 지적하였다면 그들 각자는 이렇게 대답했을 것이다. "당신이 그렇게 하지 않았다면 나 역시 이렇게 화를 내거나 하지 않을 것입니다. 내가 이렇게 하는 것은 당신이 그렇게 만들었기 때문이에요." 이러한 모습은 알콜중독자 남편과 불만으로 가득 찬 아내 사이에 벌어지는 고전적인 대화의 한 장면과 유사하다. 남편이 말한다. "당신이 그렇게 잔소리를 늘어놓지 않으면 나도 그렇게 술을 마시지는 않을 거요." 이에 아내가 대꾸한다. "당신이 그렇게 많이 마시지만 않는다면 내가 왜 그렇게 잔소리를 늘어놓겠어요!" 각자는 상대방이 자기 행동의 원인을 제공하고 있다고 본다. 따라서 자기 행동에 대한 책임도 상대방에게 있다고 본다. 사람들이 정서적으로 융합되면 누가 누구를 좌우하는지, 누가 어떤 것에 책임이 있는지 분별하기가 어렵게 된다.

어떤 사람이나 교회, 혹은 집단이든지 어느 정도의 정서적 융합이 없이 관계가 이루어지는 경우는 없다. 대개의 경우 다소간이나마 정서적 융합을 경험한다. 정서적 융합과 죄는 다르다. 그러나 이 두 가지 모두 사람들마다 누구에게나 있는 것이고, 그 기능 면에서 유사한 측면들이 있다. 예를 들면, 아담은 에덴 동산에서 선악과를 따먹은 후 하나님과 대화하는 과정에서 위협을 느꼈다. 그래서 금지된 열매를 먹은 것에 대해 여자와 하나님에게 비난을 돌렸다. 하나님이 함께 있으라고 주신 여자 때문에 자신이 그런 행동을 했다고 생각했기 때문이다. 그는 자기 행동의 책임을 부인하고 다른 대상에게 전가하려고 하였다. 이것이 바로 정서적 융합의 한 측면이다.

밸리 뷰 교회의 관리인 래리 램버트가 스튜 맥과이어에게 전화를 걸어 제일 먼저 한 말은 교회에 당신이 처리해야 할 문제가 터졌다는 것이었다. 즉, 이 상황을 처리할 책임이 스튜에게 있고 래리 자신에게는 없다며 책임을 회피하고 있는 것이다. 그러나 제3교회에서 웨인 힉비가 그 상황에 대해 앤디 화이트와 나눈 대화 방식은 사뭇 다르다. 웨인은 차분하고도 사실적으로 교회의 상황을 설명하였다. 그리고 이 상황에서 무엇을 어떻게 해야 할지, 자신이 해야 할 것은 무엇인지 앤디와 함께 생각하며 그 상황을 처리하려고 하는 태도를 보였다.

앤디는 이 소식을 접하자 순간적으로 그것을 개인적으로 받아들였다. 이것이 자기에게 미치는 영향에 초점이 맞춰지면서 부정적인 정서가 치밀어 올랐던 것이다. 그러나 그는 재빨리 이러한 반응을 거두고 그 상황을 좀 더 전체적으로 파악하고자 노력하였다. 그리고 웨인과 함께 당장 누가 무엇부터 어떻게 해야 할지에 대해 생각하기 시작하였다. 이런 과정을 통해 그들은 그 상황을 적절하게 해결할 수 있었다. 그들은 자기들이 느낀 위협감에 빠져 있지 않았다. 상대방을 비난하거나 공격/방어의 방식을 취하지도 않았다. 그렇기 때문에 함께 당면한 과제를 처리할 수 있었던 것이다.

다시 밸리 뷰 교회의 경우, 래리는 스튜가 자신의 안전은 안중에도 없다며 비난하고 있었다. 상대방은 보일러가 터져 자신이 어떻게 된다고 해도 상관하지 않는다고 생각했다. 그러면서 스튜 자신은 교회가 꽁꽁 얼어붙어 몸을 녹일 곳이 전혀 없는데도 손가락 하나 까딱하지 않으려 한다고 본 것이다. 따라서 래리는 상대방을 공격함으로써 자기 혼자 문제를 뒤집어쓰지 않으려고 자기방어적 태도를 보였던 것이다.

그러자 스튜 또한 주일 아침에 자신의 시간이 방해받은 것에 대해 불평하면서 다른 사람들을 비난하는 유사한 과정을 시작하였다. 그리고 래리가 할 일을 제대로 하지 않는다고 투덜거렸다. 스튜는 래리를 고용한 목사 때문에 자신이 이러한 문제에 빠졌다고 보았다. 하수구가 역류한 것 등 이 모든 일들은 래리가 잘못했기 때문이라고 생각하였다. 그리고 이 모든 것에 대한 책임을 목사에게 돌리려고 하였다. 그러자 로이 목사는 스튜와 교인들이 책임의식이 없다고 비난하였고, 스튜와 롤리는 자기 교회 목사뿐 아니라 목회자들을 제대로 훈련시키지 못한다며 교단 지도부를 싸잡아 비난하고 나섰다.

롤리의 친구들 중에 어떤 사람들은 이러한 문제의 원인에 목사의 아내도 어느 정도 연관되어 있다고 생각하였다. 어린이집 책임자 쟈넷 월리도 그 상황에 대해 목사와 교회 성도들을 비난하며 주변 이웃을 위한 사역에 관심이 부족한 것에 대해 불만을 표출하였다. 그리고 모린 니븐도 교회학교와 관련하여 그날 아침에 자신이 겪은 어려움을 늘어놓으며 목사와 교단을 비난하였다. 이렇게 밸리 뷰 교회 사람들은 저마다 다른 사람들을 비난하며, 정작 자신과 자신이 그러한 문제 상황에서 행한 처신은 전체적인 그림에서 쏙 빼놓았다.

이처럼 책임을 다른 데에 전가시키고 문제 상황에서 자신의 부분은 제외시킴으로써 그들 각자는 자기 자신에 대해 좀 더 편안해지려고 시도하였다. 문제 상황에서 정서적 융합의 과정이 진행되면 불안이나 긴장 상황을 감당할 능력이 떨어진다. 그리고 그것을 회피하기 위해 몸부림을 친다. 그래서 사람들은 대개 충동적으로 그 상황에서 오는 불편한 감정을 제거하기 위해 나름대로 어떤 해결책을 강구한다. 그것이 결국은 도움이 안 되는 단기적인 것이라 할지라도 말이다.

밸리 뷰 교회의 지도자들은 서로의 관계 속에서 정서적으로 자신들의 분리성을 인식하고 접근하기보다는 정서적 융합 현상을 보였다. 그래서 서로를 비판하고, 상대의 비판에 예민한 반응을 보였다. 그들의 관계는 서로를 찌르는 것이었다. 상대방에 대해 즉시 정서적인 반발 반응을 보이니 함께 상황 해결을 위해 협력할 수 있는 기회를 만들 수가 없었다. 그래서 다른 사람에게 인정을 받거나 사랑과 관심의 대상이 되고, 수용되기를 바라는 깊은 욕구는 무시되었고, 서로 그러한 느낌을 줄 수도 없었다.

두 자석을 가까이 대면 금방 붙어버린다. 더 이상 떨어진 상태로 머물러 있지 않는다. 이것은 선택의 문제가 아니다. 그냥 자동적으로 그렇게 되는 것이다. 밸리 뷰 교회에서도 이와 똑같은 측면이 있었다. 정서적으로 의존적인 사람일수록, 다른 사람들과의 차이로 말미암아 더 많은 위협을 느낀다. 로이 목사는 자신이 스튜에게 한 말로 움찔 놀랐다. 하지만 그로서는 어쩔 수가 없었다. 그 말들이 그냥 쏟아져 나왔기 때문이었다. 한편, 자신의 심경을 이해한 마리에 대해서는 온화한 반응을 보였고, 자동적으로 그녀에게 끌리는 느낌을 받았다. 그러한 자동적인 반응은 자신을 잘 이해하지 못하는 것처럼 보이는 아내 조이에게 보였던 차갑고 적대적인 반응에서도 마찬가지였다. 따라서 분노를 보이든 온화하게 반응하든, 정서적으로 융합의 상태에 있을 때 우리는 자동적으로 자기 반응의 원인이 상대에게 있다고 보게 된다.

교회 안에 정서적 융합의 정도가 증가하게 되면 성도들은 그만큼 더 감정과 사실을 혼동하게 된다. 그래서 어떤 '느낌'이 들면 그것을 사실로 받아들인다. 자신이 거절되는 느낌을 받으면 실제로 거절당했다고 생각한다. 위협받는 느낌이 들면, 누군가가 자신을 위협하고 있다고 받아들인다. 이처럼 정서적으로 융합된 성도들은 그렇지 않은 사람들보다 자신의 주관적인 감정에 더 많이 지배받는다.

교회에서 어떤 위원회의 위원장을 맡은 사람이 교회 프로그램에 대해 생각이 달라 정서적으로 자신에게 맡겨진 일에 거리를 두기 시작하고 목회자는 이로 말미암아 이 위원장과 불편한 감정을 느끼게 된다면 결국 모든 성도들에게 그 여파가 미치게 된다. 반면 서로 크게 다른 점이 있다 할지라도 그러한 요소들을 품을 수 있는 정서적 공간을 구축할 수 있다면 이것은 목회자와 당사자뿐 아니라 교회 전체에 큰 유익이 된다.

밸리 뷰 교회 사람들은 각기 서로 다른 상황 인식이나 생각들 속에서 객관성을 유지할 수 없었다. 그들은 각자의 주관적인 판단에 따라 좌우되었다. 로이 목사는 앤디와 쟈넷에게 화난 감정을 표출하면서 순간적으로는 기분이 좋았다. 예배 시간에 그런 감정을 담아 설교하는 것도 잠시는 좋았다. 그러나 그런 반응은 또 다른 어려움과 골치 아픈 상황을 초래하였다. 불편한 감정을 담아 어떤 반응을 보일 때 당장은 '시원'하게 느껴질지 몰라도 그러한 행동은 결국 도움이 되지 않는다.

그렇다고 해서 우리가 어떤 감정을 갖는다거나 그것을 표현하는 것이 잘못되었다고 말하는 것은 아니다. 그것을 버려야 한다는 것도 아니다. 감정은 어떤 상황에서 우리에게 어떤 일이 일어나고 있는지를 판단하는 중요한 지표가 된다는 점에서 중요하다. 우리는 자신의 감정이 어떠한지를 인식할 수 있어야 한다. 하지만 우리의 감정이 어떠하든지 그것이 현재 상황이 어떠한지를 정확하게 알려 주거나 판단하게 해주는 것은 아니다. 또한 무엇을 어떻게 해야 한다고 알려 주는 것도 아니다. 하나님은 우리에게 감정을 주셨다. 하지만 동시에 사고할 수 있는 머리도 주셨다. 그리고 그것을 사용하여 지금 어떤 상황이 전개되고 있는지 이해하고 어떻게 행동해야 할지 결정하는 일에 생각하는 능력을 사용하기를 기대하신다.

교회이든지, 어떤 위원회이든지, 부교역자들의 모임에서든지, 어떤 상황에 대해 명료하게 사고하거나 객관적인 입장을 취하지 못한다면 그 모임에 내재된 정서적인 관계 체계 안에서 좀 더 큰 전체 그림을 보지 못하고 상황을 명료하게 보지 못한다. 그리고 자신들이 어떤 행동을 하면 그 결과가 어떠할지 합리적으로 생각하지 못하게 된다. 다시 말하면, 어리석은 행동을 하게 되는 것이다.

분화와 지혜

구약성경은 의로운 사람의 일차적 특성으로 지혜를 강조한다. 이러한 강조는 특별히 잠언 앞부분에서 명료하게 드러나고 있는데, 여기에서 여성형으로 의인화된 지혜는 어떤 것보다도 우선적으로 추구되어야 할 것으로 소개되고 있다. 예수님은 신약성경의 많은 부분에서 지혜의 총화요 성취로 묘사되고 있다.

이 책의 관점에서 볼 때, 분화의 개념은 성경적 지혜의 개념과 상응하는 것으로 볼 수 있다. 여기에서 지혜는 지능이나 교육 정도와 상관없이 사람에게 있는 어떤 질적 특성을 의미하는 것이다. 지혜란 자신이 알고 있는 것을 효과적으로 사용할 수 있는 능력과 관련된 어떤 것이다. 지혜로운 사람은 대개 다른 사람들로부터 자신을 분화된 존재로 인식하고 행동하는 경향이 있다. 자신에 대한 인식을 좀 더 분명히 할 수 있기 때문이다. 지혜로운 사람은 '차분하고, 합리적이며, 침착하다'고 생각하는 이미지는, 지혜란 불안한 상황에서도 명료하게 생각할 수 있는 능력이 있고 만성적인 불안 수준에 있어서도 그들은 일반인들보다 낮아야 한다는 사실을 말해 준다.

분화란 우리가 제3교회에서 보았던 바와 같이, 관계에 있어서 정서적인 측면을 다루는 일종의 개인적인 접근 과정이라고 할 수 있다. 이것은 교회의 좋은 리더에게 필요한 기본 자질이다. 그리고 바람직한 리더와 그렇지 못한 리더를 구분하는 주요 표지이기도 하다.

분화는 단순히 의사소통이나 문제 해결, 혹은 주도적인 사람이 되는 비결과 같은 관계 기술에 대해 많은 것을 아는 것과 별 상관이 없다. 상담자로서 나는 이러한 기술들에 대해 많은 것을 알고 있다. 하지만 순간적으로 정서적 융합에 빠져 행동할 때면, 이것들에 대해 얼마나 알고 있느냐와 상관없이 이런 기술들이 전혀 없는 사람처럼 반발하는 반응을 보인다. 분화란 결국 이러한 기술들을 일관되고도 효과적으로 사용하는 것이다. 지적 수준이 높고 훌륭한 교육을 받은 사람이라 할지라도 정서적으로 심한 융합 상태 속에서 행동할 수 있다.

그런가 하면 상대적으로 교육을 덜 받은 사람일지라도 박사 학위를 가진 사람보다 더 분화될 수 있다.

어떤 사람이 높은 분화 수준에 있다고 할 때, 그것이 의미하는 바는 다음과 같다.

첫째, 어떤 상황의 실재를 정확하게 인식하는 능력이 있다. 사실이 아닌 위협감을 만들어 내지 않는다. 실제로 위협적인 요소가 있다면 그것이 무엇인지 또 어떻게 위협이 되는지 분별할 수 있다.

둘째, 어떤 상황과 관련하여 자신의 견해나 확신, 가치관을 명료하게 인식하고 그런 것에 근거한 어떤 원리에 따라 행동하거나 헌신할 수 있는 능력이 있다.

셋째, 어떤 상황에 대해 가능한 선택 방안들을 명료하게 생각하고, 그러한 선택을 하였을 때 어떤 결과가 발생할지에 대해 지혜롭게 생각하는 능력이 있다.

넷째, 어떤 상황에 대해 명료한 인식과 원리에 근거하여 융통성 있게 행동할 수 있는 능력이 있다.

분화의 정도가 증대될수록 다른 사람과의 관계에서 정서적으로 분리된 존재로서의 자신을 분명하게 인식하고, 어떤 사람과 정서적으로 언제, 어디에서, 어떻게 연결되고 가깝게 지낼 것인지 선택할 수 있게 된다. 다른 사람들과의 관계나 변화하는 상황 속에서 어떻게 관계를 맺거나 반응할지에 대해 좀 더 융통성 있게 임하는 데 도움이 된다.

분화는 더 강한 정서적 안녕을 가져다준다. 자신에게 화를 내는 사람이 있어도 그에게서 심한 위협감을 느끼지 않는다. 이렇게 편안한 감정을 갖게 되면 다른 사람의 인정이나 수용, 이해나 칭찬, 동의를 필요로 하지 않기 때문에 좀 더 쉽게 다른 사람과의 관계를 유지할 수 있다. 결과적으로 그들은 다른 사람들이 자신을 좌지우지하고 있다는 생각을 갖지 않는다. 또 다른 사람들이 어떻게 행동하거나 생각하고, 어떤 감정을 가지면 좋겠다는 기대를 가지고 그에 따라 자신의 기분이 달라지는 일이 적어진다.

제3교회에서도 그날 아침에 일어난 문제 상황에 대해 저마다 불편한 감정을 느꼈다. 하지만 그들에게는 자신의 감정을 통제할 수 있는 능력이 있었다. 그래서 자신의 주관적인 감정으로 어떤 반발 행동을 하는 것을 막을 수 있었다. 생각 또한 감정에 크게 영향을 받지 않았다. 자신들의 감정 상태가 어떤지 알았지만 그러한 느낌에 따라 '충동적으로 어쩔 수 없는' 행동을 하지 않았다. 그들은 자신들의 사고와 감정을 분리함으로써 적절한 선택을 할 수 있었다.

분화는 이처럼 자기 자신을 통제할 수 있게 한다. 다른 사람이 정서적인 차원에서 우리에게 다른 반응을 보이도록 몰아갈지라도, 상황에 대한 자신의 판단에 따라 자신이 적절하다고 생각하는 방향과 속도를 따라 움직여 간다. 내면의 정서적 충동에 좌우되거나 그것에 끌려가지 않는다.

제3교회 장년 성경공부 모임에서 논란이 되는 문제를 토의하면서도, 크게 논쟁을 하거나 분열을 일으키지 않고 대화를 할 수 있었던 것은 바로 이러한 명료성에 기인한다. 그들은 자신들의 생각과 견해와 가치관, 혹은 논쟁점에 대해서 헌신하는 자세로 마음을 열어놓고 있었다. 따라서 다른 사람들과 분명한 차이점이 있더라도 맥이 풀리는 느낌이나 상처를 받지 않을 수 있었다. 다른 사람들이 자신과 다르다는 사실을 위협으로 받아들이거나 그것이 자신들의 정서적 안녕을 가로막는 것으로 보지 않았다. 동시에 자신들의 방식대로 삶을 선택하고 나아가는 데 위협이 되는 것으로 인식하지도 않았다.

이러한 자세는 서로의 차이들을 통하여 자신의 생각을 점검하고 견해를 명료하게 하는 등 지속적으로 서로에게서 배울 수 있도록 해주었다. 그리고 경우에 따라서는, 어느 한 편이 잘하거나 못하는, 그래서 어느 한 편이 이기고 다른 쪽은 지는 상황이 아닌, 긍정적인 방향으로 자신들의 생각이나 행동을 변화시키는 것이 가능하게 해주었다.

교회와 분화

분화는 좀 더 편안한 마음으로 서로 친밀한 관계를 경험할 수 있게 도와준다. 정서적으로 좀 더 가까워지거나 거리감이 생긴다고 해도 그것으로 말미암아 금방 위협감을 느끼지 않을 수 있게 해준다. 타인에게 인정이나 사랑, 수용을 받고자 하는 마음이 덜 절박할수록, 사람들은 역설적으로 자기 자신의 정체성을 더 잘 유지하면서도 서로 더 가까워진다. 그리고 다른 사람들의 기대나 그들이 자신에 대해서 '어떻게 해야 한다'는 생각에 덜 좌우되고, 그들의 기대를 충족시켜야 한다는 주장도 덜 하게 된다. 그리하여, 그들의 관계에 어려움이 생겼을 때 좀 더 만족스러운 해결점에 도달할 가능성이 높다.

사람들은 분화의 정도가 커질수록 자신이 속한 집단의 기대나 지향하는 것을 위해 협동하거나 심지어는 자신이 확신하는 바에 대해서도 어느 정도 타협할 수 있는 마음 자세를 갖는다. 그것이 자신이 가진 좀 더 큰 차원의 목표와 맞는다면 말이다. 그리고 이러한 결정은 다른 사람들이 원하기 때문에 그렇게 하는 것이 아니라 그것이 바람직하다고 판단되기 때문에 스스로 그렇게 하는 것이다. 다른 사람들의 바람은 자신이 결정을 내리는 데 고려하는 한 가지 요소일 뿐이다.

어떤 집단에 일반적인 수준 이상의 분화를 이룬 사람들이 있다면 그러한 사람들의 존재는 언제나 그 집단에 유익이 된다. 이들을 통해 그 집단은 순간의 불안감에서 야기되는 행동을 하기보다는 바람직한 사고에 근거한 행동을 하고, 정서적으로도 더 융통성 있고 바람직한 관계를 이어갈 수 있다. 분화된 사람들은 자신들이 속한 집단으로부터 정서적으로 거리를 두지 않는다. 도리어 더 친밀하고 책임 있는 방식으로 관계를 유지한다. 사람들은 이들의 분화된 행동에 익숙하지 않아 어느 정도 불편함을 느낄 수 있지만, 그러한 상황에서 오는 불안이나 긴장감이 잦아들면 그들이 집단에 도움이 되는 자원이라는 사실을 알게 된다.

마이클 커는 1988년에 쓴 그의 책 『가족 평가』(*Family Evaluation*, New York, W. W. Norton & Co.)에서 한 가족의 분화 수준에 대해 언급한 바 있다. 다음은 그의 말이 교회나 종교 단체의 상황에 어떻게 적용될 수 있는지를 보여 주기 위해 약간의 변화를 주어 인용한 것이다.

"교회나 회당, 혹은 종교 단체에 속한 사람들의 분화 정도가 높으면 높을수록 그들은 더 협력하고, 서로의 안위를 살피며, 적절한 정서적 접촉을 유지할 수 있다. 이것은 스트레스 상황에서뿐 아니라 일상의 경우에서도 마찬가지다. 분화의 정도가 낮으면 낮을수록 스트레스를 받게 되면 사람들은 더욱 이기적이고 공격적이며, 서로 회피하는 행동을 하게 된다. 서로의 친밀감이나 관심, 협동적인 자세는 이내 사라지고 만다."

위의 첫 문장은 제3교회 성도들이 문제가 일어난 그 주일 아침에 어떻게 자신들을 조절하였는지를 잘 보여 준다. 그리고 마지막 문장은 밸리 뷰 교회에서 일어난 상황을 정확하게 지적하고 있다.

교회 성도들이나 지도자들의 분화 정도가 높아지면 다음과 같은 현상이 일어날 수 있다.

첫째, 교회 내 성도들 간의 차이점들에도 불구하고 서로 유대관계를 잘 유지할 수 있으며 정서적 결합력도 견고해진다.

둘째, 교인들이 서로의 안녕에 관심을 갖고 섬기며 서로에 대한 사랑의 마음이 깊어진다.

셋째, 교회가 공통의 목적과 사명 구축을 위해 서로 협력하며, 자신들에게 주어진 사명을 성취하기 위해 함께 노력한다.

교회의 위원회 모임이 제3교회처럼 잘 분화된 사람들로 구성되었을 경우 그들의 모임이나 회의 모습은 상대적으로 덜 분화된 사람들로 구성된 위원회의 모습과 사뭇 다르다. 그들은 저마다 생각하는 것이나 정책에 대한 입장에 있어서 서로 다른 점이 있더라도 상대를 존중하며 열린 자세로, 그리고 건설적인 방향으로 대화를 나눈다. 각 위원들은 자신의 입장을 명료하게 드러내며 의견을 개진한다. 어떤 요소에 대해 열정을 가지고 자신의 생각을 발표할 때도 다른 사람의 입장을 공격하거나 조롱하고 깎아내리려는 의도로 그렇게 하지 않는다.

다만 자신의 확신을 그렇게 나타내는 것뿐이다.

분화된 위원들은 다른 사람들이 무슨 말을 하는지 혹은 어떤 생각을 갖고 있는지를 명료하게 파악하기 위해 자신들의 열심을 일단 접어두고 상대의 말에 귀를 기울일 줄 안다. 상대가 가지고 있는 다른 입장에 대해 관심을 갖고 그것을 올바로 알기 위해 질문을 한다. 상대가 갖고 있는 생각들을 통해 자신의 사고와 이해를 더 분명하게 하려고 하며, 그런 과정에서 배울 점이 무엇인지를 찾는다. 때로 대화 가운데 상대방에게 설득을 당하거나 마음의 변화가 생겨 자신의 입장을 바꿀 경우가 생긴다고 해도 자신이 잘못되었다거나 창피하다는 느낌을 갖지 않는다. 합리적인 사고를 통해 새로운 입장을 견지하게 된 것이기 때문이다.

이러한 위원회에서는 서로 다른 입장들이 있을지라도 결국은 모두가 지지할 수 있는 공통의 입장을 발견하거나 발전시켜 갈 수 있다. 또는 모두에게 중요한 더 큰 어떤 원리나 목표를 위하여 어떤 위원들은 자신의 입장을 조율하거나 타협하기도 한다. 경우에 따라서는, 어떤 문제에 대해 합의점에 도달하지 못하고 투표를 통해 결정을 내리더라도 위원들은 여전히 정서적인 연대를 잃지 않고 좋은 관계를 유지한다.

분화의 정도는 교회에서 적응성과 융통성의 차원으로 이해할 수 있다. 제3교회와 밸리 뷰 교회 지도자들의 분화 정도는 서로 달랐다. 그래서 주일 아침의 문제 상황에 대처하는 면에 있어서, 제3교회 지도자들은 밸리 뷰 교회의 지도자들보다 문제 상황에 대해 더 적절한 대응책을 마련할 수 있었고, 필요한 결정을 내리는 데 있어서도 좀 더 융통성 있게 접근할 수 있었다.

이러한 적응성과 융통성의 정도는 교회마다 다 다르다. 이것은 일차적으로 교회 성도들의 분화 수준에 따라 좌우된다. 특별히 교회 지도자들의 분화 수준은 이러한 면에서 매우 중요하다. 교회의 평균적인 분화 수준이 올라갈수록 그 교회는 당면한 문제 상황이나 논쟁점들에 대해 잘 적응한다. 그리고 그 상황 속에서 그리스도인의 원리를 따라 살거나 교회의 사명을 달성하는 데 있어 좀 더 융통성 있게 접근할 수 있다.

생각할 것들

자신과 관련하여

1. 그동안 당신이 갖고 있었던 지혜에 관한 정의는 무엇이었는가? 이 장에 제시된 지혜의 개념과 비교하여 생각해 보라.

2. 다른 사람과의 관계에서 어떤 어려움이 생길 때 당신은 주로 다른 사람을 비난하는가? 아니면 그런 상황이 생기기까지 자신에게 어떤 책임이 있었는지를 생각하고 그 책임을 지려고 하는가? 그리고 그런 사실에 대해 상대방에게 열린 자세로 임하는가?

3. 다른 사람들과의 관계에서 당신은 얼마나 자신의 감정과 행동에 대해 책임을 지는가? 다른 사람들이 그렇게 느끼고 행동하게 만들었다고 믿거나 주장하지는 않는가?

4. 상황이 기대하는 대로 전개되지 않으면 하나님을 원망하지는 않는가? 그렇다면 얼마나 그렇게 하는가?

5. 당신은 어떤 상황에 대해 자신의 견해와 사실을 얼마나 분리하여 생각할 수 있는가?

6. 당신의 삶에 어려운 상황이 닥칠 때 반사적으로 다른 사람들의 어떠함이나 행동에 초점을 맞추고 그들 때문에 그러한 상황이 생겼다고 생각하는가? 아니면 이 상황에서 당신 자신이 원하는 것은 무엇이고 어떻게 이 상황에 임할 것인지에 초점을 맞추고 생각하며 반응하는가?

7. 당신은 자신이 상황에 대처하는 면에 있어서 얼마나 융통성이 있다고 생각하는가?

그룹 토론을 위하여

1. 교회 내에 불안 심리를 고조시키는 문제 상황이 발생했을 때, 당신 교회는 정서적 융합 상태로 쉽게 반발하는 반응을 보이는가 아니면 분화의 지혜를 통하여 성찰적이고 협동적인 반응을 보이는가? 그 사례들을 제시하라.

2. 당신 교회가 특별히 정서적 융합 혹은 분화 상태로 몰아가게 되는 요소들은 무엇이라고 보는가?

3. 당신이 생각하기에 당신의 교회는 책임성의 문제를 얼마나 잘 다루고 있다고 보는가?

4. 당신은 교회에서 사람들의 감정이 차지하는 비중 내지 역할이 무엇이라고 보는가? 믿음의 삶에 있어서 감정이 차지하는 역할은 무엇이라고 생각하는가? 사람들의 감정은 어떻게 문제가 될 수 있다고 보는가?

5. 교회에 어떤 문제 상황이 발생하였을 때 성도들이 '타자'에게 초점을 맞추어 비난하며 반발 반응을 보이기보다는 긍정적인 목표에 초점을 두고 예방적인 반응을 유지할 수 있었던 때, 즉 높은 분화 수준을 보였던 때가 언제였는지 예를 들어 보라.

6. 당신의 교회에서 성도들이 다른 사람들의 입장을 공격하기보다는 자신의 입장을 명료하게 제시하며, 상대방의 견해와 입장을 경청하고 이해할 수 있었던 때는 언제였는가?

7. 당신 교회에 문제 상황이 발생하였을 때 성도들은 그 상황에 얼마나 융통성 있게 대처하였는가? 당신 교회의 적응성과 융통성을 1점(극도의 경직성)에서 10점(극도의 융통성)의 척도로 평가한다면, 평균 몇 점을 주겠는가? 그러한 점수를 주게 한 구체적인 사건이나 행동들은 무엇인가?

8. 분화의 개념과 잘 맞거나 그것을 잘 소개하고 있다고 생각되는 성경 이야기나 신학적 주제들이 있다면 무엇인가?

7 정서적 반발은 단순한 반응 이상이다

> 내가 유오디아를 권하고 순두게를 권하노니
> 주 안에서 같은 마음을 품으라 [빌 4:2].

> 아무에게도 악을 악으로 갚지 말고
> 모든 사람 앞에서 선한 일을 도모하라 [롬 12:17].

교회 내 불안과 정서적 반발의 과정

분화의 정도가 비교적 낮은 사람들의 경우, 자신들이 속한 집단에서 서로에게 있는 차이점들이 눈에 띄고 그것이 불편해지기 시작하면 서로에 대해 반발 반응을 보이기 시작한다. 이러한 반응은 대개 어떤 예측할 수 있는 패턴으로 진행된다. 반발 반응이란 사람들이 위협을 느낄 때 그 내면의 정서를 밖으로 표출하는 것이다. 교회에 오래 다니면 언제부터인가, 어떤 문제가 발생하면 어떤 성도들이 어떤 방식으로 화를 내거나 불편한 반응을 보일 것이라는 사실을 짐작할 수 있게 된다. 이처럼 다른 사람들의 감정적인 예민함을 파악하거나 어떤 반응을 보일지 예측할 수 있게 되면, 리더십의 의사결정 과정에서 이러한 요소가 고려되기 시작한다. 즉, '이렇게 하면 그 사람이 좋아하지 않을 테니 하지 말자'라는 식의 생각을 하게 되는 것이다.

그럴듯한 이유를 대지 않더라도 다른 사람들을 불편하게 할 수 있는 결정을 내리지 않게 조심하는 것은 일반적으로 좋은 일이다. 하지만 다른 사람들의 비위를 맞추기 위해 결정을 내릴 때마다 그런 원칙에 근거해서 일하는 것은 좋은 정책이 아니다. 성경에는 사람들을 불편하게 하거나 화나게 하는 이야기들이 많이 있다. 성경의 지도자들이 다른 사람을 불편하게 하지 않는다는 원리에 근거하여 지도력을 발휘하였다면 그 많은 이야기들은 실제로 일어나지 않았을 것이다. 어떤 불안한 느낌이 들기 시작하면 사람들은 대개 '누구의 잘못'인가 라는 생각을 먼저 하게 된다. 그러한 생각의 결과, '내 탓이다', '내가 잘못했다'라는 결론에 도달하면 다른 사람들과의 관계를 좀 더 잘 조율하기 위해 자기 스스로 어떤 변화를 시도한다. 설교자들이나 교사들은 주일 아침 말씀을 전하거나 가르칠 때마다 성도들이 이런 반응을 보이기를 희망한다.

자신을 돌아보고 고치려고 하는 반응은 좋은 결과를 가져올 수 있다. 자신감을 증대시킬 수 있고 좀 더 성숙한 그리스도인의 삶으로 인도할 수 있다. 그러나 변화에 대한 이러한 태도는 자발적인 결정에 의한 것이어야 한다. 다른 사람들이 이러한 변화를 보기 원할 수 있지만, 자신도 그러한 변화를 원하기 때문에 그렇게 하는 것이어야 한다.

잘못이 자신에게 있다는 것은 인정되지만 자신은 원하지 않는 변화를 다른 사람들이 요구할 경우, 그래서 할 수 없이 그러한 변화를 시도한다면 그것은 유기에 대한 두려움 때문에 어쩔 수 없이 하는 것일 수 있다. 즉, '그 사람이 원하는 방식대로 하지 않으면 그는 나를 떠날 거야'라거나 '그는 내게 더 이상 관심을 갖지 않을 거야' 혹은 '그는 나를 더 이상 받아 주지 않을 거야' 등의 두려움 때문이라는 것이다. 이러한 반응은 결국 자기 자신을 상실하거나 우울증으로 몰아갈 수 있다. 우울증은 대개 어떤 사람 혹은 어떤 대상 때문에 자신을 상실하는 것과 관련이 있다.

반면, 많은 사람들은 불안을 불러오는 어떤 중요한 차이점을 발견할 때 어떤 잘못이나 문제가 자신이 아니라 다른 사람들에게 있다고 단정한다. 예를 들어, 당신 교회에 지금 성도들을 갈라 놓는 어떤 문젯거리가 있다고 하자. 양쪽 사람들은 서로 상대방 사람들이 '문제' 라고 볼 것이다. 그들은 서로 상대 진영이 잘못되었다는 것에 초점을 두고 수많은 말을 늘어놓고 행동하며 어떻게 하든지 자신들의 입장을 변호하기 위해 온갖 노력을 다할 것이다. 자신들의 부정적인 생각이나 불편한 감정의 원인이 상대에게 있다고 주장하며 반발하는 반응을 보이고 있는 것이다.

이러한 자동적인 반발 행동은 '가까우면 같다'라는 확신에서 비롯되는 것이다. 그리고 다른 사람들이 가진 '다른' 관점이나 입장을 자신에게 맞추어 변화시키려고 한다. 다른 사람들이 자기처럼 생각하고 느끼거나 자기와 같이 될 때 만족감을 느낄 수 있기 때문이다. 이러한 반발 반응을 인식하지 못하고 끌려가면 결국 볼썽사납고 치졸한 교회 싸움으로 번지게 된다. 사람은 외부에 의해 변화의 압력을 받을 때 그 반작용으로 상대방으로부터 거리를 두게 된다. 이처럼 서로 반발하며 싸우게 되면 교회나 교단 내에 분열이 생기고 결국은 서로 갈라지는 일이 발생하는 것이다.

밸리 뷰 교회의 마리 폰타나와 해리 하딩 사이에 있었던 사건이 이와 유사한 경우다. 주일 아침 성전에 꽃을 어디에 두느냐 하는 것은 어떻게 보면 사소한 일일 수 있는데, 교회에서는 이러한 일로 사람들이 떠나거나 자신이 하던 활동을 그만두는 경우들이 일어날 수 있다. 처음에는 별것 아닌 것 같은 작은 갈등이었는데, 결국은 관련된 모든 사람들에게 큰 문젯거리가 되는 일들이 종종 있는 것이다.

위의 경우에 진짜 문제는 꽃들을 어디에 놓느냐 하는 것이 아니었다. 문제의 핵심은 누가 꽃들의 위치를 결정하는가 하는 것이었다. 마리와 해리는 이 문제에 자신의 지위와 권위를 연결시켜 생각하였던 것이다. 그리고 그것에서 자신의 존재감을 느꼈던 것이다. 이러한 자기 존재감이야말로 우리 모든 사람에게 있어서 핵심적이고 우선되는 문제인 것이다. 그리고 이것이 위협당하는 느낌을 받을 때 우리는 불안하고 불편해진다. 이처럼 어떤 문제에 자기 자신을 쏟아 부었을 때, 그런데 거기 관련된 다른 사람들과 어떤 차이점들이 느껴질 때 그것이 그렇게 중요하게 부각되는 것이다.

사람들은 흔히 다른 사람들과의 관계에서 자신이 권위자의 위치에 있다는 느낌을 받거나 그러한 권위로 말미암아 다른 사람들로부터 존중을 받음으로써 자신의 존재감이 충족되고 강화되기를 바란다. 그러한 필요를 갖게 되는 것은 대개의 경우 자기 과거로부터 해결되지 않은 어떤 과제와 관련이 있다. 사람들에 의해 '옳은' 사람으로, 혹은 '좋은' '올바른' '최고'의 사람으로 보이는 것은 자신이 인정받고 지지받는 것을 의미한다. 과거의 해결되지 않은 문제들은 우리로 하여금 자신이 괜찮은 사람이라는 느낌을 받기 위해 다른 사람들로부터 칭찬이나 존중, 혹은 인정을 추구하는 사람이 되게 한다. 그리고 기대하는 그런 반응을 얻지 못하면 화가 나거나 침체에 빠져버린다.

밸리 뷰 교회에서처럼 '사소한 문제'가 큰 문제가 될 수 있었던 경우는 제3교회에도 있었다. 크리스마스 성극을 할 때 살아 있는 양과 염소를 사용할 것인지에 관한 문제로 토론을 하면서 당사자들이 정서적 반발 반응을 보였더라면 그것은 예기치 않은 문제로 비화될 수도 있었다. 어떤 사람들은 그것이 정말 좋은 방안이라고 생각한 반면, 그렇게 하면 문제가 될 것이라고 생각한 사람들도 있었다. 그러나 그들은 어떤 결정을 내릴 때 어느 한 가지 입장이나 어떤 것이 '옳은'가에 자신의 존재를 걸지 않았기 때문에 좀 더 실제적인 차원에서 그 문제에 대해 논의할 수 있었다.

누가 그 동물들을 구하고 돌려줄 것인가? 교회에서 누가 그 동물들을 돌볼 것이며 그 동물들 때문에 지저분해진 것들을 누가 치울 것인가? 아이들이 그 동물들을 무서워하지는 않을 것인가? 실제 동물들을 성극에 등장시키는 것이 이 모든 노력과 에너지를 투자하는 것에 상응할 만한 가치가 있는 일인가?

준비위원회에서는 이러한 질문들과 더불어 어떤 감정적인 반응에 빠지기보다는 산 동물들을 등장시키기로 한다면 이 모든 일에 누가 헌신하여 책임을 맡을 것인가 하는 것에 주로 대화의 초점을 맞추어 차분하게 대화를 전개할 수 있었다.

정서적 반발의 패턴

사람은 다른 사람들과의 관계나 집단 내에서 어떤 동일한 생각이나 행동을 할 것을 요구받는 압력을 느낄 때, 대개 네 가지 공통된 반발 반응 중 한 가지 패턴으로 반응하는 양상을 보인다. 이 네 가지 반응 패턴이 갖는 한 가지 공통점은 상대방과 거리를 두기 위한 전략으로 그것들이 사용된다는 것이다. 그것은 위협으로 느껴지는 어떤 것을 직접적으로 다루고 해결하기 위한 것이 아니다. 내면의 불안을 다루기 위한 방법으로 사용되는 것이다.

순응

불안한 정서 상태에서 사람들이 보이는 정서적 반발의 한 가지는 바로 '순응'이다. 순응이란 외형적으로는 상대방의 기대대로 따르는 것이다. 하지만 내적으로는 혹은 무의식적으로는 이러한 행동을 하지 않을 수 없게 몰려가는 것이 싫고 그것에 분노를 느낀다.

반발 반응으로서의 순응은 변화를 요구하는 사람에게 혼란과 짜증을 유발할 수 있다. 순응하는 사람은 변화하라는 요구에 동의하지만 실제로 그러한 변화가 일어나지는 않기 때문이다. 또는 변화를 시도한다고 해도 제대로 하지 않거나 올바로 하지 않기 때문이다. 순응적인 사람은 일단 괜찮은 사람으로 보이기 때문에 실질적으로 변화가 없다고 해서 그들을 다그치거나 직면하기란 쉽지 않다.

밸리 뷰 교회의 경우, 문제의 주일 아침에 '순응'이라는 형태의 반응은 거의 보이지 않았다. 굳이 예를 들자면, 로이 목사가 마리가 말한 대로 꽃을 어디에 두느냐의 문제에 대해 예배위원회에서 해리와 논의해 보겠다고 동의한 것을 이야기할 수 있다. 로이 목사는 굳이 이렇게 하고 싶은 마음이 없었다. 꽃을 어떻게 하든 상관이 없었기 때문이다. 그러나 그저 그것에 대해 마리와 왈가왈부하기 싫었던 것이다. 우리는 이러한 모습에서 순응의 태도가 관계의 거리를 두는 한 형태라는 것을 알 수 있다.

나중에 마리는 예배위원회 모임에서 꽃에 대해 어떤 결정을 내렸는지 로이 목사에게 물어볼 것이다. 그러면 그는 자신이 할 수 있는 모든 설명이나 변명을 동원하여 대답하겠지만, 그러면서도 예배위원회에서 자신이 나서서 이 문제를 다루고 싶지 않았다는 사실은 결코 말하지 않을 것이다. 이 문제에 대한 자신의 입장에 대해서도 말하지 않겠지만, 겉으로는 마리에게 동의하고 그녀와 같은 입장을 취하는 것처럼 보이려고 할 것이다. 해리가 로이 목사에게 이 문제에 대해 마리와 대화해 주기를 요청한다면 로이 목사는 해리에게도 같은 태도를 취할 것이다. 그 결과 마리와 해리는 둘 다 이 상황에서 일이 어떻게 돌아가는지 어리둥절해하고 혼란스러운 느낌을 갖게 될 것이다.

반항

정서적 반발의 두 번째 패턴은 '반항' 하는 것이다. 이것은 순응이라는 숨겨진 반발과는 반대로 공개적인 반발을 보이는 것이다. 반항하는 사람은 자신에게 요구되는 것과 반대되는 것을 말하거나 행동한다. 이들은 자신의 자유와 '권리'에 대한 의식이 강하고, 불공평해 보이는 요구나 주장에 예민하게 반응한다.

반항하는 태도를 가진 사람의 문제는 자기 삶의 목적이나 방향에 따라 자기 인생을 살아가지 못한다는 것이다. 그래서 역설적으로 이들은 자기 자신을 상실하고 만다. 이러한 성향이 강한 사람들은 누가 자기에게 무엇을 어떻게 하라는 등의 요구를 하는지 늘 경계를 하고, 그렇게 하는 사람들에게 반항하느라 정작 자기 자신을 위해 스스로 행동하는 데는 관심을 쏟지 못한다. 이런 사람들은 남들이 자신에게 말하는 것이나 기대하는 것과 반대되는 일을 하는 것으로 대부분의 시간을 보낸다. 그들 자신의 목표는 없는 것이다.

이처럼 다른 사람들로부터 정서적인 거리를 두고 자신의 정서적 분리와 자율성을 유지하려고 하는 과정에서 반항하는 태도를 가진 사람들은 많은 면에서 다른 사람들에게 의존적인 존재가 된다. 그들에게는 권위적인 태도를 보이는 사람들이 필요하다. 그런 사람들이 없을 때, 반항하는 사람들은 방향을 잃게 된다.

밸리 뷰 교회의 경우, 반항하는 태도를 보인 대표적 사례는 교회 관리인 래리 램버트였다. 그리고 스튜는 램버트에게 권위적인 존재로 부각되었다. 래리는 스튜로 하여금 그렇게 권위주의적 입장에 서도록 영향을 주는 발언을 하였고, 스튜는 그렇게 행하였다. 결국 두 사람 모두 불편한 감정을 갖게 되었다.

권력투쟁

세 번째 패턴은 '권력투쟁'이다. 이 전략에는 반항하는 요소가 있기는 하지만 "나는 그렇게 하지 않을 거야!"라는 식의 소극적인 측면만 있는 것이 아니고 "당신은 그렇게 하는 게 좋을 걸!"이라고 말하는 측면도 있다. 권력투쟁에서는 양측이 서로 잘못되었다고 평가하면서 상대방에게 무엇을 어떻게 하라고 주장한다. 어떤 면에서, 권력투쟁의 두 당사자는 서로를 쫓아가는 형국을 보인다. 그러면서 동시에 자기 자신에 대해서는 정서적으로 거리를 두는 패턴을 보인다.

권력투쟁에 빠진 사람들에게 나타나는 주요한 주관적 정서는 좌절과 분노의 경험이다. 그들은 상대방을 변화시키는 것에 초점을 두기 때문에 반항하는 사람처럼 정작 자기 자신의 삶에는 연결되지 못한다. 상대방이 변화되기만 하면 상황은 크게 달라질 것이라고 생각한다. 이들의 대화에는 규탄과 비난, 상대의 잘못이나 흠집 찾기, 상처와 부적절함에 대한 지적이 난무한다. 이미 일어난 것들뿐 아니라 앞으로 일어날 것이라고 상상하는 것들까지도 동원된다. 그리하여 이들에게는 모든 것이 논쟁과 다툼거리가 된다.

이러한 관계의 역동이 지속되면서 관련된 사람들은 계속해서 서로에 대해 참견하고 다투게 된다. 권력투쟁은 이런 과정을 통해 당사자들에게 두 가지 효과를 가져다준다. 즉 서로 적당히 관계 거리를 유지함과 동시에 상호 연결의 고리를 유지하는 것이다. 때로 서로에게서 마음에 드는 유사점들을 발견하면 잠시 휴전을 하고 좋은 관계를 경험할 때도 있지만 그것도 그때뿐이다.

밸리 뷰 교회에서는 여러 사람들 사이에 권력투쟁이 있었다. 로이 목사는 스튜 맥과이어와 해리 하딩, 그리고 어린이집 프로그램의 쟈넷 월리와 이러한 관계에 있었다. 이들은 서로 상대방이 어떻게 달라져야 할지에 초점이 있었다. 그러면서 자신들의 행동은 정당하고 자기들의 입장에는 아무런 문제가 없다고 생각했다.

스튜와 해리는 처음에 로이 목사를 교회에 초빙하는 것에 적극적이었다. 그들은 교회를 '책임지고 주도적으로 이끌어 갈' 목회자를 원했었다. 이전 목사는 자신들의 관점에서 볼 때 너무 '유약한' 행정을 했다고 보았기 때문이다. 스튜와 해리는 로이 목사가 자신들이 생각하는 것과 같은 방식으로 같은 목적을 갖고 목회를 할 것이라고 생각하였다. 이것이 바로 동일성에의 환상이다. 로이 목사도 그들이 소위 '리더십'을 발휘해 줄 목회자를 원한다는 것이 마음에 들었다. 로이 목사 또한 동일성에 대한 같은 환상을 품었다. 권력투쟁 관계에 있는 사람들에게 있어서 관건은 어느 쪽이 생각하는 동일성이냐 하는 것이다.

정서적 거리 두기

동질성에 대한 압력에 대처하는 네 번째 정서적 반발 전략은, 다른 세 가지 방식이 다소 수동적인 거리를 두는 것에 비해, 드러내 놓고 신체적으로 혹은 '정서적으로 거리를 두는 것'이다. 이 경우 사람들은 서로 관계 자체를 거부하며 어울리지 않는다. 예배에 참석하지 않거나 이전에 활발하게 활동하던 모임에 더 이상 나타나지 않는다. 모습을 드러내기는 해도 전처럼 활동적으로 참여하지 않는다. 전에 가깝게 지냈던 사람들과도 더 이상 이야기를 나누지 않는 경우들이 있다.

사람들은 자신이 무엇을 어떻게 해야 할지 모를 때 이와 같은 방식으로 다른 사람들과 거리를 두는 모습을 보인다. 어쩌면 그들은 다른 사람들과의 관계를 위해 자신들이 알고 있는 모든 방법을 사용해 보았을 것이다. 그러나 자기수용적인 자아에 도달할 수 없다는 생각이

들고 모든 것이 다른 사람들의 방식대로 진행된다면 자신의 자아를 유지하고 지키기 위해 공개적으로 거리를 두는 것이야말로 그들이 아는 유일한 방법일 수밖에 없을 것이다.

이러한 상황에 처하면 사람들은 대개 이렇게 말하기 시작한다. "나는 교회에서 좀 벗어나 시간을 보낼 필요가 있어. 그동안 교회 일에 너무 빠져 있었어." 또는 이렇게 말할 수도 있다. "지금 내 삶에는 어떻게든 정리하고 다루어야 할 일이 너무 많이 진행되고 있어." 이러한 교인들은 대개의 경우 교회에 나타나지 않고 사람들과의 관계도 더 이상 유지하지 않는다.

쟈넷 윌리가 로이 목사에게 어린이집을 다른 교회로 옮기겠다고 한 것이 바로 이러한 경우에 해당한다. 쟈넷은 그렇게 공개적으로 거리를 두는 방식으로 로이 목사를 위협하며 싸웠던 것이다. 이 경우, 거리를 두는 것은 권력투쟁 전략의 한 측면일 수도 있다. 그렇지만 이러한 방식은 흔히 권력투쟁의 관계에서 마지막 배수진을 치는 것이라고 할 수 있다. 자신이 원하는 방식대로 안 되면 나가 버리는 것이다. 서로 의존적인 관계의 경우, 이처럼 버리고 떠나겠다(유기)는 위협은 상당히 강력한 효과를 발휘할 수 있다. 하지만 상대가 이러한 위협을 단순히 싸우기 위한 하나의 접근으로 인식한다면, 로이 목사가 그랬던 것처럼, 그러한 위협을 심각하게 생각하지 않고 "그렇게 하시오! 누가 말려? 나는 상관없소!"라고 말할 수 있다.

이와 달리, 떠나겠다는 위협은 실제로 교회를 떠나는 것과는 다른 어떤 의미로 사용될 수 있다. 모린 니븐이 로이 목사에게 한 것이 바로 그러한 예다. 그녀는 사표를 내면서 조금은 순응적이고 암암리에 거리를 두는 것이 아니라 공개적으로 거리를 두는 방법을 택하였다. 모린은 늘 사람들이 자기에게 기대고 자신들이 원하는 방식으로 해주기를 요구하는 것에 지쳤다. 늘 내적으로 갈등하며 우울함에 시달리는 생활을 해왔다. 그래서 이제는 더 이상 사람들에게서 지지를 받거나 인정받기를 기대하지 않기로 작정하였다. 그동안의 모든 삶의 방식을 그만두고 그러한 관계들에서 벗어나면 자유로워질 것이라고 생각하였다.

그러나 모린이나 모린과 같은 관계 방식을 따르는 사람에게 있어서 문제는 이와 똑같은 관계의 역동이 어디를 가든 따라갈 것이라는 점이다. 모린은 다른 사람들이 늘 자신을 그러한 방식으로 대한다고 생각한다. 자신이 다른 사람들을 그러한 방식으로 대한다고 생각하지는 않는다. 이러한 사고방식이 변하지 않는 한, 그래서 어떠한 결정을 내리든, 그녀는 어떤 사람과 관계를 맺어도 늘 만족스럽지 못하고 결국에는 관계를 지속하지 못하고 홀로 있게 될 것이다. 그녀의 삶은 관계를 맺고 물러나고 하는 것의 연속이 될 것이다.

한편, 강력한 정서적 반향을 불러일으키는 사람들과의 관계에서 단순히 물러나기보다는 그냥 그러한 상태를 유지하거나 자신의 자아를 분명히 인식하고 대처할 때, 우리는 새로운 경험을 하게 된다. 자신에게 패배자라는 느낌을 주거나 위축감을 느끼게 하는 사람이나 장소로부터 도피하기보다 그 상황을 정면으로 마주하고 새로운 도전을 향해 나아가는 것이다.

교회에는 어떤 문제 상황이 발생했을 때 자신들의 문제에 초점을 맞추기보다는, 지금까지 서술한 것과 같은 네 가지 정서적 반발 패턴의 하나 혹은 그 이상을 사용하여 다른 사람들에게 반응하는 사람들이 있다. 당신에게 이러한 반응 패턴을 보이는 사람들이 있다면, 당신 또한 어떻게 문제의 한 부분을 구성하고 있는지 생각해 보라. 아울러 당신도 '동일성'의 정신을 따라 사람들에게 접근하고 있지는 않은지, 다른 사람들에게 그렇게 하는 것으로 인식되고 있지는 않은지 살펴보라.

이러한 반응 패턴을 보이는 사람들을 변화시키거나 그러한 반응을 보이지 못하게 하기는 어렵다. 하지만 당신이 그들과의 관계에서 보이는 자신의 반응 패턴에 초점을 두고 그것을 변화시킨다면 다른 사람들도 그러한 반응 패턴을 덜 사용하거나 좀 더 직접적이고 열린 자세로 당신에게 반응을 보일 것이다. 그러나 그렇게 되기 위해서는, 그들이 달라져야 한다는, 그래서 좀 더 당신처럼 되어야 한다는 생각은 버려야 한다.

신앙과 관련된 문제에 대한 다음의 목회상담 이야기는 가까운 관계에서 정서적 반발 패턴이 어떻게 나타나는지를 잘 보여 주고 있다. 어느 날, 20대 후반의 청년이 자기 어머니가 '좀 더 복음 중심적인 교회'에 다니라고 자기에게 압력을 가한다고 불평하며 상담을 하러 왔다. 청년은 그때로부터 약 1년 전에 집에서 320km 떨어진 곳으로 나와 살고 있었다. 그의 어머니는 매주 두세 번씩 전화를 걸어 그가 잘못된 길을 가고 있음을 알게 해달라고 기도한다는 말을 했다. 어머니는 그가 현재 다니고 있는 '자유주의적'인 교회를 떠나 소위 '참된' 교회로 돌아가기를 바라는 것이었다. 그 청년이 어머니가 원하는 교회로 가지 않을 것은 자명해 보였다. 그는 어머니에 대해 죄책감과 동시에 분노로 가득 차 있었다. 그리고 어머니가 '제발 자기를 좀 혼자 내버려 두기를' 원하고 있었다.

청년의 어머니는 '동일한 것이 가까운 것'이라고 생각하고 있는 것처럼 보였다. 그러나 이 청년은 '우리는 가까워지기에는 너무 다르다'는 태도를 견지하고 있었다. 어머니의 태도로 말미암아 이 청년의 자기의식은 크게 위협받고 있었다. 그리고 그는 어머니에 대해 앞에서 제시한 네 가지 정서적 반발 패턴을 다 사용하였다. 이 가족의 관계를 그림으로 그리면 다음과 같다.

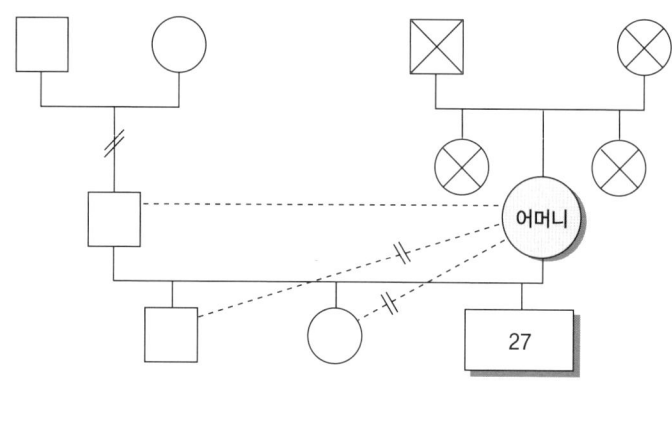

〈그림 9〉

나는 청년의 가족에 관해 여러 질문을 하였다. 그의 아버지는 늘 직장 일에 바빴고 집에 있는 시간이 별로 없었다. 그의 형과 누나는 같은 문제로 어머니에 대해 많은 분노를 안고 집에서 멀어졌다. 그들은 어머니를 변화시키려고 시도하다가 결국에는 포기하고 이후로는 어머니와 어떤 노력도 하지 않겠다고 다짐한 터였다. 나를 찾아온 청년은 막내로서 집에서 나오기까지 어머니와 가까운 관계를 유지하였다. 어머니에게 순응적이었고 교회도 어머니가 다니는 교회에 함께 다녔다. 그러나 이제 집을 떠나 살게 되면서 이제는 '자기가 원하는 방식대로' 살 수 있을 거라고 생각하였는데, 계속되는 어머니의 전화와 편지 때문에 괴로움을 당하고 있었던 것이다.

나는 그의 예상이나 그가 다니는 교회의 목회자가 제안했던 것과 달리, 그의 형과 누나가 그랬던 것처럼 어머니에게 화를 내면서 어머니의 태도에 대해 정면으로 대립하거나 거리를 두는 방식으로 정서적 단절을 시도하지 말라고 권면하였다. 어머니와 교회를 선택하는 문제로 다투기보다는 어머니를 여러 번 방문하고 함께 시간을 보내며 어머니를 알아가라고 요구하였다.

예를 들면, 그가 다니는 교회의 신앙 노선에 대해 어머니가 염려를 표명할 때마다, 이것을 어머니를 알아가는 기회로 삼으라고 하였다. 그리고 어머니는 어떻게 자신의 신앙 노선에 대해 그렇게 헌신하고 철저하게 그 길을 가게 되었는지 물어보라고 했다. 자신은 이 문제에 있어서 의문과 고민이 있음을 알리고, 어떻게 어머니는 그렇게 확신을 가질 수 있게 되었는지 물어보게 하였다. 그리고 그녀의 그런 신앙에 대해 칭찬하라고 했다. 실제로 그는 어머니의 그런 면을 인정하는 터였다. 그리고 그도 어머니처럼 그렇게 확신을 가질 수 있으면 좋겠다는 것을 알게 해드리라고 격려하였다. 실제로 그는 그렇게 되기를 원하고 있었다.

청년은 내 제안들에 대해 말도 안 되는 이야기라고 생각하였다. 그렇게 하면 더욱 골치 아픈 일들이 생길 것이라고 여겼다. 하지만 당시 그는 그 문제가 너무 절박한 상태였고 다른 마땅한 방안도 없었기 때문에 한번 시도나 해보겠다고 다짐하였다.

어머니를 방문하기 시작하면서 청년은 상담하러 올 때마다 자신과 어머니와의 관계에 대해 더 나아진 느낌을 갖고 찾아왔다. 아들이 신앙에 대해 가지고 있는 어머니의 확신에 관심을 표하며 질문하자 어머니는 점차 자신의 신앙과 관련된 나름의 의문과 고민에 대해서도 마음을 열고 대화하기 시작하였다. 청년은 어머니의 원가족 경험과 성장기에 대해 관심을 갖고 어머니의 삶은 어떠하였는지 질문하였다. 그 과정에서 그는 어머니에 대해 전에 알지 못했던 많은 것들을 알게 되었다.

어머니는 이제 전처럼 계속 전화를 걸거나 편지를 보내지 않았다. 아들에게 어떤 교회를 다니라고 말하는 것도 중단하였다. 청년은 어머니와 정서적으로 분리된 존재로서 이제 어머니와의 관계에서 이전보다 더 자기 자신이 될 수 있다는 느낌이 들기 시작하였다. 이러한 변화는 그가 기억하는 한 자기 평생에 그 어느 때보다도 더 어머니와 가까운 느낌이 들게 해주었다. 그러면서도 동시에 더 자유로운 자신의 삶을 살고 있다는 느낌이 들었다. 그것은 일종의 해방의 경험이었다.

어떤 일이 일어났던 것인가? 그의 어머니는 아들이 집을 떠남으로써 혼자 남는 것이 두려웠고 교회를 선택하는 문제를 통해 아들과의 연결을 유지할 수 있었다. 그녀는 그동안 친정 식구들의 죽음과 정서적으로 멀어진 남편, 관계가 단절된 자녀들을 통해 버려지는 느낌을 받았다. 이러한 경험은 교회 문제로 막내아들에게 집착하게 만들었다. 그런데 그 아들이 그녀로부터 거리를 두고 관계를 단절하면 할수록 이것은 그녀를 더 불안하게 만들 뿐이었다. 그녀는 다른 식구들에게도 똑같은 방법으로 접근하였다. 관계의 연결성을 유지하기 위해 죄책감을 사용하기도 하였다. 하지만 이러한 방법이 결국은 가족들을 그녀로부터 멀어지게 할 뿐이라는 사실을 이해하지 못하였다.

내가 이 청년의 사례에서 생각한 것은, 그가 어머니와의 관계에서 이러한 방어적 반응 패턴을 벗어날 수 있다면, 그리고 어머니를 향해 나아가기 시작한다면 어머니의 반응도 달라질 수 있다는 것이었다. 그가 어머니에게 거리를 두면 둘수록 어머니는 더 아들에게 다가갈 것이기 때문이었다. 아들이 자신의 입장을 방어하려고 하기보다 어머니에 대한 인격적 관심을 갖고 다가가면 어머니의 불안감은 감소되고 더 이상 아들에게 집착하며 '같은 신앙'을 주장하지 않을 것이었다. 그리고 이러한 예상은 정확하게 맞아떨어졌다.

물론 우리는 모든 신앙 노선과 관련된 문제를 근접성과 거리성이라는 관계 거리의 차원에서 보아서는 안 된다. 신앙과 확신의 문제는 그 자체로 우리가 그리스도인으로서 신중하게 접근해야 할 본질적인 측면이다. 그러나 이 경우, 어머니와 아들에게 있어서 신앙의 문제는 자신들의 불안을 다루기 위한 하나의 매개체로 등장하였다. 그리고 강력한 정서 체계 문제들이 신앙과 확신에 관한 문제들을 포함하여 다양한 요소들에 대해 대화하는 것을 제한하였던 것이다. 하지만 청년은 당면한 상황을 새로운 방향에서 접근함으로써 자신의 신앙에 따라 좀 더 일관된 삶을 살아갈 수 있게 되었다.

생각할 것들

자신과 관련하여

1. 당신을 아는 사람들에게 당신은 얼마나 예측가능한 사람이라고 생각하는가? 그들은 당신이 언제 어떻게 반발하는 반응을 보일지 알고 있는가?

2. 교회에서 무언가 잘못되기 시작할 때 당신은 비난의 자세를 취하는 경향이 있는가? 그렇다면 어느 정도나 그러한가? 특별히 당신의 시선이 주로 집중되는 어떤 사람들이 있는가?

3. 당신은 교회에서 반사적으로 다른 사람들의 기대에 순응하는 반응을 보이지는 않는가? 그렇다면 어떤 방식으로 그렇게 하는가? 반항하는 반응을 보이는가? 어떤 방식으로 그렇게 하는가? 권력투쟁으로 반응하는가? 어떤 방식으로 그렇게 하는가? 언제, 누구에게 거리를 두고, 어떻게 그렇게 하는가?

4. 다른 사람들과의 관계에서 당신이 정서적으로 반발하는 가장 일반적인 방법은 무엇인가?

그룹 토론을 위하여

1. 당신 교회에서 어떤 문제 상황이 발생할 때 회중들이 주로 보이는 정서적 반발의 패턴은 무엇인가?

2. 교회의 지도자로서 당신이 성도들 안에 어떤 반발이 일어나도록 원인 제공을 한 경우가 있는가? 현재 그러한 것이 있다면, 어떤 방식으로 그렇게 하였는가? 성도들에게 그러한 반응이 일어나지 않도록

할 수 있는 다른 대안적인 방법들로는 어떤 것들이 있겠는가?

3. 현재 성도들 중에 혹은 어떤 그룹 안에 마음이 틀어지고 정서적으로 반발하는 사람들이 있다면, 그러한 상황에서 취할 수 있는 원칙적인 입장이나 태도는 어떤 것이라고 보는가? 이보다 더 나은 혹은 더 좋지 않은 결과를 가져올 수 있는 방법들이 있겠는가?

4. 성경 이야기 중에 정서적 반발 반응을 드러내 보이는 본문이 있는가?

CREATING   A HEALTHIER CHURCH

교회생활에서의 네 가지 기능적 관계 유형

그러므로 그리스도께서 우리를 받아……같이 너희도 서로 받으라 [롬 15:7].

경건의 모양은 있으나 경건의 능력은 부인하니 [딤후 3:5].

종합적 접근

우리는 이제 그동안 다루었던 내용들이 어떻게 서로 연결될 수 있는지를 종합적으로 살펴보려고 한다. 그리고 그것을 그림을 통해 보여 주고자 한다. 관계란 단순히 어떤 그림으로 보여 줄 수 없을 만큼 다면적 양상을 가진 복합적인 것이다. 하지만 우리는 아래 그림을 통해 당신의 교회에서 발생하는 정서적 관계의 현상을 살펴볼 수 있는 한 가지 이론적 관점을 생각해 보고자 한다.

우리는 앞에서 인간 내면의 일차적인 두 가지 생명력을 연합성과 개별성을 추구하는 힘으로 보았다. 그리고 다른 사람들과의 관계에 두 가지 관계의 필요가 있다고 보았는데, 하나는 다른 사람들에게 가까이 나아가려는 근접성의 필요이고, 다른 하나는 다른 사람들로부터 일정한 거리를 유지하려는 거리성의 필요이다. 이러한 요소들은 일차적으로 융합과 분화라는 두 가지 과정을 통해 다루어지는데, 이 모든 것을 함께 그림으로 그리면 다음과 같다.

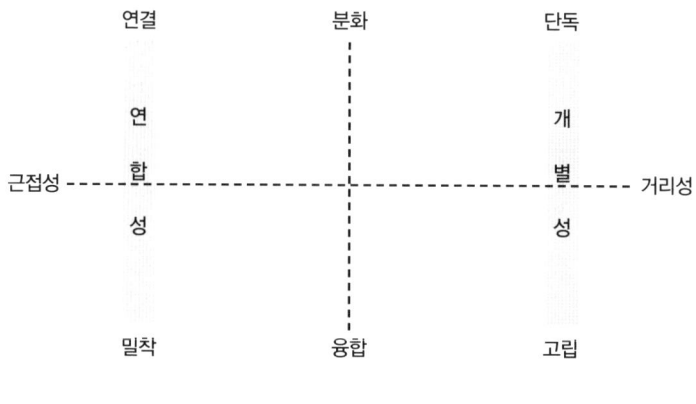

〈그림 10〉

기능적 관계 유형 그래프에는 점선으로 표시된 두 개의 축이 있는데, 하나는 분화-융합이라는 수직적 축이고, 다른 하나는 정서적 근접성-거리성이라는 수평적 축이다. 이 두 가지 차원은 연합성과 개별성이라는 두 가지 내면의 생명력에 의해 크게 영향을 받고 있다. 어떤 개인이나 그룹이든지 거기에는 이러한 요소들이 존재하는데, 수직과 수평의 두 가지 축이 움직여 어떤 지점에서 서로 교차할 때 그것은 밀착, 고립, 연결, 단독의 네 영역 중 한 부분에 해당하게 된다.

위의 그래프는 다른 사람들과 함께 혹은 가까이 하는 데 있어서 크게 다른 두 가지 방법이 있다는 것을 보여 준다. 마찬가지로 다른 사람들로부터 거리를 유지하거나 떨어져 지내는 것에도 크게 다른 두 가지 방법이 있다. 이러한 접근들은 좀 더 분화된 방향으로 나아가느냐 아니면 융합된 방향으로 나아가느냐에 따라 달라진다. 이제 이 네 가지 서로 다른 영역들이 행동적인 차원에서 어떤 모습으로 나타나는지, 사람들이 정서적인 차원에서 어떻게 이 영역들을 경험하는지, 각 영역이 교회에서 혹은 성도들의 관계에서 어떤 의미를 담고 있는지 등에 대해 간략하게 살펴보도록 하자.

밀착형 관계

기능적 관계 유형 그래프의 좌측 하단 부분은 '밀착된 융합'(enmeshed fusion)의 관계 유형이다.

〈그림 11〉

각 개인이나 가족, 교회 성도들의 관계가 극단적으로 이 영역에 머물러 있으면, 사람들은 자신이나 상대방의 관계 경계선이 어디에서 끝나고 어디에서 시작되는지 알지 못한다. 각 개인들은 다른 사람들과 너무 융합되어 있어서 한 사람이 어딘가 가려우면 다른 사람 또한 가려워 그곳을 긁어야 한다. 생각하고 느끼고 말하는 것에 있어서도 서로 어떤 구분이 없다. 어떤 사람에게 질문하면 다른 사람이 대신 대답한다. 서로 상대의 마음을 읽고 그것을 표출한다. 이들은 정서적으로 서로 묶여 있어서 저마다 각자의 삶이 따로 있다는 것을 별로 느끼지 못하는 것처럼 보인다. 머레이 보웬은 가족들에게서 드러나는 이런 관계 현상을 '미분화된 가족 자아 덩어리'(undifferentiate family ego mass)라는 말로 묘사하였다.

이러한 관계 유형 안에 있는 사람들은 세상에서 홀로 되거나 버림받는 것에 대한 두려움이 아주 크다. 이 두려움은 그들에게 가장 강력한 동기 유발 요인이 된다. 그래서 이러한 결과를 피하기 위해 그들은 어떤 일이든 하려고 한다. 심지어는 자기 자신의 핵심 부분을 내어주면서까지 그렇게 한다. 이들에게는 사랑받고, 수용되고, 인정받고, 인도함을 받고 싶은 뿌리 깊은 필요가 있다. 역으로 다른 사람들에게 그렇게 해주고 싶은 깊은 욕구를 가진 사람들도 있다. 다른 사람들에게서 칭찬을 받으면 하늘로 날아가는 기분을 느낀다. 그러나 비판을 받으면 순식간에 땅바닥에 곤두박질친다.

이러한 영역의 가장 밑바닥에 있는 사람들은 현실적으로 다른 사람들과의 관계에서 자율적인 기능을 수행할 수 있는 능력이 없다. 이들은 '이기적'이고 다른 사람들에 대해 '무관심한' 혹은 '신경 쓰지 않는' 사람으로 보인다. 그리고 다른 사람의 관계 경계선을 아무렇지도 않게 침범하고 자신의 행동이나 역할에 대해서는 별로 신경 쓰지 않는 것이 얼마나 다른 사람에 대한 사랑이나 배려가 없는 행동인지 거의 인식하지 못한다.

다음은 이러한 관계 유형에 해당하는 사람들이 드러내는 몇 가지 특성들을 나열한 것이다.

- 대인관계에 있어서 항상 어떤 사람이 자신을 무시하거나 공격적인 행동으로 위협을 가하지는 않는지 방어적인 태도로 주변을 살핀다. 아주 사소한 것에서도 그러한 단서를 찾아내려고 한다.
- 자신이 경험한 것에 대한 책임이 다른 사람들에게 있다고 생각한다. 반대로 다른 사람들이 경험한 것에 대해 그 책임이 자기에게 있다고 생각하기도 한다.
- 비판에 민감하다. 비판을 받으면 그것이 상처가 되어 어떻게 하든지 비판받는 것을 피하려고 한다. 비판적인 사람을 원망하거나 두려워한다.
- 다른 사람의 인정과 칭찬을 추구한다. 그렇게 될 때 자신이 행복해질 수 있다고 생각하기 때문이다.
  다른 사람에게서 그런 반응을 얻지 못하면 마치 중독자처럼 기분이 비참해지고 우울해진다.
- 다른 사람들을 기쁘게 하기 위해 열심히 노력한다. 그럴 때 자신이 괜찮은 사람이라고 느껴진다.
- 다른 사람들과의 관계에서 위계적으로 자신의 위치에 대해 지나치게 신경을 쓴다. 다른 사람이 자신의 위치에 대해 적절한 인식을 하고 있는지, 자신의 권위가 존중되고 있는지에 관심이 많다.
- 다른 사람들에게 어떤 어려운 일이 생기면 그들 스스로 그 문제를 해결해야 함에도 불구하고 반사적으로 지나친 동정심에서 그

들을 그 상황에서 건져 내거나 그 상황을 개선시키려고 한다.
- 반대로, 자신이 스스로 문제 상황을 처리할 수 있음에도 불구하고 다른 사람들이 자신을 위해 좀 더 많은 것을 해주어야 한다고 생각한다. 자신의 행복이 다른 사람에게 달려 있다고, 즉 다른 사람의 책임이라고 생각하기 때문이다.

교회에서 이런 유형의 관계적 접근을 하는 사람들은 이념적 지평에서는 어느 위치에 있을 수도 있다. 즉 극단적인 우파나 근본주의자이든지, 그 반대로 극단적인 좌파나 혁명적인 태도를 취하는 사람일 수 있다. 혹은 그 중간 어디엔가 있을 수도 있다. 어떤 기능적 관계 유형에 속하든지 특정한 신앙 노선이나 정치적 확신과는 관계가 없다.

밀착된 융합 유형은 자신의 개인적 신앙 노선을 구축하기가 어렵다. 다른 사람들이 자신의 신앙에 대해 어떤 반응을 보이면 곧바로 그것에 의해 영향을 받는다. 이들은 자기 확신을 신뢰하지 않거나 아예 그것을 입 밖에 내지 않는다. 나아가 전체적인 정서에 따라 대부분의 사람들이 갖고 있는 생각에 동조하거나 그것에 자신의 생각을 맞춘다. 혹은 자신이 인정받고 싶어하는 교회 지도자의 생각에 따라 자신의 확신을 바꾸기도 한다.

상담 중에 어떤 여성이 자신이 교회에서 겪고 있는 어려움을 털어놓았다. 그녀는 자기 자신을 헌신된 그리스도인으로 생각하고 있었다. 그런데 교회 성도들이 자신들이 믿고 있는 바를 이야기할 때면 이 여성은 그들과 같이 믿을 수가 없었다. 그리고 자신이 이러한 생각을 갖고 있다는 사실을 말하면 다른 사람들이 자신을 거부할 것이라고 생각하였다. 하지만 이 여성은 그들과 친밀한 우정과 교제를 유지하고 싶어서 겉으로는 자신도 그들과 같은 것을 믿고 있다고 말함으로써 '그들과 같은' 사람처럼 보이려고 하였다. 그러다가 결국에는 그들이 자신을 바로 알고 있지 못하다는 결론에 도달하였고, 그렇다면 그들은 진실한 의미에서 자신의 친구가 될 수 없다는 생각이 들었다.

상황은 그녀의 예상대로 나타났다. 그녀는 교회 성도들과의 관계를 유지하면서도 자기 자신에 대해 진실하고 싶었다. 그래서 위험을 무릅쓰고 다른 사람들이 아닌 자신이 믿고 있는 바를 말하기 시작했고, 그러자 사람들은 냉담해지며 그녀와 거리를 두게 되었다. 그리고 이런 상황에 대해 그녀와 대화를 나누려고 하지 않았다. 그들은 '끼리끼리' 어울리는 정서에 근거하여 관계를 유지하였고, 그녀는 그들과의 친구 관계가 결국은 허상이었음을 확인하게 되었다. 그래서 그녀는 신앙적인 생각이나 확신의 다름에 대해 좀 더 유연한 태도를 보이는 교회로 교적을 옮겼고, 거기에서 성도들과 더 나은 관계를 가질 수 있게 되었다.

밀착된 융합의 또 다른 사례는 주변 사회의 문화와 자신의 기독교 신앙을 결합시키는 경우에 찾아볼 수 있다. 이러한 교회는 민족주의처럼 사회가 추구하는 어떤 정서적 목표를 이루기 위해 그것에 신앙관을 융합시킨다. 그리스도인들 중에는 하나님과 국가를 동일선상에 올려놓고, 어느 하나에 헌신하면 다른 대상에게도 동일하게 자신을 바쳐야 한다고 생각하는 사람들이 있다.

이러한 정서적 융합은 '가족'의 경우에서도 찾아볼 수 있다. 폐쇄적 의미에서의 가족 밀착은 예수님의 삶과 가르침에서 핵심 주제가 될 수 없었다. 복음서에 나타난 가족 관계에 대한 예수님의 발언들은 가족에 대해 상당히 부정적인 입장을 취하고 계시다는 인상을 받는다. 물론 예수님이 가족을 반대하신 것은 아니다. 그러나 그분은 가족 자체가 당시 문화 속에서 하나의 우상이 되었다는 것을 아셨다. 그래서 세상의 어떤 인간 구조도 하나님과의 관계에 필적할 만큼의 요구를 할 수는 없다는 것을 강조하신 것이다.

때로 우리의 융합된 생각이나 확신을 부적절한 방법으로 합리화하거나 지지하는 데 믿음의 말들이 사용된다. 많은 사람들은 '함께 기도하는 가족은 늘 함께한다' 라는 말이 성경적이라고 주장한다. 설령 그것이 사실이 아닌 것으로 드러날지라도 '그렇게 되어야 한다' 고 말한다. 이 구절은 기도의 초점이 가족의 밀착이기라도 한 것처럼 가족이 늘 함께하는 것을 그리스도인의 최우선적 과제인 것으로 묘사한다. 그러나 이것은 예수님의 가르침과 반대되는 것이며 그것을 무시하는 것이다.

월터 리프만(Walter Lippmann)은 "모두가 비슷하게 생각한다는 것은 아무도 머리를 쓰지 않는다는 말이다"라고 말한 바 있다. 융합된 교회 체계에 대한 좋은 묘사다. 이러한 교회에서는 행동이나 생각, 느낌이 다를 수 있다는 것을 수용하기 어렵다. 지도자들은 권위적이고 독재적이며, 경직되고 교조주의적인 자세를 취하는 경향이 있다. 믿음의 원리에 의문을 제기하거나 리더십의 권위에 도전하는 것을 허용하지 않는다.

이러한 유형의 교회나 단체들은 복잡하게 얽히고설킨 정서적 긴장 상태에 빠지기 쉽다. 겉보기에는 여러 면에서 은사가 있어 보이고 성공적인 것처럼 보여도 공동체 속에 존재하는 정서적 혼란 때문에 결국 연합하여 효과적으로 사역할 수 있는 능력들을 상실하고 만다. 관계의 문제로 말미암아 내부적으로 다투고 분쟁하느라 오랜 시간과 에너지를 소모함으로써 결국에는 자신들의 목표를 달성할 수 없게 된다.

이러한 교회들은 다양한 분열의 조짐을 보이다가 종국에는 교회가 갈라지는 현상을 경험하는 경우가 흔하다. 그런가 하면, 교회 지도자가 깜짝 놀라게 만드는 문제를 일으키기도 한다. 특별히 은사주의 사역을 하며 많은 사람들에게 사랑을 받고 있는 사역자가 성도와 성적인 관계를 갖는 등의 행동으로 물의를 빚는 경우가 그것이다. 이러한 상황들이 발생하면 교회나 단체들은 내부적으로 갈라지고 분열하게 된다.

고립형 관계

기능적 관계 유형 그래프의 우측 하단은 '고립된 융합'(isolated fusion)의 관계 유형이다.

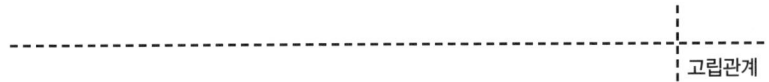

〈그림 12〉

고립되어 있으면서 융합된다는 것은 일반적으로 우리가 이해하는 것과 상충되는 것처럼 들린다. 이러한 관계 유형에 있는 사람은 일정한 거리를 유지함으로써 자신의 자아를 지키려고 한다. 그래서 다른 사람들이 가까이 접근하는 것에 예민하게 반발하는 반응을 보인다. 이러한 경향은 개별성에 중심을 두고 다른 사람들을 자기에게서 밀쳐 내거나 적으로 인식하는 결과를 가져온다.

이런 유형의 사람들에게는 정서적으로 '너무 가까운' 관계에 있는 사람들과 일정한 거리를 유지하는 것이 가장 좋은 해결책처럼 보인다. 사람들은 대개 어떤 면으로든 자기 부모님과의 관계에서 이와 같은 경험을 하게 된다. 자기 자신이 되기 위해서는 정서적으로 강한 영향력을 행사하는 사람으로부터 벗어나는 길밖에 없다고 생각하기도 한다. 이러한 반응은 결혼관계에서, 긴장된 친구관계에서, 때로는 교회 공동체와의 관계에서도 종종 일어나곤 한다.

어떤 사람들은 여러 사람들과의 관계를 전전하며 살아간다. 자기가 판단하기에 관계가 '너무 깊어지기' 시작하면 이내 그 관계를 떠난다. 보웬은 이러한 사람들을 가리켜 '관계의 유목민'(relationship nomads)이라고 하였다. 이들은 관계가 정서적으로 긴밀해지지 않는 한도 내에서만 그 관계 안에 머무른다. 그러다가 어느 정도 관계의 강도가 깊어지면 자신을 지키기 위해 그 관계에서 벗어난다. 관계의 융합으로 이끄는 힘은 여전히 거기에 있지만, 관계에의 밀착보다는 억압으로 나아간다.

고립된 관계 유형에 해당하는 교인들은 서로 연결성을 유지하기는 하지만 그 강도는 약하다. 교회별 관계에서도 이 유형의 교회는 다른 교회들과 잘 연대하지 않는다. 도리어 주변 세계와 괴리되고 스스로를 고립시키는 방향을 택한다. 그러나 자신들의 내부적 경계선 안에서는 긴밀한 밀착 관계를 유지할 수 있다. 사교 집단들에서 종종 이러한 방식으로 접근하는 것을 알 수 있다.

이러한 관계 방식은 시간이 흐름에 따라 혹은 관계에 따라 달라질 수 있다. 아주 의존적이고 수줍으며 관계에 매달리던 어린 소년이 청소년이 되어서는 몹시 반항적이고 거만하며, 거리를 두는 모습으로 바뀔 수 있다. 어려서는 부모님을 기쁘시게 하고 기대에 순응함으로써 융합된 근접 상태를 유지하였지만, 나중에는 불순종하고 거부하여 부모의 심정을 뒤집어 놓을 수 있다. 그러면서도 여전히 부모와 융합되어 있지만 이제는 거리를 둔 관계를 유지하는 것이다.

이 소년과 부모는 관계의 융합이라는 측면에서 실제적으로 변한 것이 없다. 단지 그 관계가 다르게 표출된 것뿐이다. 청소년이 되자 전에 부모님께 그러했던 것처럼 이제는 친구들에게 정서적으로 의존적이고 순응하는 태도를 취하는 것이다. 이제는 친구들에게서 인정과 수용을 받고 싶어하면서 혹시라도 그들이 자기를 거절할까 봐 두려워한다.

정서적 거리와 고립의 또 다른 형태는 관계 안에 머무르면서도 서로의 차이가 공개적으로 드러나거나 갈등 요소가 발생하지 않도록 노력하는 것이다. 이러한 노력은 관계의 생명력을 갉아먹을 수 있다. 이러한 관계는 아주 단조롭고 지루할 수 있다. 아무 새로운 일도 일어나지 않고 흥미로운 것도 없다. 교회 내에는 이러한 방식으로 살아가는 사람들이 있게 마련이다. 때로는 교회 전체가 이러한 모습을 보이기도 한다.

어떤 사람들은 가족들과의 관계에 갈등이 있을 때 그러한 문제에 대한 대처 방식으로 가능한 한 멀리 떨어져 살며 서로 보지 않으려고 한다. 이 교회 저 교회 옮겨 다니는 사람들도 이러한 유형에 속한다. 이러한 방식이 당장은 감정적 긴장을 가라앉히지만 융합된 관계에서 벗어나게 하는 것은 아니다. 그래서 어디를 가든지 이러한 반응이 따라다니며 새로운 관계에서도 어느 시점이 되면 똑같은 정서적 반응을 보이게 만든다. 보웬이 지적한 바와 같이, "시간과 거리는 결코 정서 체계를 속이지 못한다."

이러한 유형의 사람들은 교회에 전혀 관심을 보이지 않을 수 있다. 어떤 종교나 단체생활에도 연루되려고 하지 않는다. 극단적으로 비종교적인 양태를 보이는 사람들도 있다. 관계에 매우 인색한 태도를 취하는 것이다. 그래서 자신에게 가까이 접근하는 사람들과 다투거나 공격적인 행동을 하는 경우가 있다. 종교적 관점에 대해 서로 충돌하기도 한다.

하워드 휴즈(Howard Hughes, 미국의 유명한 영화제작자)는 이러한 기능적 관계 유형을 대변한다고 볼 수 있는 유명한 고립주의자였다. 그는 가족들과의 관계뿐 아니라 점차적으로 친구들과의 관계도 단절하고 자신을 고립시켰다. 인생의 말년에는 다른 사람들에게서 세균이 전염될 것을 두려워하여 사람들을 의심하였고, 세상을 떠나는 시점에는 어느 누구와도 의미 있는 관계를 맺고 있지 못하였다.

개인적으로 잘 분화된 교회의 리더들은 이러한 사람들의 거리 두기나 고립적인 자세가 정서적 안정이나 안전을 얻기 위한 방식이며, 불안감을 감소시키고, 자기 자신의 존재감을 유지하기 위한 것이라는 점을 이해할 수 있다. 그래서 이러한 유형의 사람들과 관계할 때 그들의 문제를 민감하게 고려하며 그들에게 안전감을 주는 것에 우선순위를 부여한다. 좋은 리더란 다른 사람들이 정서적으로 안전감을 느낄 수 있도록 충분히 안전한 분위기를 창출해 낼 줄 아는 사람들이다.

연결형 관계

'분화된 연결성'(differentiated connected)을 유지하는 사람들은 지금까지 살펴본 두 가지 유형의 사람들과 큰 차이가 있다.

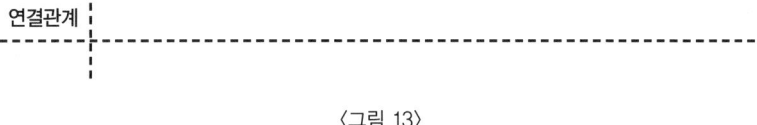

〈그림 13〉

좀 더 분화된 근접성을 유지하는 사람들은 상대방으로 인해 자아가 상실되는 일이 없이 다른 사람들과 연결되고 연합된 느낌, 친밀감 및 상호 이해를 바탕으로 하는 관계를 발전시킬 수 있다. 서로에게 관심을 주고 돌보는 자세를 가질 수 있다. 분화된 근접성은 선한 사마리아인이 강도를 만나 거반 죽게 된 사람에게 긍휼한 마음을 갖고 다가갈 수 있게 하였다. 당시 이스라엘 사람들은 사마리아인들을 이방인으로 취급하였고 자신들의 기준에 따라 부정한 사람들이라고 매도하던 터였다. 그런데 정작 '가까이' 다가와야 할 사람들은 자기 동족을 버리고 멀리 다른 길로 가버렸던 것이다.

분화된 사람들에게 있어서 다른 사람들과 가까이 하고자 하는 내면적 본성은 사람에 대한 끌림과 관심의 차원으로 나타난다. 밀착형의 사람들처럼 다른 사람들의 사랑과 수용, 지지가 필요하기 때문에 그런 것이 아니다. 분화된 연결 상태에 있을 때 우리는 서로를 즐거워할 수 있고, 인생에서 경험하는 좋은 것들을 함께 나누며 기념할 수 있다. 이런 것들은 결국 자신의 행위에서 오는 것이 아니라 자기 자신을 뛰어넘는 그 어떤 것에서 오는 것이기 때문이다.

이러한 근접 관계에서 핵심적인 문제는 다른 사람들과 정서적으로 가까운 접촉을 하면서 동시에 자신의 자아를 유지하고 통제하고 책임질 수 있는 능력이 있는가 하는 점이다. 분화의 정도가 높을수록 우리는 앞에서 제시한 밀착형 관계 사람들에게서 나타나는 요소들에 덜 좌우될 수 있다. 다른 사람들이 인정하지 않거나 협조적이지 않을지라도 자신이 무엇을 원하는지 충분히 숙고하고 결정하며, 정서적인 반발 반응 없이 그 결정에 따라 행동할 수 있다.

사람들이 자신의 자아를 유지하면서 동시에 다른 사람들과 연결될 수 있을 때, 자신이나 집단에 닥치는 도전과 어려움들을 차분하게 생각하고 직면하는 능력 또한 상승한다. 서로에 대해 개방적이고 명료하며, 상호적인 관심을 보일 수 있다. 협동성도 증진된다. 어떤 만남이나 관계의 과정에서 자신이 취한 역할이나 부분들에 대해서도 기꺼이 책임을 지려고 한다.

이러한 연결성은 상하구조의 위계적 관계 속에서도 일어날 수 있다. 사람들은 더 이상 위계구조에 따라 그 역량과 수준이 평가되지 않는다. 지위에 따라 어느 한 사람에게만 리더십이 집중되는 현상도 사라진다. 대신 전문성이나 분야 등에 따라 다양한 사람들에게 리더십이 나누어진다. 잘 분화된 체계 구조를 가진 집단에서는 위계구조의 상층부나 낮은 위치에 있는 사람을 불문하고 다른 사람에게서 위협감을 느끼거나 집단 구성원들 간에 비생산적인 경쟁의식에 사로잡히는 경우, 혹은 그런 느낌을 받는 정도가 낮아진다.

분화된 유형의 사람들은 함께 드리는 예배나 의식을 통해 어떤 영적 경험을 하는 것에 대해서도 자유롭다. 그들은 그러한 활동들을 함께하는 것을 즐거워한다. 하지만 그러한 주관적인 영적 경험들이 자신의 객관성을 제한한다고 생각하지는 않는다. 다시 말하면, 잘 분화된 사람들은 사고의 영역이나 감정의 영역 어떤 부분에서든 큰 장애 없이 함께 기능하며 관계를 유지할 수 있다.

분화의 수준이 높은 교회나 단체는 대개의 경우 잘 정의된 확신과 믿음대로 일관성 있게 따른다. 성도들의 대다수는 자신들의 믿음과 잘 합치되는 방식으로 행동한다. 이러한 신앙적 가치관이나 확신을 어떤 외부적 압력에 의해 바꾸거나 다른 사람들의 지지를 얻기 위해 그러한 확신을 가지려고 하지 않는다.

동시에, 이러한 교회에서는 항상 대화의 문이 열려 있고, 새로운 정보나 증거에 귀를 기울이려고 한다. 어떤 교조적 입장에 빠져 무조건 그것을 방어하려고 하지 않는다. 강한 확신과 믿음을 견지하지만 경직된 것은 아니다. 교회의 확신이나 믿음을 비판하는 사람들과도 기꺼이 만나고 그들의 입장에 귀를 기울이며 그들이 하는 말을 신중하게 고려하는 자세를 유지한다.

이러한 사람들은 교회나 교단의 상층부에 있는 권위자들과의 관계에서도 불편함이 별로 없으며 그들을 존중한다. 권력이나 권위, 위계

구조 등은 단체의 운영이나 정책 집행을 위한 현실적 요소들로 인식하고, 그것에 대해 투쟁하거나 대항해야 할 어떤 악의 구조나 요소들이라고 보지 않는다. 이러한 현실적 요소들에는 저마다 나름의 한계들이 있다는 것을 안다. 그래서 각 사람들이 수많은 책임들을 다 감당할 수 있을 것이라는 지나친 기대를 갖지 않는다. 대신 지도자나 각 구성원들이 서로 위계질서를 존중하는 가운데 그 질서를 따라 늘 열린 대화를 나누고 자신의 본분을 다하려고 한다.

단독형 관계

다른 사람들과 가까우면서도 분화된 관계를 유지할 수 있는 사람들의 특성은 기능적 관계 유형 그래프의 우측 상단에 위치한 '분화된 단독형'(differentiated alone)의 기능적 관계 방식을 가진 사람들에게서도 유사하게 드러난다.

〈그림 14〉

잘 분화된 개별성을 가진 사람들은 상황에 따라서 단독으로 자기 혼자 설 수 있는 용기와 능력을 갖고 있다. 이때 자신이 하는 일에 대해 다른 사람들의 정서적 지지나 인정, 칭찬이 없어도 상관이 없다. 다른 사람의 비판을 두려워하거나 그것을 회피하려고 하지 않는다.

자신의 입장에 대해 굳이 승인과 지지를 얻으려고 하지도 않는다. 자기 자신을 지키고 자아를 유지하기 위해 굳이 다른 사람의 협조가 꼭 있어야 한다고 보지 않는다.

그렇다고 해서 이렇게 단독적인 입장을 취하는 과정에서 관계의 '외로움'을 느끼지 않는다는 의미는 아니다. 단지 그러한 감정에 의해 좌우당하지 않는다는 것이다. 우리는 예수님의 십자가 사건과 관련하여 예수님이 최소한 세 번 이러한 감정을 느끼신 것을 목격할 수 있다. 첫째 잡히시기 전 겟세마네 동산에서 자신이 홀로 직면해야 할 상황이 다가오는데 함께 "깨어"있지 못하는 제자들을 책망하실 때, 둘째 예수님이 잡히시자 혼란에 빠진 제자들이 자신을 부인하고 버릴 때, 셋째 십자가에서 왜 자기를 버리시느냐며 하나님을 향해 외치실 때, 예수님은 그런 감정이 드셨다. 예수님은 늘 하나님의 임재를 깊이 경험하셨다. 그러나 십자가에 달리셨을 때 그는 단독자로서 철저히 홀로 그 시간을 맞이하였다.

고립형의 사람들은 다른 사람과 융합된 상황에서 그에 대한 반발 반응으로 정서적인 거리를 유지하려고 한다. 그러나 단독형의 사람들은 의도적으로 홀로 되려고 하지 않는다. 이것은 분화된 사람들의 목적이 아니다. 하지만 자신의 행동에 따라 불가피하게 이러한 결과가 발생할 수 있다는 것을 알고, 그런 상황이 발생한다고 해서 놀라거나 하지 않는다. 하나님이 우리에게 요구하신다고 생각하는 것에 따라 혹은 자신의 확신이나 어떤 원리에 따라 소신껏 행동할 때, 우리는 단독자로서 깊은 외로움을 느낄 수 있다. 아무도 우리를 지지하지 않을 수 있다. 우리가 갖고 있는 확신으로 말미암아 조롱을 받을 수도 있다.

때로는 스스로 홀로 있기를 원할 때가 있다. 그것은 고독함을 추구할 때다. 이 유형의 사람들이 이러한 시간을 추구하는 것은 다른 사람에 대한 정서적인 반발 작용으로 하는 것이 아니다. 도리어 자신의 생각과 확신, 목적과 가치 등을 명료화하기 위해, 그래서 다른 사람들과 더 잘 연결되기 위해 의도적으로 이러한 시간을 갖는다. 고독은 우리 자신을 더 잘 알아가는 것이다. 그래서 우리가 다른 사람들에게 어떤 사람이 되어야 할지를 더 명료하게 알아갈 수 있게 한다. 고독은 좀 더 명료한 관점과 객관성을 증진시키기 위한 것이다.

고독한 시간이나 기도하면서 홀로 있는 과정을 통해 우리는 감사의 자세를 함양하고, 더 부드러워지며, 더 애정어린 관심과 사랑이 넘치는 사람이 될 수 있다. 그리고 가까운 사람들에 대해 더 자애로운 자세를 취할 수 있게 된다. 자신의 약점이나 부족한 점들뿐 아니라 살면서 경험하는 고통스러운 실패들에 대해서도 좀 더 정직하게 직면하는 데 도움이 된다. 나아가 이러한 시간은 자신을 위해 구체적인 계획들을 세우는 출발점이 될 수 있으며, 앞으로 자신이 어떻게 되기를 원하는지에 초점을 맞추도록 도움을 줄 수 있다.

단독형의 사람들은 오랜 숙고를 통해 영적인 확신이나 가치관을 명료하게 구축하고 그것을 자기의 믿음과 가치관이라고 말할 수 있다. 이런 사람은 다음과 같이 말하는 것을 주저하지 않는다. "나는……믿는다", "나는……생각한다", "나는……느낀다", "나는……할 것이다", "나는……하지 않을 것이다." 이런 말을 할 때 자신의 확신이 다른 사람이나 권위자에게 받아들여질 수 있는 것인지에 대해 전전긍긍하며 확인하려고 하지도 않는다.

이들도 분명히 각자의 감정과 열정이 있다. 그렇지만 자신의 주관적인 정서적 경험에 따라 그 삶이 좌우되지는 않는다. 어떤 상황이 발생할 때, 필요하다면 기꺼이 뒤로 물러나 좀 더 객관적인 관점에서 그 상황을 성찰하고 그러한 시각을 회복하려고 한다.

단독형의 사람들은 행동하는 사람이라고 할 수 있다. 자기 자아가 분명하게 발달되고 견고할 때 자신의 안녕을 위해, 그리고 그것을 강화시킬 수 있는 방법을 강구하며 행동으로 옮긴다. 그러나 다른 사람에게 피해를 주거나 희생시키면서까지 그렇게 하는 것은 아니다. 다른 사람들이 원하기 때문이 아니라 자신의 확신과 원리, 목표와 가치에 따라 다른 사람들과의 관계를 유지한다. 자신에 대해 스스로 책임을 지며, 다른 사람이 책임져야 할 일에 불필요하게 뛰어들어 그것을 상쇄하거나 무책임한 태도를 고양시키는 행동을 취하지 않는다.

이들에게는 고백된 믿음과 표출된 행동 사이에 일관성이 있다. 말과 행동은 서로 연결되어야 한다. 성경은 이것을 하나님의 특성으로 소개하고 있다. 창세기의 앞부분과 요한복음의 첫 구절들에서 하나님의 말씀과 행동은 하나이자 동일한 것으로 묘사되고 있다.

우리는 이처럼 자신의 확신에 따라 홀로 일어설 수 있는 능력을 예수님과 바울의 생애에서 반복하여 보게 된다. 구약과 신약에서는 다양한 인물들의 이야기를 지속적으로 제시하고 있다. 마틴 루터(Martin Luther)가 급진적이고 이단적인 생각이라며 입장을 바꾸라고 요구하였던 교회 지도부를 향해, 자신의 입장을 밝히며 바꿀 수 없다고 외칠 수 있었던 것도 바로 이러한 능력에서 온 것이었다.

루터가 교회와 결별하였던 것은 그가 의도한 바가 아니었다. 그가 의도한 것은 자신이 옳다고 확신하는 것을 분명히 표명하는 것이었다. 그러나 융합된 동일성을 요구하였던 교회 교부들은 그에게 확신을 철회하지 않으면 교회로부터 단절시키고 파문하겠다고 위협하였다. 그가 자신을 이단으로 몰아 교회에서 파문하고 관계를 단절시키려고 하는 사람들에 맞서 단독자로 홀로 일어서기 위해서는 강한 정서적 용기와 능력이 있어야 했다.

3차원적 관계 접근

우리가 지금까지 살펴본 네 가지 기능적 관계 유형의 도표는 2차원적인 것으로 기능적 관계 유형에 대한 이해를 지나치게 단순화시키는 한계가 있다. 책 또한 우리를 2차원의 세계에 머물게 하여 제한적일 수밖에 없다. 따라서 우리는 상상력을 동원하여 제3의 차원인 시간의 요소를 이해할 수 있어야 한다. 우리는 어떤 개인이나 교회를 볼 때 시간이라는 연장선상에 놓고 보는 것이 필요하다. 그들은 시간의 흐름에 따라 다른 입장을 보일 수 있다. 어떤 상황에서 어떤 사람들과 관계를 하느냐에 따라 관계의 모습은 달라진다. 또한 정서적 강도나 불안의 정도에 따라 서로 다양한 모습으로 나타날 수 있다.

사람들이 이 유형에서 저 유형으로 변하고, 좀 더 분화된 상태에서 융합된 관계의 모습으로 나타나는 것은 대개의 경우 개인이나 그가 속한 교회, 혹은 단체 내에 존재하는 불안 수준에 따라 좌우된다. 불안 정서가 높아질수록 사람들의 관계 유형은 아래로 내려가 융합된 관계의 모습을 드러내게 된다. 불안 정서가 만성적으로 높게 되면 사람들은 장기간 혹은 평생에 걸쳐 그러한 관계 유형을 나타내게 될 것이다.

잘 분화된 사람들에게 있어서도 관계의 유형은 변할 수 있다. 스트레스가 많아지고 그것이 오래 지속되면 사람들은 어떤 융합된 방식으로 기능하기 시작한다. 그러나 차분하고 안정된 삶이 지속되고 속을 뒤집어놓는 상황들이 발생하지 않는다면 만성적으로 불안하여 융합된 관계의 특성을 보이는 사람이라 할지라도 잘 분화된 모습으로 나타날 수 있다.

생각할 것들

자신과 관련하여

1. 당신은 앞에서 다룬 네 가지 기능적 관계 유형 도표 중 주로 어떤 부분에 머물러 있는가?

2. 이런 익숙한 관계 유형에서 벗어나 당신이 다른 모습을 보이게 하는 사람과 상황들은 어떤 것인가?

3. 당신이 주로 밀착형이나 고립형 등 관계 기능의 아랫부분에 위치해 있다면, 계속 그러한 상태에 머물러 있게 하는 것은 융합의 어떤 측면인가?

4. 사람은 인간관계에서 버림받거나 함몰될 것에 대한 어느 정도의 두려움은 대개 다 가지고 있다. 당신 안에 이러한 감정을 자극하는 사람들이나 상황은 어떤 것들인가?

5. 다른 사람들과의 관계에서 서로 상당히 달랐지만 여전히 상대방

에 대한 관심을 유지하면서 좋은 연결 관계를 유지했던 경우를 생각할 수 있는가? 당신의 어떤 점이 이렇게 하는 데 도움이 되었는가?

6. 당신이 갖고 있던 어떤 확신으로 말미암아 단독적으로 행동하였던 경우를 생각할 수 있는가? 그러한 입장을 취할 때 어떤 느낌이 들었는가? 그렇게 할 수 있도록 도움이 되었던 것은 무엇인가?

7. 강한 믿음과 높은 분화 수준 사이에 연계성이 있다고 가정할 때, 당신에게 있는 어떤 분화의 모습이 더 견고한 믿음의 사람이 되는 데 도움을 주는가?

그룹 토론을 위하여

1. 당신의 교회는 밀착형 교회인가 아니면 고립형 교회인가? 그렇게 생각하는 이유는 무엇인가?

2. 당신의 교회에서 어떤 문화적 요소가 믿음과 융합되어 그것이 우상처럼 인식되거나 받아들여진 적이 있는가?

3. 가족은 항상 우선적으로 함께 있어야 한다거나 민족주의와 같은 확신이 당신의 교회에서 우상처럼 받아들여진 때가 있는가? 그런 측면이 있었다면 어느 정도나 그러했는가?

4. 당신 교회가 주변의 문화나 그 문화 안에서 살아가는 사람들의 삶의 현실로부터 거리를 두거나 스스로를 고립시키는 측면이 있다면 어떤 방식으로 그렇게 하는가?

5. 기능적 관계 유형 그래프에서 볼 때, 당신의 교회와 교회가 속한 교단의 관계는 어느 유형에 속한다고 보는가? 교회는 교단의 권위와의 관계에서 어떤 모습을 보이는가? 당신은 이 점에 대해 어떻게 생

각하는가?

6. 당신이 속한 교회나 단체의 구성원들은 고독한 시간을 갖는 것이 자신의 믿음과 목표, 헌신과 가치관, 그리고 자아의식을 명료하게 하는 데 얼마나 도움이 된다고 생각하는가?

7. 신약성경에 나타난 사도들의 삶을 돌아볼 때, 그들은 기능적 관계 유형 그래프에서 각각 어디에 해당하겠는가? 어떤 본문을 읽고 그들이 그러한 관계 유형을 갖고 있다고 판단하는가?

CREATING A HEALTHIER CHURCH

교회 안에서의 삼각관계

너희 중에 죄 없는 자가 먼저 돌로 치라 [요 8:7].

오직 사랑 안에서 참된 것을 (말)하여…… [엡 4:15].

삼각관계란 무엇인가?

밸리 뷰 교회에서 해리가 성전의 꽃들을 치운 것을 알았을 때 마리는 화가 나서 로이 목사에게 그것을 따지며 불평하였다. 마리는 자신이 해리에게 아무런 영향력을 행사할 수 없다는 것을 알고 좀 더 '높은' 권위를 갖고 있다고 생각한 로이 목사에게 찾아가 해리와의 싸움에서 도움과 지지를 받고자 했던 것이다. 마리는 이 과정에서 순간적으로 자신과 해리, 그리고 로이 목사와의 사이에 삼각관계를 형성하였다. 마리와 로이는 함께 가까운 관계에 있고, 해리는 약간 떨어져 나간 자리에 위치하고 있다.

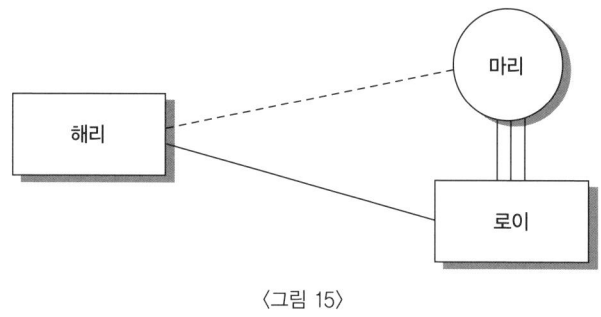

〈그림 15〉

마리는 해리와의 갈등을 자신이 직접 해결하기보다 로이 목사가 대신 처리해 주기를 바랐다. 그녀는 해리보다는 로이 목사와 이야기하는 것이 더 편했다. 그리고 로이 목사는 해리와 이야기하는 것을 별로 불편해하지 않을 것이라고 생각하였다.

로이 목사는 마리 앞에서 "이것은 당신과 해리가 풀어야 할 문제이지 내가 관여할 일이 아닙니다"라고 말하지 못하고 마리가 요구한대로 하겠다고 동의함으로써 삼각관계의 한 부분이 되었다. 사실상 로이는 그녀의 요구에 동의하는 것이 아니었다. 하지만 그녀와의 가까운 관계를 해치고 싶지 않았기 때문에 자신은 동의하지 않는다는 사실을 드러내지 않았다. 이러한 상황에서 로이가 해리를 만나게 되면 아마 이렇게 말할 수 있을 것이다. "꽃 문제 때문에 마리가 좀 흥분되어 있어요. 그러나 나는 이 문제를 너무 심각하게 생각하고 싶지는 않아요. 해리, 당신도 알다시피 마리는 남이 자기 영역을 침범하는 것을 좋아하지 않잖아요. 조금 지나면 괜찮아질 거예요. 내가 한번 마리와 이야기해 보지요." 이렇게 함으로써, 로이는 삼각관계의 꼭지점을 이동하여 해리와 가까운 관계를 유지하고 마리는 바깥 위치에 있게 된다.

이상에서 본 바와 같이, 로이 목사는 마리와 가까운 관계를 계속 유지하고 싶어한다. 그래서 절대로 자신이 생각하는 속마음을 직접적으로 말하지 않는다. 그렇게 함으로써 결국에는 누가 누구에게 어떤 목적으로 무엇을 이야기하는지 아무도 신뢰할 수 없게 되고, 관련된 사람들은 모두 혼란에 빠지게 된다.

탱고를 추려면 두 사람 이상이 필요하다

우리는 어떤 관계를 생각할 때 대개 두 사람의 관계를 생각한다. 그러나 인간관계 내에 존재하는 정서 체계의 본질을 알게 되면 관계에 두 사람만 관여된다는 것은 불가능하다는 것을 이내 알게 된다. 어떤 두 사람이 서로 알고 지내는 관계에 있을 때, 여기에 이들 두 사람만 있는 것이 아니다. 그들의 관계는 각각 다른 사람들과의 관계라는 네트워크 안에서 이루어지는 것이다. 두 사람이 자기들만의 일대일 관계를 유지한다는 것은 어려운 일이다. 두 사람의 분화 정도가 높을수록 이들은 그 관계를 오랫동안 유지할 수 있을 것이다. 갈등 상황 속에서도 제3자를 둘 사이에 끌어들이거나 거리를 두지 않고 관계를 지속할 수 있다. 그러나 둘 사이에 불안과 긴장감이 높아질 때 두 사람의 관계는 유지하기가 어려워진다.

사람들의 관계 체계 안에 불안감이 증폭될 때 삼각관계가 좀 더 빈번하게 발생하고, 관련된 사람들에게 큰 상처를 주게 된다. 그러므로 교회 리더들은 삼각관계를 잘 이해하고 있어야 한다. 그래서 자기 안에 어떤 불안감이 발생할 때 그것을 낮추고 정서 체계로부터 자신을 분화시킬 수 있어야 한다. 나아가 교회 안에 형성되는 삼각관계들을 인식하고 그 과정에 참여하지 않도록 주의해야 한다.

　삼각관계의 개념은 체계 이론이 우리에게 주는 가장 중요한 기여 가운데 하나다. 이 개념은 인간의 정서가 더 큰 체계 안에서 어떻게 기능하는지 이해할 뿐 아니라 그것을 예측할 수 있도록 도와준다. 이를 통해 우리는 사람들이 왜 그렇게 행동하는지 그 동기를 막연히 추측하는 것에서 벗어나 인간관계 속에서 실제로 누가, 언제, 어디에서, 무엇을, 어떻게 하였는지에 초점을 두고 살펴보게 된다. 이러한 사실적 질문들을 탐색함으로써 막연한 동기 추적이나 혼란스러운 주관적 세계에 빠지는 것을 예방할 수 있다.

　삼각관계를 이해하는 것은 각 개인이 더 큰 체계 안에서 어떤 기능을 하는지 보는 데 도움이 된다. 그 맥락 안에서 각 개인을 볼 수 있게 되는 것이다. 일단 이러한 삼각관계의 개념을 인식하게 되면, 이러한 정서적 삼각관계가 우리의 일상생활 전반에서 일어나고 있다는 것을 알게 될 것이다.

삼각관계의 기능

　사람들이 삼각관계를 형성할 때, 거기에는 대개 두 가지 목적이 있다. 즉, 하나는 불안을 완화시키는 것이고, 다른 하나는 서로에게 있는 차이점들과 정서적 갈등을 봉합하려는 것이다. 이런 과정을 통해 실제 논점과 책임성의 문제는 흐지부지되고 모호해진다. 그리고 불안 정서가 삼각관계를 형성하는 하나의 관계에서 다른 관계로 흩어지면서, 감정은 견딜 만하게 된다.

　삼각관계는 세 꼭지점으로 구성되어 있다. 대개 두 꼭지점은 가까이 있고, 다른 하나는 바깥 부분이나 먼 거리에 위치한다. 이것을 그림으로 그리면 다음과 같다.

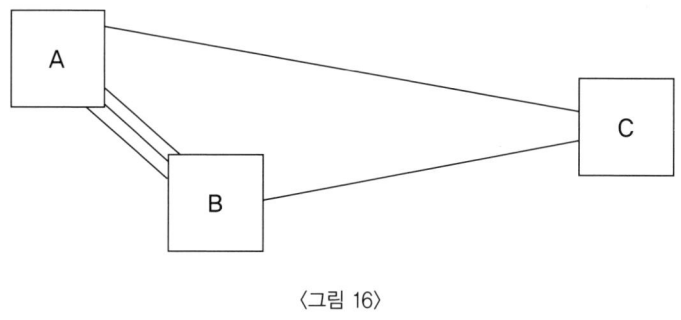

〈그림 16〉

대체로 모든 것이 평안할 때에는 가까운 관계에 있는 두 사람 사이에 맞추어야 할 문제가 별로 없다. 자신들의 관계에 만족하고 크게 염려되는 것도 없다. 그러다가 두 사람 사이에 어떤 차이점들이 눈에 들어오기 시작하면 둘 중의 어느 한 사람이 먼저 그러한 상황에 대해 불편함을 느낀다. 그리고 그 불편한 수준이 높아지면서 제3자를 향해 움직이기 시작한다. 밸리 뷰 교회의 경우를 통해 보았듯이, 마리는 해리가 자신의 요구에 반응을 보이지 않자 불편한 마음이 들기 시작하였다. 그리고 해리에 대한 불만을 갖고 그를 떠나 로이 목사에게 다가갔다. 자기 대신 해리를 어떻게 해주기를 바랐기 때문이다.

이러한 일은 부부 사이에서도 흔히 일어난다. 부부관계에 불만을 가진 아내가 목회자를 찾아가 목회자가 자기 남편을 어떻게 해서 자신이 원하는 사람으로 변화시켜 주기를 바라는 것이다. 그렇게 되면, 아래 그림에서 나타나듯, 목회자를 찾아간 아내와 목회자는 가까운 관계를 형성하고 불만의 대상이 된 남편은 바깥에 떨어져 있는 구도를 형성하게 된다.

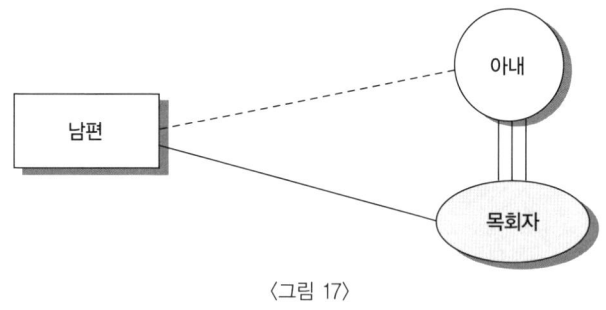

〈그림 17〉

이 부부의 갈등 상황은 다른 삼각 구도로 나타날 수도 있다. 예를 들어, 아내가 늘 남편을 비난하고 자신이 원하는 대로 변화시키려 한다고 하자. 그 때문에 자아의 상실(함몰)을 경험한 남편은 아내로부터 벗어나(혹은 비난으로부터 벗어나) 제3자에게서 어떤 위로와 쉼을 얻기 위해 그에게 가까이 다가갈 수 있다. 물론 그 사람은 이러한 남편의 접근을 환영할 수도 있고 아닐 수도 있다. 어쨌거나, 그가 이 남편을 환영하고 수용한다면 다음과 같은 전형적인 '삼각관계' 구도가 형성된다.

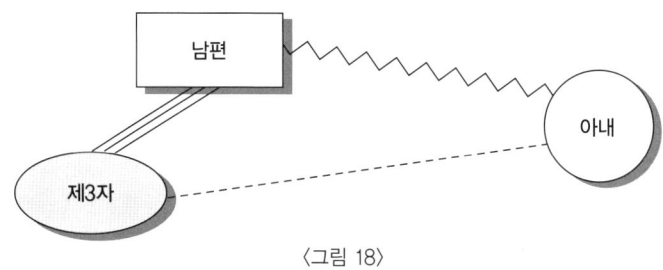

〈그림 18〉

이러한 삼각관계의 예는, 아들이 술을 끊고 열심히 교회에 참석하기를 바라는 아버지가 이에 관해 목회자와 상의하는 과정에서도 생겨날 수 있다. 이때 목회자가 도와주기로 하면 이 두 사람 사이에는 가까운 관계가 형성된다. 그래서 이 두 사람이 뭉쳐 아들을 변화시키려고 하면 아들은 그것에 반항하여 더 거리를 두고 술을 더 많이 마시는 반응을 보일 수 있다. 이러한 경우에 두 가지 삼각관계의 구도가 형성될 수 있다. 그 하나는 다음과 같다.

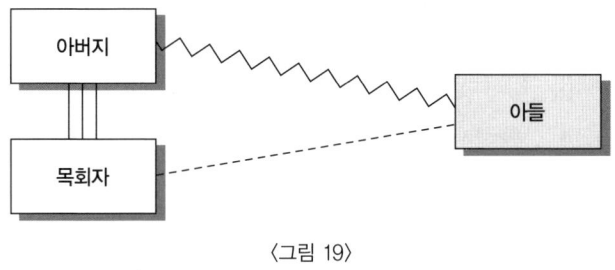

〈그림 19〉

다른 삼각 구도는 아버지와 목회자가 함께 아들로부터 멀어진 관계에 있고, 아들은 술과 더 연결되는 경우다.

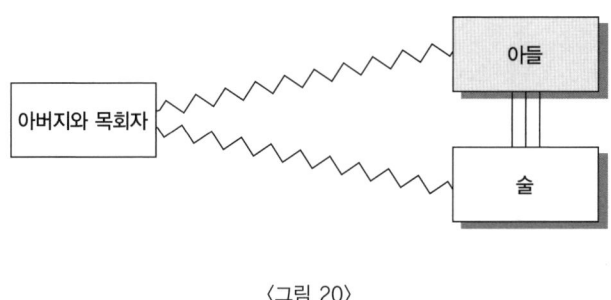

〈그림 20〉

사람들은 때로 갈등 상대와 거리를 두고 있을 때 더 편안하게 느낀다. 예를 들면, 부부가 서로 다투고 논쟁하는 불편한 상황에 있다고 하자. 그러면 이 상황을 좀 더 불편하게 느끼는 사람이 자녀와 삼각관계를 형성하려고 한다. 그러나 자녀는 이러한 관계 구도에 끌려들어 가는 것을 원하지 않는다. 그리고 그러한 상황에서 벗어나 있고 싶어한다.

이처럼 스트레스와 정서적 불안정감이 높을 때, 사람들은 관계의 거리 밖에 머물러 있으려고 한다. 그럴 때 더 편안함을 느끼기 때문이다. 이를 통해 그들은 당면한 문제나 상황에서 자신들이 관여되어 있는 부분에 대한 책임을 지지 않거나 그것에서 물러나 있으려고 하는 것이다. 밸리 뷰 교회의 로이 목사는 교회를 사임함으로써 모든 불편하고 복잡한 상황에서 벗어나고픈 충동을 느꼈다. 그것은 교회의 다른 핵심 구성원들에게도 마찬가지였다. 그중 하나가 주일학교 담당자인 모린 니븐이었다. 주일학교 학생수가 감소하자 모린은 이에 대해 비난을 받을 것이 두려웠다. 그래서 이러한 불편한 상황에서 빠져나감으로써 거기에서 오는 긴장감을 해소할 필요성을 느꼈다.

삼각관계의 구도에서 그러한 관계 거리의 변화는 빈번하게 일어난다. 즉 가까운 사람과 먼 사람이 변하는 것이다. 이러한 이유로 삼각관계는 그 자체로 역동적이며, 종종 연속극처럼 드라마틱한 장면을 연출하기도 한다. 그리고 연속극에서 보듯이, 더 많은 변화가 일어나는 것처럼 보일수록 관련된 당사자들은 더 오래 같은 상태에 머물러 있게 된다. 삼각관계 속에 있는 사람들의 거리가 다양하게 변하는 것 같지만 실상 그들에게는 아무런 변화도 일어나지 않는 것이다. 변화가 일어난다는 것은 그 삼각관계의 구도 밖으로 나오는 것을 의미한다. 관련된 모든 사람들과의 관계는 유지하되 더 이상 삼각관계의 드라마에 머물러 있지 않는 것이다.

삼각관계 찾아내기

많은 경우에 삼각관계를 찾아내기란 그리 어려운 것이 아니다. 그러나 로이 목사와 마리, 그리고 해리의 경우처럼 감춰진 상태로 진행되는 것들도 있다. 삼각관계를 찾아내는 최고의 열쇠는 관계 상황에 어떤 혼란스러운 느낌이 드는지 여부를 살피는 것이다. 어떤 상황에서 무언가 빠진 것처럼 느껴지거나 이해가 안 되는 상황이 발생할 때면 삼각관계를 의심해 볼 수 있다. 그 상황에 다른 누군가, 다른 무엇인가가 개입되어 있지는 않은가?

교회에서 어떤 사람이 다가와, 당신이 특별히 알아야 할 필요도 없는데 일부러 찾아와서 다른 사람에 대해 부정적인 이야기를 한다면, 그가 삼각관계를 형성하려고 한다는 것을 의심할 수 있다. 이러한 이야기를 들음으로써 당신은 상대방과 어느 정도 특별한 관계 '안에' 있다는 느낌을 받을 수 있다. 그러나 당신에게 다른 사람에 대한 이야기를 늘어놓는 사람은 그와 똑같은 방법으로 다른 사람에게 당신에 대해 이야기하고 다닐 가능성이 크다는 것을 기억해야 한다.

밸리 뷰 교회의 롤리 맥과이어는 문제의 주일 아침에 남편 스튜와 로이가 논쟁한 것에 대해 자기 '친구들'에게 전화로 알렸다. 그들은, 마치 삼각관계에서 서로 가까운 연대를 맺고 있는 양자관계인 것처럼, 이 사실에 귀를 기울이며 관심을 보였고 그럴듯하게 반응하였다. 그러나 롤리가 대화를 나눈 사람들 중에서 그녀를 별로 좋아하지 않던 두 사람은 다른 친구들에게 '롤리가 목회자에 대한 소문을 퍼뜨리고 다닌다'고 귀띔하였다. 이를 통해, 롤리는 자신도 모르는 사이에 소문과 관련된 삼각관계의 초점이 되고 말았다.

제3교회의 사라는 어느 날 교회의 봅 스팀슨 목사를 찾아가 자기 남편에 대한 불만을 털어놓았다. 그리고 봅 목사에 대해서는 남성으로서 참 자상하고 섬세하다는 칭송을 늘어놓았다. 그녀는 이런 방식의 대화를 통해 봅 목사를 삼각관계의 가까운 양자관계에, 그리고 남편은 멀리 떨어진 자리에 위치시킨 것이다.

그러나 봅 목사는 삼각관계의 위험성을 잘 인식하고 있었다. 그리고 로이 목사가 마리에게 했던 것과는 달리, 사라와 그녀의 남편과 자신의 관계에서 자기가 있을 곳이 어디인지를 분명하게 파악하였다. 그래서 남편에 대해 이야기하기를 원하는 사라에게 자신이 할 수 있는 것과 하지 않을 것을 분명하게 말하였다. 즉, 사라와 그녀의 남편을 함께 만나 이야기하든지 아니면 (삼각관계를 다루는 경험이 더 많은) 훈련된 목회상담자에게 그녀를 위탁하는 것이었다. 이처럼 삼각관계의 존재를 인식함으로써 봅은 사라 부부와 자신의 목회적 관계가 위험에 처할 수도 있었던 상황을 예방할 수 있었다. 그리고 로이가 마리와의 관계에서 그런 것처럼, 갈등 상황에 있는 사라를 통해 봅 목사 자신의 필요를 충족시키려고 하는 행동을 피할 수 있었다.

봅은 사라나 그녀의 남편에 대해 이러쿵저러쿵 어떠한 언급도 하지 않았다. 그들 부부관계의 어려움에 대해 사라의 이야기를 듣고 편을 들거나 그 상황이 누구의 책임인지 규명하려고 하지도 않았다. 자기에게 찾아와 입발린 말을 하는 것에 현혹되지 않았고, 정서적 지지를 구하는 친밀한 관계를 시도하는 것에 대해서도 비난하는 방식으로 대하지 않았다. 그는 자신이, 사라가 기대하는 대로, 그녀를 불쌍히 여기고 지지하는 행동을 보인다면 당장은 좋아하겠지만, 궁극적으로는 그러한 접근이 그녀나 그녀의 남편 모두에게 도움이 되지 않을 것이라는 사실을 알았다. 그렇게 되면 자신도 삼각관계를 만드는 데 참여하는 결과를 가져올 것이고, 관련된 모든 사람들에게 혼란과 어려움만 주게 될 것이었다.

한편, 삼각관계의 각 꼭지점에는 한 사람만 있는 것이 아니라 그 이상도 있을 수 있다. 때로는 어떤 그룹 전체, 사물 혹은 어떤 문제가 삼각관계의 한 부분을 차지하기도 한다. 그렇게 되면 삼각관계를 찾아내기란 더 어려워질 수 있다. 삼각관계는 교회마다 혹은 그 시대마다 다른 모양으로 형성될 수 있다. 그러나 교회에서 흔히 일어나는 삼각관계의 모습을 추출할 수는 있다. 다음은 그러한 사례들이다.

- 목회자—성가대장—반주자
- 주일학교 교사—학생—학생의 부모
- 위원회 위원들—위원장—목회자
- 교회 회중—목회자—교단
- 교회 간사—담임목사—부목사
- 목회자—목회자의 배우자—한두 명의 교회 성도
- 논란이 되는 어떤 주제나 문제점 그리고 이를 둘러싼 두 위원들
- 교회 예산—선교지향적 그룹—교회사역지향적 그룹
- 교회 예산—재정부—성도들

• 목회자—건축위원회—교회 건물

서로 맞물린 삼각관계들

정서 체계는 대개의 경우 여러 개의 삼각관계들이 서로 맞물린 가운데 상호작용을 하면서 진행된다. 삼각관계는 그것을 둘러싼 정서 체계와 별개로 동떨어져 존재하지 않는다. 체계 안에 있는 다른 삼각관계들과 연관성을 갖고 구성되며 상호작용을 하는 것이다. 체계 안에 불안 수준이 높아지면 그것을 가라앉히기 위해 그 과정에서 더 많은 삼각관계들이 형성된다. 우리는 밸리 뷰 교회의 스튜와 롤리가 다른 사람들에게 전화를 걸어 어떤 일이 진행되고 있는지 이야기한 사실을 통해 이런 현상을 볼 수 있었다.

로이 목사와 스튜, 그리고 래리의 삼각관계는 로이와 래리, 그리고 진 램버트의 삼각관계와 맞물려 있다. 진은 래리의 삼촌이자 교회 건물위원회의 위원이기도 하다. 로이 목사는 진을 생각해서 래리를 고용하는 데 동의하였다. 로이는 특별히 스튜와의 갈등과 관련하여 건물위원회에서 지지자가 필요하다는 것을 느꼈고, 이러한 상황에서 자연스럽게 진을 선택한 것이었다. 진은 로이에게 당시 25세였던 래리를 추천하면서 래리에게는 한 번도 말하지 않은 몇 가지 사실을 언급하였다. "이 아이는 누군가의 지도가 필요합니다. 10년 전에 부모가 이혼을 하고 아버지가 떠난 것이 아이에게 좋지 않은 영향을 주었지요. 래리는 그 일로 인한 영향을 아직 극복하지 못하고 있습니다. 어쩌면 그 일을 자기를 변명하는 수단으로 삼는 것 같기도 합니다. 이 아이에게 관심을 갖고, 그가 책임 있는 젊은이로 성장하도록 도와줄 사람이 필요합니다."

그러나 로이 목사는 진이 기대한 만큼의 역할을 하지 못하였다. 그러자 진은 로이 목사와 래리 두 사람에 대해 자기 아내인 레이타에게 불평하기 시작하였다. 그러면 레이타는 자신이 들은 이야기들을 가끔씩 연락을 하며 지내는 래리의 어머니에게 말했을 가능성이 크다. 이러한 사실을 전해 들은 래리의 어머니는 아들을 보거나 대할 때 다른 사람들의 눈을 통해 보기 시작한다. 래리가 이러한 문제들을 계속 가지고 있는 것은 어떤 면에서 어머니인 자신에게도 도움이 된다. 즉, 이를 통해 그녀는 가족을 버린 전 남편에 대한 원망과 비난을 계속할 수 있기 때문이다.

진과 레이타는 교회의 다른 성도들에게 래리가 어려운 환경에서 자란 사람이라는 사실을 이야기하고 다님으로써 그의 임무 수행에 대해 좀 더 동정적인 태도를 갖도록 유도할 수 있다. 그러나 건물위원회 내에는 교회가 래리를 너무 봐준다면서 그에 대한 불만을 남편에게 털어놓는 사람이 있을 수 있다. 그러면 그 남편은 이 이야기를 다른 사람들에게 전하고, 그것을 들은 사람은 또 다른 사람에게 이 사실을 전하고 하는 방식으로 수많은 교인들이 래리의 생활과 업무 수행에 대해 알게 된다. 그리고 결국은 로이와 스튜 그리고 진이 그런 것처럼, 그들은 저마다 래리에게 교회 관리인의 역할을 계속 맡겨야 할지 아니면 그를 그만두게 해야 할지에 대해 자기 의견을 내놓으며 서로 논쟁하는 현상이 벌어질 수 있다. 정작 당사자인 래리에게는 누구도 이러한 사실을 직접적으로 언급하지 않으면서 말이다.

위치 재조정을 통한 삼각관계 다루기

　삼각관계 안에 어떤 움직임이나 변화가 발생하면 관련된 모든 사람들에게도 변화가 일어난다. 삼각관계의 각 꼭지점이 고무줄로 연결되어 있다고 가정해 보라. 두 사람이 서로 가까워지거나 멀어지면 이들과 연결된 다른 사람들의 관계도 그것에 의해 영향을 받게 된다. 여러 겹으로 맞물린 삼각관계들은 그 안에서 다양한 움직임들이 일어난다 할지라도 대개의 경우 그 체계 안에서 실질적인 변화는 일어나지 않는다. 텔레비전 연속극의 경우를 보면 그렇다. 주인공들과 조연들이 계속 등장하고 장소가 바뀌며, 비밀이 지켜지다가 밝혀지기도 하고, 사람들은 그에 따라 더 가까워지기도 하고 멀어지기도 하고, 복잡하게 이야기가 전개된다. 그러나 실질적으로는 아무것도 변하지 않는다.

　하지만, 정서 체계 안에서 일어나는 어떤 움직임은 그 체계에 유익이 될 뿐 아니라 그 안에 관여된 사람들의 건강에 유익을 끼칠 수 있다. 체계의 위치를 '재조정' 하는 것이다. 연속극에서도 어떤 인물이 이러한 접근을 하면 이야기 전개는 신속하게 달라진다.

　위치 재조정 혹은 탈삼각관계란 삼각관계의 과정에서 이전과 다르게 행동하는 것이다. 물론 자신이 속해 있는 삼각관계에서 완전하게 자신을 분리시킬 수는 없지만, 다른 사람이 아닌 자기 자신에게 초점을 두고 다르게 행동함으로써 삼각관계에 기여하는 자신의 역할을 제한하거나 수정할 수는 있다. 이처럼 자신을 삼각관계에서 분리시키는 노력을 통해 우리는 자신의 위치를 조정할 수 있으며, 체계 안에 어떤 변화를 이끌어 낼 수도 있다.

그 한 예로, 봅 스팀슨 목사는 가끔 부모님을 방문하였는데 그럴 때면 어머니와 단 둘이 있곤 하였다. 그러면 어머니는 봅에게 자기 남편, 즉 봅의 아버지에 대한 불만을 털어놓기 시작하였다. 봅은 이러한 시간이 늘 불편하였고 자신이 원하지 않는 일에 개입된 것 같은 기분이 들었다. 그러나 삼각관계의 개념을 배우면서 봅은 자기에게 어떤 일이 일어나고 있는지 점점 더 분명히 알 수 있게 되었다. 그의 어머니는 남편과의 차이점들 때문에 힘들어하면서도 그것을 남편과 직접 해결하지 못하고 봅에게 그 문제를 털어놓곤 했던 것이다. 자신의 결혼생활에 대한 불만과 안정되지 못한 정서를 이런 방식으로 처리했던 것이다. 봅은 자신이 어머니의 불만을 듣고 그 문제들에 대해 어머니가 어떻게 해야 한다고 말씀드리거나 심지어 논쟁까지 하면서 무언가를 해보려고 하였지만 결국 변한 것은 하나도 없다는 사실을 새삼 발견하였다.

그래서 이제는 어머니가 남편에 대한 이야기를 할 때 남편에 대한 어머니의 생각이나 느낌, 바람, 행동에 대해 질문하기 시작하였다. 이를 통해 봅은 어머니가 자신을 반추해 볼 수 있는 자원이 되었다. 그는 어머니가 무엇을 어떻게 해야 한다는 등의 이야기를 하지 않았다. 그저 여러 질문을 통해 어머니 자신의 생각을 탐색하도록 자극하였다. 아들이 던지는 간단하면서도 생각을 자극하는 질문들에 답변하면서 어머니는 점점 더 자신에 대해 책임 있는 자세를 취하기 시작하였고 자신을 희생자로 보는 시각이 줄어들게 되었다. 남편과의 관계에서 점점 더 자기에게 초점을 맞추면서 남편이 어떻게 되었으면 좋겠다는 것보다는 자신이 남편과의 관계를 어떻게 해결하고 싶은지에 대해 생각을 집중하기 시작하였다. 이러한 방식으로 봅이 자신의 위치를 재조정함으로써 어머니는 더 행복해졌고, 남편과의 관계도 향상되었다.

봅은 이처럼 새로운 방식으로 어머니와 대화함으로써 자신들의 관계도 좋아졌다는 것을 발견하였다. 어머니는 자기 자신에 대해 더 열린 자세를 취하였고, 그들은 아버지 말고 다른 것들에 대해서도 이야기할 수 있게 되었다. 이뿐 아니라 봅은 아버지와도 전보다 더 가까운 일대일 관계를 발전시켜 갈 수 있었다.

여기에서 생각해야 할 기본 원리는, 우리는 다른 사람들의 관계를 변화시킬 수 없다는 사실이다. 그렇게 하려고 노력할 때 대개의 경우 상황은 더 악화될 뿐이다. 만약 당신이 삼각관계의 한 부분을 차지하고 있다면, 당신이 다룰 수 있는 관계는 다른 두 사람과 당신 자신의 관계뿐이다. 그들 두 사람의 관계에서는 당신이 어떻게 할 수 없다. 삼각관계의 어느 한쪽 편을 드는 순간, 이유여하를 불문하고, 당신은 자동적으로 문제의 한 축을 구성하게 되는 것이다.

교회 안에서 일어난 어느 삼각관계와 그것을 다룬 방식에 대해 이야기해 보자. 폴라는 교회에 부임한 지 1년이 갓 지난 목회자다. 페니는 그 교회에서 15년 동안 교회 사무를 맡아 왔다. 폴라는 페니가 일하는 것이 마음에 들지 않았다. 그래서 페니가 한 일에 대해 그녀를 포함하여 교회 사람들에게 종종 비난하며 비판적인 태도를 취하였다.

페니의 입장에서 볼 때, 새로 부임한 목회자는 요구하는 것이 너무 많고 차가우며, 통제하기를 좋아하는 사람이었다. 그래서 자칫하면 자신이 더 이상 일을 못하게 되거나 그동안 해오던 방식으로 일하기가 어려울 수 있다는 것 때문에 페니의 불안감은 점점 커져 갔다. 그래서 그녀는 목회자에 대해 더 거리를 두고 저항하였으며, 마음을 열지 않았다. 폴라는 자신이 원하는 방식으로 페니가 일하도록 유도했지만 그럴수록 페니는 점점 더 비협조적으로 나오고 의사소통이 안 되어 짜증이 나기 시작하였다. 그래서 페니 문제에 대해 자신과 뜻을 같이 할 수 있는 사람을 인사위원회에서 눈여겨보기 시작하였다. 페니 또한 교회에서 자신의 입장에 동조해 줄 사람을 찾았다.

이러한 상황은 자칫하면 교회 지도자들이 뭉쳐 어느 한 편을 지지하며 누가 '옳고' 누가 '그른지'를 따지는 상황으로 발전할 수 있다. 이럴 때 교회의 정서적 불안 수준은 올라가고 여러 삼각관계들이 서로 맞물려 작동하게 된다. 어떤 교회에서건 이런 상황은 결코 단순하게 돌아가지 않는다. 그러나 일단 이 상황을 세 사람의 관계로 단순화시켜 살펴보자.

페니는 폴라와의 관계 상황이 개선되지 않을 것을 직감하고 교회 행정위원장인 마르시아에게 가서 새로 온 목회자에 대한 불만을 터뜨린다. 페니와 마르시아는 지난 15년 동안 서로를 잘 알고 친구처럼 지낸 사이였다. 이들의 삼각관계 구도는 다음과 같다.

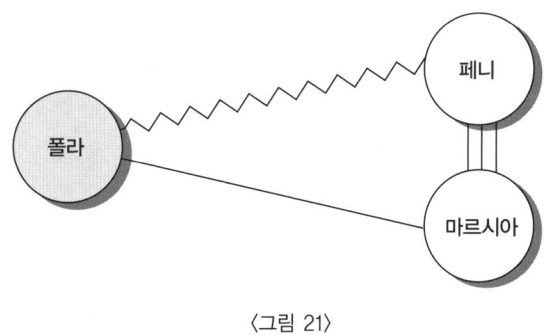

〈그림 21〉

지금까지는 상황이 어떻게 전개될지 모든 가능성의 문이 열려 있었다. 그러나 이 만남으로 인하여 그들의 관계는 전환점을 맞게 된다. 그리고 상황은 긍정적이든 부정적이든, 다양한 방식으로 전개될 수 있다. 다음은 가능한 몇 가지 시나리오다.

부정적 시나리오 1. 마르시아는 페니를 지지한다는 인상을 주고 싶었다. 그뿐 아니라 마침 자기 자신도 폴라의 사역이 마음에 들지 않던 터였다. 그래서 페니의 사례를 통해 폴라를 교회에서 내보내거나 최소한 문제를 일으켜 폴라가 교회를 사임하는 것을 고려하게 만들 수 있을 것이라고 생각했다. 이러한 이유로 마르시아와 페니 두 사람은 자주 만나 서로 폴라에 관한 끔찍한 이야기들을 하며 시간을 보내기 시작한다.

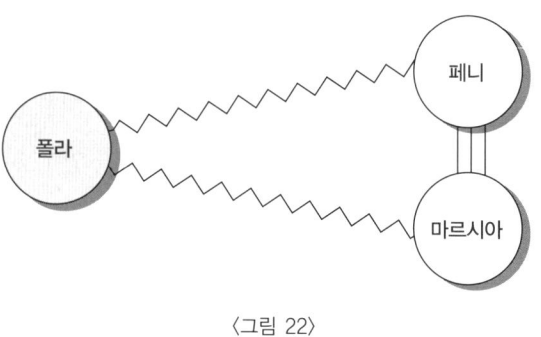

〈그림 22〉

마르시아와 페니가 서로 폴라에 대해 불만을 표출하며 지내던 중, 마르시아는 언제부터인가 페니의 일처리에 대해 서서히 만족스럽지 못한 느낌을 받기 시작하였다. 그래서 폴라에게 페니에 대한 이야기를 하기 시작하였다. 이 문제를 페니와 직접적으로 이야기하기가 불편했기 때문이었다. 페니와 폴라 사이의 부정적인 관계는 어느덧 안정되어 갔고, 도리어 페니와 마르시아 사이에 불만이 커져 갔다.

결국 페니는 마르시아와 어울리지 않게 되었다. 그리고 이제는 폴라와의 관계가 개선되었기 때문에 폴라에게 마르시아에 관해 부정적인 언급을 하기 시작하였다. 폴라 역시 마르시아에 대한 자신의 만족스럽지 못한 감정을 드러내면서 마르시아의 사생활이 엉망이라고 말하였다. 이들은 표면적으로 마르시아에 대해 서로 의견이 일치하면서 정서적으로 가까운 삼각관계의 두 축을 형성하였다. 물론 참된 친밀함은 각기 자신의 경험을 나눔으로써 가능하게 되는 것인데, 그들에게는 그러한 것이 없었다.

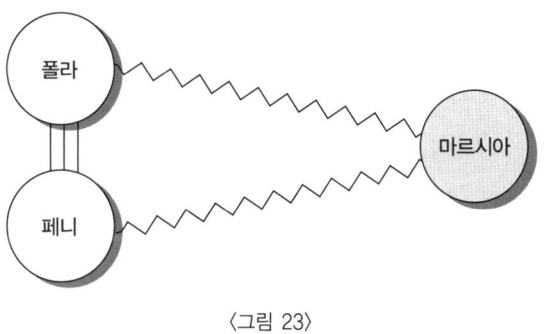

〈그림 23〉

부정적 시나리오 2. 페니가 새로 부임한 목회자에 대한 불만을 토로하자 마르시아는 폴라 목사 편을 들면서 페니의 일처리에 대해 그동안 자신도 만족스럽지 못한 부분이 있었다고 덧붙인다. 그리고 다른 사람들도 페니가 비협조적이며 교회 사무실에서 자기중심적으로 관계를 형성하고 자신의 작은 왕국을 세우는 것에만 관심이 있다고 말한다는 사실을 지적한다. 그러자 페니는 마르시아에게 반항하고 나서서 더 이상 그와 가까이 하지 않으려고 한다. 나아가 폴라와 마르시아와 관련하여 자신을 지지하고 나설 다른 사람들을 탐색하기 시작한다.

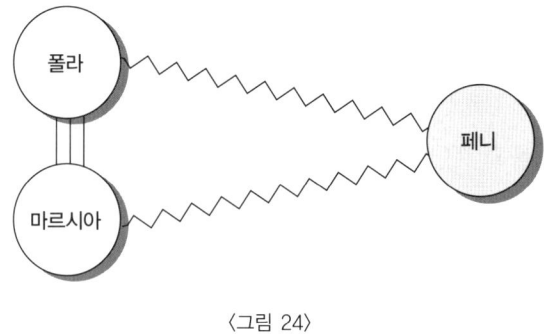

〈그림 24〉

이 두 시나리오에 등장한 사람들은 모두 어느 한쪽을 편들고 나선다. 그렇게 되면 누가 어느 쪽을 편드는지와 상관없이 파괴적인 삼각관계가 형성된다. 그리고 상황은 더욱 어렵고 혼란스러워지며 서로를 자극하게 될 뿐이다. 이것은 자명한 사실이다.

그러나 페니가 마르시아에게 접근했을 때, 상황은 긍정적인 방향으로 전개될 수도 있다. 그러한 세 가지 가능성을 살펴보기로 하자.

긍정적 시나리오 1. 마르시아는 페니와 폴라 목사의 행동에 대해 언급하는 것을 자제함으로써 삼각관계를 형성하려는 페니의 초대를 거절할 수 있다. 어떤 사람이 페니와 같은 접근을 할 때, "당신은 지금 삼각관계를 만들려고 합니다. 나는 그렇게 하고 싶지 않습니다"라고 단도직입적으로 이야기하는 것은 도움이 되지 않는다. 그래서 마르시아는 페니가 폴라에 대해 부정적으로 말할 때, 그녀 자신은 어떻게 반응했는지를 물어봄으로써 자연스럽게 삼각관계의 구도에 말려들지 않는다. 그러지 않고 상대가 삼각관계를 시도한다며 대화를 거절한다면, 마치 자기 의를 드러내려고 하는 듯한 인상을 줄 수 있고, 상대는 자신이 정죄당한 느낌을 받을 수 있다. 그리고 그런 접근을 통해서는 아무것도 변화시킬 수 없다.

사람은 어떤 어려운 관계에 직면하게 되면 관계 상대방에 대해 부정적으로 이야기하면서 자기 입장을 옹호하려고 한다. 자기 입장이 불분명하고 충분히 성찰이 된 것이 아니라 할지라도 말이다. 그들은 다른 사람에 대한 이야기를 하면서 다음과 같은 메시지를 전하려고 한다. "도대체 어떤 사람이 이렇게 할 수 있단 말입니까? 그 사람이 말도 안 되고 틀리다는 것은 뻔한 사실 아닙니까? 그러니 저는 얼마나 힘들었겠습니까?" 사람들은 이와 같이 말하는 과정에서 흔히 자신과 관련된 부분은 쏙 빼놓는 경향이 있다.

마르시아는 페니가 스스로 자신이 경험한 것을 곰곰이 성찰할 수 있도록 여러 질문들을 던질 수 있다.

폴라의 행동을 어떻게 이해하는가? 다른 방향으로도 해석을 시도해 보았는가? 자신의 생각이 맞는지 폴라에게 확인해 보았는가? 폴라가 당신의 일처리에 대해 그런 언급을 한 것은 어떤 의미였는지 확인해 보았는가? 폴라와 좀 더 직접적으로 대화하는 것을 가로막는 것은 무엇인가? 앞으로도 폴라의 태도가 변하지 않는다면, 당신은 폴라와 어떻게 지내고 싶은가? 이러한 상황에 어떻게 대처할 것인가? 당신이 그렇게 하지 못하게 만드는 것은 무엇인가? 어떻게 하면 당신이 원하는 방식으로 폴라를 대할 수 있겠는가? 당신이 그렇게 접근하면 폴라는 어떤 반응을 보일 것이라고 생각하는가? 그러면 당신은 어떻게 반응할 것인가? 이 외에 다른 선택 방안이 있는가? 폴라와 당신은 당신의 업무와 일처리에 대해 그 내용과 범위를 명료하게 인식하고 있는가? 폴라와 일하면서 어떤 경험을 하게 되는지 폴라에게 이야기한 적이 있는가?

마르시아는 이 외에도 수없이 많은 질문들을 던질 수 있다. 이러한 질문들의 요점은 페니 스스로 자신이 폴라와 어떤 관계를 맺어 왔으며, 그 과정에서 자신이 한 역할은 무엇이었는지를 생각하도록 돕는 것이다. 이것은 페니를 비난하거나 모든 문제에 대한 책임을 져야 한다고 말하려는 것이 아니다. 단지 문제 상황이 일어나기까지 페니가 보였던 반응에 대해서는 그녀 자신에게 책임이 있다는 사실을 인식하게 하려는 것이다. 폴라가 페니에게 어떻게 반응하며 행동하는가에 대해서는 페니가 책임질 일이 아니다.

만약 폴라가 마르시아를 찾아와 똑같이 페니에 대한 불만을 늘어놓았다면, 마르시아는 같은 질문을 폴라에게도 할 수 있을 것이다. 그리고 마르시아는 이를 통해 폴라 스스로 어려운 상황에 대처하고 해결할 수 있는 자기 안의 내적인 능력을 발견하도록 돕는 자원이 될 수 있을 것이다.

마르시아가 폴라와 페니 사이에 끼어들어 페니 편을 들면서 페니를 대하는 폴라의 태도를 바꾸려고 했다면, 그런 '개입'은 폴라에게는 물론 결국은 페니에게도 도움이 되지 않을 것이다. 그러한 접근은 페니가 계속 희생자의 위치에 머물게 하고, 마르시아 자신도 그들 사이에 새로운 어려움이 발생할 때마다 자기 일도 아닌데 오랫동안 그 상황에 매달려 있게 될 뿐이다. 그리고 폴라에게도 자신이 감당해야 할 부분을 스스로 처리할 수 있는 공평한 기회를 갖지 못하게 만드는 결과를 가져온다.

긍정적 시나리오 2. 마르시아는 자기에게 친절하게 대하지 않는 상사와 일했던 자신의 경험을 나눌 수 있다. 자기가 그 상사와의 관계를 어떻게 전개해 갔는지에 대해 대화를 나누는 것이다. 페니가 이러한 이야기를 듣고 싶어하지 않는다면 이러한 접근은 효과를 보지 못할 것이다. 페니는 갈등이 일어나기까지 자신이 어떤 역할을 했는지에 대해 아직 성찰할 수 있는 단계에 있지 않기 때문이다. 폴라와의 관계 속에서 자신이 어떤 부분을 맡았는지 성찰하는 것에 관심이 없다면 다른 사람의 경험을 통해 무언가를 배우기는 어렵다.

그러나 페니가 관심을 보인다면, 마르시아는 자신이 처했던 상황과 그것을 통해 어떤 경험을 했는지에 대해 나눔으로써 페니에게 도움을 주는 자원이 될 수 있다. 마르시아는 상사와의 관계가 어려울 때, 어떤 생각을 했으며, 어떤 느낌을 가졌고, 그러한 상황에서 어떤 결정을 내렸는지, 그리고 그 결과는 무엇이었으며, 그 경험을 통해 자신이 배운 것은 무엇이었는지를 말할 수 있다. 물론 사람은 다 다르고 상황도 다르기 때문에 마르시아가 한 것을 페니도 그대로 할 수 있다는 말은 아니다. 하지만 비슷한 상황에 처했던 사람이 어떻게 그 상황에 대처하였는지를 주의 깊게 들음으로써 자기에게 필요한 교훈을 얻을 수는 있다.

사람들은 종종 유사한 경험을 한 친구들의 말을 들으면서 어려운 상황을 헤쳐 나갈 수 있는 지혜를 얻는다. 이러한 접근은 상황에 대해 새롭게 생각할 수 있는 여지를 만들어 준다. 이러한 차원에서, 우정은 서로에게 자원이 될 수 있다. 무조건 어려운 상황에 처해 있는 친구의 편을 들어주고 그의 입장에 동의하며 지지를 표명하는 친구관계는 아무에게도 유익을 주지 못한다. 이러한 지지가 당장은 기분 좋게 할지 몰라도 결국에는 별로 도움이 되지 않는다.

긍정적 시나리오 3. 마르시아는 페니와 폴라의 만남을 주선하는 자리를 만들어 보겠다고 제안할 수 있다. 그리고 두 사람이 충분히 자기 이야기를 하고, 서로 상대방의 입장에서 들을 수 있도록 중재하는 것이다. 이것은 두 사람 사이에 어느 정도 호의적인 생각이 있을 때에 가능하다. 자신의 마음을 열어 놓고 서로의 말을 들을 수 있을 정도로 안전하다는 느낌이 두 사람에게 있지 않다면 거의 불가능한 접근이다.

이 외에 다른 접근들도 있을 것이다. 그러나 분명히 기억해야 할 것은, 마르시아가 어느 한쪽 편을 들거나 어느 한 편을 대신하여 협상을 하려고 나선다면, 그러한 방식으로 두 사람 사이의 분쟁에 개입한다면 어느 누구에게도 도움을 줄 수 없을 것이라는 점이다. 그리고 상황도 결국 나쁜 쪽으로 결말이 나고 말 것이다.

교회 리더십과 삼각관계

교회에서 지도자가 경험하는 가장 큰 도전 중 하나는 마음을 열고 직접적인 방식으로 대해 오는 성도들이 많지 않다는 것이다. 따라서 어떤 성도가 당신을 찾아와 다른 사람들이 하는 이야기를 전할 때, 그가 정확한 사실을 이야기하는 것인지 아니면 당신에게 직접적으로 말하기가 어려워 자기 생각을 다른 사람의 입을 빌리는 형식으로 말하는 것인지 알 길이 없다는 것이다.

건강한 관계 체계를 구축하고 있는 사람들은 그 자리에 없는 제3자에 대해 부정적으로 이야기하지 않는다. 다른 사람보다는 자신들의 관계에 초점을 두고 일대일의 관계를 증진시키기 위해 노력한다. 대화를 해도 각자 자신의 삶이나 경험에 대해 혹은 상대방과의 관계에 초점을 두고 하지 다른 사람에 대한 이야기를 하느라 시간을 보내지는 않는다.

삼각관계는 두 사람이 서로 관계를 잘 이끌어 갈 수 없을 때, 거기에서 오는 불안 정서를 어떻게 해야 좋을지 모를 때 형성된다. 그들은 제3자를 삼각관계로 끌어들이고 그에 대해 서로 같은 의견을 가짐으로써 자신들의 관계가 괜찮다고 착각한다. 그 제3자는 자녀이든 교회이든 관계없다. 그 대상은 목회자일 수도 있고, 교회학교의 교과과정이나 하나님일 수도 있다. 하지만 이러한 삼각관계는 그들이 서로에게서 발견하는 진짜 차이점들을 외면하도록 도와줄 뿐이다.

한편 사사건건 반대 입장을 고수하는 방식으로 삼각관계를 유지하는 사람들도 있다. 그들은 늘 서로 반대 의사를 표명하면서 관계를 지속해 간다. 논쟁하거나 다툴 일이 있으면 결코 그런 기회를 놓치는 법이 없다. 표면적으로는 마음이 열려 있는 것 같지만, 다른 사람의 성격, 정책, 믿음과 같은 주제들이나 그것에 대한 그들의 평가에 있어서만 그렇다. 그들 자신에 대해서는 실제로 전혀 마음의 문을 열지 않는다. 자신들의 약한 부분에 대해서는 더욱 그러하다.

간음하다가 붙잡힌 여인에 관한 요한복음의 이야기는 삼각관계로 가득 차 있다. 일차적인 삼각관계 구도는 예수님과 바리새인들, 그리고 간음한 여인으로 구성되어 있다. 바리새인들은 예수님이 어느 한쪽을 편들게 하여 그것을 빌미로 삼으려고 계략을 꾸몄다. 예수님은 "너희 중에 죄 없는 자가 먼저 돌로 치라"는 지혜로운 말씀으로 삼각관계에서 벗어나셨다. 그러고는 그들이 가지고 있는 삼각관계적인 타자 초점에서 그들 자신에게로 시선을 돌리도록 끌어가셨다.

삼각관계를 다룰 수 있는 간단한 테크닉이란 없다. 가장 기본적이고 중요한 것은 삼각관계가 무엇인지를 이해하고 그 존재를 인식하는 것이다. 삼각관계를 형성하게 만드는 것은 무엇이고, 그 안에서 어떤 일이 진행되는지를 파악하는 것이다. 교회에서 삼각관계를 자주 만들어 가는 사람이라면 더더욱 삼각관계를 잘 이해하고 다루는 것이 중요하다. 그렇다면, 삼각관계와 관련하여 해야 할 일은 무엇인가?

첫째, 삼각관계란 자연스러운 것이라는 사실을 기억하라. 사람들은 자신의 불안을 다루기 위해 그러한 관계를 구축한다.

둘째, 그 과정에서 당신이 어떤 역할을 하는지를 명료하게 이해하라. 예를 들어, 사람들이 당신에게 직접적으로 말하기를 꺼려한다고 하자. 그렇다면 당신은 이러한 패턴이 형성되는 데 어떤 영향을 끼쳤는가? 어떤 사람이 당신에게 다가와 자신의 생각이나 느낌을 직접적으로 말하면, 곧바로 자기 방어적인 태도를 보이거나 상대를 공격하지는 않는가? 그래서 상대방이 '다시는 이렇게 이야기하지 않아야지'라는 생각을 하게 만들지는 않는가? 다른 사람을 열린 자세로 대하고 탈삼각관계의 모습을 보이기보다 때때로 다른 사람을 삼각관계 구도로 끌어들이지는 않는가?

셋째, 삼각관계란 기본적으로 불안 정서에 대한 반응과 관련된 것이므로 덜 불안하고 차분하며 안전한 여건을 조성하기 위해 노력하라. 교회 지도자는 다음과 같은 과정을 통해 교회 체계는 물론 성도들에게 유익한 도움을 줄 수 있다.

- 교회 안에 형성되는 삼각관계의 패턴들을 인식하는 눈을 발전시킨다. 그리고 사람들을 그렇게 몰아가는 내면의 정서적 곤경을 이해하도록 한다.
- 삼각관계에 좀 더 편안하고 익숙해지도록 한다. 차분하게 대처하면서 자신의 확신을 명료하게 정의하고, 자신이 나아갈 방향에 초점을 맞춘다.
- 관련된 다른 사람들의 정서적 상태에 관심을 갖고 그들과의 만남을 유지한다. 그리고 앞에서 제시된 것들과 같은 질문들을 한다.

당신이 할 수 있는 것들 중에 이보다 더 나은 것은 없다.

생각할 것들

자신과 관련하여

1. 다른 사람과 대화할 때 자신이나 상대방, 혹은 서로의 관계에 대해 이야기하기보다 그 자리에 없는 사람들에 대한 이야기를 할 때가 있는가? 얼마나 자주 그렇게 하는가?
2. 현재 중요하게 관계를 맺고 있는 사람들과의 관계에서 터놓고

이야기하지 않는 주제들이 있는가? 특별히 어떤 주제에 대해 대화하기를 회피하는가? 그렇다면 이러한 주제에 대해 누구를 찾아가 대화하는가?

3. 현재 직접적으로 대화하기가 가장 불편한 사람은 누구인가? 이러한 불편한 감정이 있을 때 당신은 무엇을 어떻게 하는가?

4. 당신은 교회에서 어떤 삼각관계들을 경험하였는가?

5. 그러한 삼각관계에 있었을 때, 어떻게 자신의 위치를 재조정하기 시작할 수 있었는가?

그룹 토론을 위하여

1. 당신 교회에서 특별히 두드러지게 가시적으로 나타나는 삼각관계들은 무엇인가? 그러한 관계들이 어떤 불안들을 수면 하에 묻어 두는 데 도움이 된다고 보는가?

2. 당신 교회에서 삼각관계들이 서로 맞물려 일어난 경우가 있는가? 사례들을 나누어 보라.

3. 삼각관계의 개념에 대해 궁금한 것은 무엇인가?

4. 당신 교회에서 혹은 그룹에서 삼각관계가 일어났을 때 탈삼각화, 즉 자기 위치를 성공적으로 재조정한 사람이 있는가? 그러한 일이 어떻게 전개되었는가? 그 사람이 그 과정에서 직면한 도전들은 무엇이었는가? 위험했던 것은 무엇이었고, 그 결과는 어떠하였는가?

5. 삼각관계의 개념과 관련이 있는 것으로 보이는 성경 이야기나 신학적 개념은 무엇인가? 삼각관계의 관점에서 삼위일체에 대해 토의하라.

10 교회 내 심각한 문제의 증상들

아담과 그의 아내가 여호와 하나님의 낯을 피하여……숨은지라 [창 3:8].

너희는 다 재난을 주는 위로자들이로구나 [욥 16:2].

곤경에 처한 교회의 증상들

모든 교회는 시시때때로 어려운 시기를 겪는다. 하지만 이런 시기가 모든 교회에 똑같이 문제를 일으키는 것은 아니다. 융합의 정도가 큰 교회일수록 오랫동안 심각한 문제에 봉착하여 어려움을 겪을 가능성이 크다. 물론 잘 분화된 교회들도 스트레스나 각종 도전들을 많이 받으면 유연성이 떨어지고 어느 정도 어려움을 겪을 수 있다. 그러나 융합의 정도가 심한 교회에서는 상대적으로 적은 스트레스에도 각종 문제가 신속하게 발생한다.

분화의 정도가 낮은 교회일수록 성도들은 자신의 자아를 유지하기보다는 다른 사람들의 판단이나 행동을 따르게 하는 정서적 압박을 강하게 받는다. "이렇게 해야 한다" 혹은 "저렇게 해야 한다"라고 하는 다른 사람들의 주장에 사람들의 삶이 좌우되기 시작한다. 밸리 뷰 교회처럼 정서적 융합이 심한 교회에서는 그리 중요하지 않은 문제에도 쉽게 폭발할 수 있는 긴장된 증상들이 생겨난다. 그래서 목회자를 바꾸거나 새로운 프로그램을 도입하고, 의사소통 기술을 향상시키고, 사역 계획이나 목표 설정에 어떤 변화를 가함으로써 이러한 증상들을 완화시키려고 노력하지만, 그러한 것들로는 근본적인 문제에 별다른 도움이 되지 않는다. 이런 교회들에 존재하는 만성적인 불안이 그러한 모든 노력을 무력화시켜 버리는 것이다.

교회의 불안 수준이 높아질 때 성도들이 모임에 지속적으로 지각하거나 아예 모습을 드러내지 않는 등 그 양상이 다양하게 나타난다. 서로 냉담해지거나 자주 갈등이 생긴다. 몸이 아프거나 사고를 당하는 성도들이 늘어난다. 성도들 간에 파당이 생기고, 공공연한 비밀들이 조성되기도 한다. 한두 사람이 교회의 모든 일을 도맡아 하고, 다른 사람들은 아무것도 하지 않는 현상이 생기기도 한다.

교회의 상황이 잘못 돌아갈 수 있는 방법은 수없이 많다. 우리는 이와 관련하여, 제7장에서 둘 혹은 대여섯 정도의 사람들로 구성된 소규모 체계에서 일어날 수 있는 반발 반응의 과정을 네 가지, 즉 순응, 반항, 권력투쟁, 정서적 거리 두기 등으로 압축하여 살펴본 바 있다. 그러나 이러한 과정은 교회 전체와 같이 좀 더 큰 체계 안에서도 똑같이 발생할 수 있다.

많은 성도들이 교회에 무조건 순응하거나, 교회의 지도자들에게 반항한다면, 혹은 다양한 형태의 권력투쟁을 일으키거나 교회 활동에서 발을 빼거나 아예 다른 교회로 가버린다면, 이러한 모든 현상은 교회 체계 내에 깊이 스며든 정서적 긴장이나 불안의 증상일 수 있다. 그리고 제9장에서 살펴본 바와 같이 다양한 삼각관계가 교회 내에 발생한다면, 이 또한 교회 체계에 중요한 문제가 발생했다는 사실을 드러내는 것일 수 있다.

이러한 증상들은 대개의 경우 겉으로 드러나는 것처럼 서로 다른 많은 문제가 있어서 그런 것이 아니다. 그것은 결국 성도들 간의 관계 체계 내에 불안 수준이 높아짐으로 나타나는 것이다. 융합된 관계 체계를 가진 교회에 어떤 긴장이나 어려움이 발생할 때 정서적으로 융통성의 수준이 낮아져서 생기는 흔한 현상인 것이다.

이러한 한두 가지 증상이 발생할 때 교회 내 불안 정서는 더욱 증대된다. 그렇게 되면 사람들은 더 새롭게 등장한 증상에 집중하게 되고, 어떻게 하든지 갖은 방법을 동원하여 그 증상을 고치거나 해결하려고 한다. 이러한 반응은 대개의 경우 본래 기대와는 달리 증상을 더 악화시키는 정반대의 결과를 가져온다. 특히 관련된 특정인들이 '문제'로 치부될 때는 더욱 그러하다. 이처럼 다른 사람들을 문제 인물로 치부하거나 그들에게 초점을 맞춤으로써 성도 개개인들은 자신의 불안에 직면하거나 그것을 직접적으로 다루어야 하는 부담에서 벗어날 수 있다.

한편, 이러한 모든 증상들 가운데 공통적으로 나타나는 반응의 하나는 정서적 거리 두기다. 불안 수준이 높아질 때 발생하는 이러한 정서적 반응 패턴은 모든 인간관계에서 나타나는 기본적인 현상이다. 이러한 상황에 처하면 사람들은 아담과 하와가 에덴동산에서 하나님의 낯을 피해 숨었듯이 다른 사람들로부터 자신을 숨기려고 한다. 실제로 사람들은 서로 어느 정도 거리를 둘 때 불안 수준이 낮아지는 것을 경험한다. 아담이 그러하였듯이, 이러한 정서적 거리 두기는 당장은 불편한 정서적 불안 경험을 차단하는 효과가 있지만 궁극적으로는 좋은 해결책이 아니다.

어느 교회의 유능한 성도가 돌연 자신이 속한 교회 위원회에 사직서를 내고 교회를 떠났다. 이 여성도는 교회를 떠나면서 자신이 지난 20여 년간 교회를 다니면서 쌓아 둔 슬펐던 경험들을 적은 기록을 남겼다. 그토록 오랫동안 교회를 다니면서도 누구와도 드러내 놓고 나누지 않았던 이야기들이었다. 겉으로는 활동적으로 교회에 참여하였지만 그동안 교회 성도들로부터 정서적 거리를 유지하였던 것이다. 그녀는 그러한 방식으로 자신의 실제 모습을 숨겼던 것이다.

우리는 이제, 앞에서 다룬 '순응, 반항, 권력투쟁, 정서적 거리 두기, 삼각관계'에 이어, 정서적 측면에서 교회 내 심각한 문제들을 드러내는 증상이라 할 수 있는 성도들의 반응 패턴 세 가지를 추가적으로 살펴보고자 한다. 그것은 성도들의 과다-과소기능, 제3자에의 투사, 그리고 핵심 지도자의 기능장애다.

과다-과소기능

과다기능은 한 사람이 다른 사람을 대신하여 기능하거나 그러한 기능에 대한 책임을 지려고 할 때 발생한다. 과다기능자는 과소기능자의 생각이나 감정, 행동을 대신하려고 한다. 과소기능자가 이 세 가지 영역에서 기능을 축소하게 되면, 그러한 부분을 과다기능자가 더 많이 수행하는 것이다. 그 결과, 과다기능자는 점점 더 책임감 있는 사람으로, 건강하고 성숙하며 능력 있는 사람으로 보이고, 과소기능자는 그렇지 않은 사람으로 보이게 된다.

자녀가 자라 감에 따라 부모들은 그동안 대신 해주었던 일들을 중단하고 자녀가 할 수 있는 일은 스스로 하도록 하기 시작한다. 잘 분화된 부모는 자녀가 할 수 있는 일은 스스로 하고, 자신의 선택과 결정에 따른 결과에 책임을 지도록 하는 것이 자녀를 위해 가장 좋다는 확신을 갖고 행동한다. 이러한 부모는 자녀를 대신하여 그들이 어려움에서 빠져나오도록 구원해 주지 않는다. 이러한 행동을 통해 자녀들을 존중하고, 그들에게 책임의식을 가르치며, 자녀 스스로 좀 더 확고한 자기 자신을 발전시킬 수 있는 공간을 허락한다. 이제 걸음마를 시작하는 자녀에게 손을 내밀 때가 있는가 하면 그 손을 거둘 때가 있다. 이것은 걸음을 떼어놓는 아이의 능력이나 기대와 더불어 자기 자녀가 넘어지는 것에 대한 부모의 불안감과도 밀접한 연관이 있다.

다른 사람들과의 관계에 있어서도 그들 스스로 인생을 감당할 수 없을 때 손을 내밀어 주는 것은 관심을 보이고 돌봄을 제공하는 적절한 행동일 수 있다. 우리 모두에게는 물질적으로 혹은 정서적으로 다른 사람들이 우리의 자리에 와서 함께해 주는 것이 필요할 때가 있다. 우리 또한 다른 사람들을 돌아보고 그들이 인생에서 직면하고 있는 도전들을 알아야 할 필요가 있다. 이때 우리는 그들이 이러한 도전들을 해결할 수 있는 능력이 있는지 판단하고, 우리가 어떤 행동을 어떻게 취해야 할지 결정해야 한다. 우리는 그리스도인으로서 다른 사람들이 정말 어떤 도움을 필요로 할 때, 그러한 때를 섬세하게 판단하여 그들에게 적절한 반응을 보여야 한다. 하지만 그들이 스스로 자신의 삶을 감당할 수 있음에도 불구하고 지속적으로 그들을 대신하여 무언가를 해주는 것은 그들을 진정으로 돌보는 것이 아니며 적절한 행동도 아니다. 설사 그들이 자기들을 대신하여 무언가를 해주기 원하고, 그렇게 하지 않으면 그들을 돌보지 않는 것이라고 말할지라도, 그렇게 해주는 것은 바람직한 일이 아니다.

예를 들어, 교회의 한 위원회를 맡은 위원장이 자신에게 맡겨진 직분을 잘 감당할 수 있을지 염려하고 있다고 하자. 그래서 목회자에게 위원회 모임에 참석해 달라는 요청을 하였고, 위원장의 불안감을 잘 인식하고 있는 목회자는 기꺼이 그렇게 하겠다고 동의하였다. 위원회 모임이 시작되고 위원장이 분명하게 회의를 이끌어 가지 못하자, 목회자가 그 역할을 대신하여 모임을 잘 마무리하도록 도와준다.

모임 후, 위원장은 목회자의 도움에 감사를 표하며 다음 모임에도 참석해 달라고 요청한다. 이를 통해 목회자는 자신이 더욱 가치 있고 중요한 존재로 인정받는 느낌을 받게 되고, 점차 위원장이 해야 할 일을 자신이 대신하는 결과를 초래하게 된다. 그렇게 되면 위원장은 과소기능자로서 위원회를 이끌어 가기 위해 애써야 하는 부담이나 염려에 직면하지 않아도 되고, 목회자는 과다기능자로서 자신이 일을 맡긴 사람이 힘들게 직무를 수행하는 모습을 지켜보아야 하는 불안에 직면하지 않아도 되는 효과가 있다.

물론, 교회에서 목회자와 성도의 관계에 과다-과소기능이 반대로 나타나는 경우도 있다. 즉, 평신도 리더가 목회자가 해야 할 역할이나 기능을 대신하려고 하는 것이다. 어떤 직분자들은 목회자를 대신하여 많은 일을 떠맡으려고 함으로써 결과적으로 목회자가 과소기능자가 되어 자신의 위치에 마땅한 책임을 다하지 못하게 하는 결과를 초래하기도 한다. 이러한 현상은 평신도 리더들 간에도 수시로 발생한다.

과다기능자들은 흔히 다른 사람들에게 무엇이 가장 좋은지 '안다'고 생각하는 경향이 있다. 다른 사람이 직면하고 있는 딜레마에 대한 더 좋은 해결책을 자신들이 갖고 있다고 생각하기도 한다. 우리는 흔히 실제로 그러한 과다기능자들에게 많은 장점과 능력이 있는 것을 발견한다. 하지만 그들은 그러한 장점이 불안과 연결되어 과용됨으로써 유용하게 사용될 수 있는 기회를 놓치곤 한다.

반면, 과소기능자들은 과다기능자가 있을 때 자신들에게도 충분히 기능할 수 있는 능력이 있다는 사실을 주장하지 않는다. 자신들은 어떻게 해야 할지 아무것도 모르는 것처럼 행동하는 경향이 있다. 자신이 바라는 것에 대해 다른 사람이 대신 염려해 주고 그것을 충족할 수 있는 방법을 대신 찾아 주기를 바라며 의존하는 것이 훨씬 쉽다. 그런데 다른 사람들이 자신의 필요를 정확하게 알아주지 않을 때 과소기능자들은 그 사실에 대해 실망하거나 화를 내기도 한다. 그러면 과다기능자들은 이러한 모습을 보면서 과소기능자들을 대신하여 무언가를 하려고 더욱 애쓰게 된다.

이러한 과다-과소기능의 상호적 측면이 잘 배양되는 곳이 바로 교회다. 대개의 경우 교회에는 소수의 과다기능자가 있고, 나머지 성도 대부분은 과소기능자들이다. 과다기능은 주로 헌신되고 다른 사람들을 배려하고 돌보는 행동으로 인식된다. 하지만 이것은 어떤 사람에게도 도움이 되지 않는다. 교회에서 과다기능을 하는 사람이 많을수록 그 교회는 책임성의 문제에 있어서 모든 사람이 혼란을 겪는다. 성도들이 누가 어떤 일에 책임이 있다는 것을 분명하게 인식할수록 그 교회는 하나의 전체로서 더 잘 기능할 수 있다.

교회가 어떤 딜레마에 빠져 있을 때, 과다기능자들은 문제가 있다는 것을 잘 알아차린다. 그러고는 자신의 방법으로 그 상황을 해결하려고 한다. 즉, 무언가를 더 하면 된다고 보는 것이다. 그래서 대개의 경우 과소기능자들에게 좀 더 많은 책임을 감당하게 하려고 한다. 그들에게 화를 내는가 하면 슬퍼하고 좌절하고 간청하고 죄책감을 불러일으키려고도 한다. 과소기능자들을 끌어들이기 위해 이 외에도 많은 방법을 동원한다. 그러나 과다기능자들은 이처럼 다른 사람들이 좀 더 책임을 지게 하기 위해 노력하는 가운데 사실은 그들 자신이 더 많은 책임을 짊어지고 기능한다는 사실을 깨닫지 못한다. 그들은 지속적으로 다른 사람들에게 시선을 고정함으로써 자신들이 어떤 기능을 하고 있는지에 대해서는 인식하지 못한다.

보웬 이론에 근거한 치료사이자 목회상담가인 에드윈 프리드맨(Edwin Friedman)은 과다기능자에게 있어서 핵심적인 문제는 책임을 나누는 것이 아니라 불안을 다루는 것이라고 말한 바 있다. 불안은 과소기능자도 무언가 행동을 하도록 자극하는 긍정적인 측면이 있다. 그런데 과다기능자는 다른 사람에게 속한 불안에 너무 쉽게 반응하고 움직이는 경향이 있다. 과다기능자들은 이렇게 하지 않는 법을 배워야 한다. 또는 어떤 반응을 보였다 할지라도 이내 불안을 내려놓을 수 있어야 한다. 자신이 책임져야 할 것과 다른 사람이 책임져야 할 것을 구별하고, 자신의 몫이 아니면 그것을 내려놓는 것을 배울 필요가 있다. 다른 사람들에게 더 많은 책임을 지도록 만들 수는 없다. 대신 자기 스스로 책임을 덜 지려고 하는 것이 필요하다. 그리고 다른 사람들이 자신들의 기준에 맞게 일을 하지 않거나 손을 놓고 있을 때 찾아올 수 있는 불안에 친숙해지는 법을 배워야 한다.

과소기능자들도 더 많은 책임의식을 갖고 자신이 감당해야 할 일들을 할 때가 있다. 그것은 그들 스스로 그러한 일들이 진행되어야 한다는 필요성을 느끼거나 그것에 대해 염려되기 시작할 때에야 비로소 가능하다. 다른 사람이 대신 그 일을 해준다면 그들로서는 그것에 대해 걱정할 필요가 없게 된다. 만약 교회에서 아무도 자신을 위해 대신 책임져 주거나 기능해 주지 않는데도 불구하고 여전히 과소기능자의 상태에 머물러 있는 사람이 있다면, 그런 사람에게는 리더십의 위치가 주어져서는 안 될 것이다.

교회에서 지도자들이 과다-과소기능의 개념을 잘 이해하고 접근해야 할 영역의 하나는 다른 사람들에 대한 관심과 배려, 돌봄의 측면이다. 교회의 성도 중에 개인적인 어려움을 겪고 있는 사람들이 있다면 우리는 마땅히 '그들의 기분이 나아지게 해주어야 한다'고 생각한다. 그러나 이것은 바람직한 목회적 돌봄에 대한 인식에 있어서 흔히 범하는 한 가지 공통적인 오해이며, 과다기능의 한 형태일 수 있다.

실제로 다른 사람의 기분을 풀어 주거나 좀 더 나아지게 만들어야 한다는 생각을 갖고 있을 경우, 그럼에도 불구하고 무슨 말을 하고 무엇을 해야 좋을지 모를 때 우리는 고통스러워하는 성도들로부터 거리를 두려고 한다. 자신에 대한 부적절감으로 바로 성도를 향해 나아가지 못하기 때문이다. 반면에, 어려움 가운데 있는 사람은 그 교회 지도자는 성도가 어려움을 겪고 있는데도 적절한 '돌봄을 제공하지 않는' 사람이라고 느끼게 된다.

우리가 돌봄에 대한 이런 융합된 인식을 내려놓을 수 있다면 고통당하고 있는 성도들을 위해 그들이 필요로 하는 돌봄을 좀 더 잘 제공할 수 있을 것이다. 그러한 상황에서 교회 지도자들이 취해야 할 책임은 단순히 그들이 있는 자리에 그들과 함께 있는 것이다. 상대방의 기분 상태가 좋든 나쁘든, 그런 감정 상태에 대해 우리가 책임질 수 있는 것은 아니다. 우리가 할 일은 다만 불행 가운데 있는 그들에게 관심을 표하고 서로 연결된 느낌을 나누는 것이다.

욥기에 나타난 욥의 친구들은 자신들이 욥의 감정 상태를 개선시키고, 욥이 자신에게 닥친 불행의 이유를 이해하도록 도와야 한다고 생각하였다. 그러나 그러한 그들의 노력은 욥에게는 공허한 말처럼 들릴 뿐이었다. 욥은 도리어 그 친구들 때문에 더 분노하게 되었고 우울해졌다. 그들 자신이 욥의 불행의 한 부분이 되어 버렸다. 욥에 대해 책임의식을 느꼈던 친구들은 사실은 욥을 위해서가 아니라 자신들을 위해 욥의 심정이 개선되는 것이 필요하였다. 그렇게 된다면 그들은 자신들이 좋은 돌봄을 제공해 준 친구들이라는 느낌을 가질 수 있을 것이었기 때문이다. 그러나 욥이 자신들의 기대대로 반응하지 않자 그를 자신들의 도움에 '저항' 하는 사람으로 보고 부정적인 반응을 보이기 시작하였다. 그들은 욥이 '저항' 하도록 자신들이 자극했다는 사실은 외면하였다.

일반적으로 격려의 말과 칭찬을 나누는 것은 서로에게 줄 수 있는 좋은 선물이다. 하지만 그러한 말들이 항상 긍정적인 것만은 아니다. 그러한 말로 다른 사람을 기분 좋게 할 수 있을 때에도 그것이 꼭 좋은 것만은 아닐 수 있다. 어떤 상황에서는 이러한 '도움'이 다른 사람에 대한 의존성을 증가시키고 자신의 능력을 개발하는 데 장애가 되기도 한다. 어떤 교회 위원회 위원장이 항상 목회자에게서 업무수행을 잘하고 있다는 말을 들어야 한다면, 이러한 의존성은 결국 어떻게 하는 것이 업무수행을 잘하는 것인지 그 스스로 판단하기 어렵게 만든다. 그리고 어떠한 일을 하든지 목회자의 칭찬을 받기 위해 하는 결과를 초래할 수 있다. 그렇게 되면 그는 정서적인 독립성을 갖고 스스로 판단하며 직분을 감당할 수 있는 능력에 있어서 자라나지 못할 것이다.

목회자가 항상 성도들을 칭찬하며 그들이 듣고 싶어하는 말만 하는 것은 바람직하지 않다. 성도들이 자신을 좋아하게 되고 그들과 따뜻하고 긍정적인 관계를 맺고 싶어 그럴 수 있지만, 그럴 경우 어려움이 발생할 때 필요하고도 적절한 리더십을 발휘하기 어려울 수 있다. 밸리 뷰 교회에서 발생한 모든 분노의 감정과 서로에 대한 비난 뒤에는 자신의 정서적 상태와 안전감에 대한 책임이 다른 사람에게 있다는 융합된 사고가 자리잡고 있었다. 성도들은 목회자가 자신들을 잘 돌보지 않는다고 생각하였다. 그리고 목회자는 교회 리더들이 자신을 잘 돌보지 않는다고 판단하였다. 밸리 뷰 교회 사람들은 누가, 누구를 위해, 어떤 일에 책임이 있는지 크게 혼동하고 있었다.

교회 지도자들이 겪는 어려움의 하나는 스트레스의 문제다. 스트레스는 흔히 어떤 사람이 감당해야 할 일의 분량과 동일시된다. 혹은 스트레스란 일중독에 빠졌거나 어떤 일에 집착하는 성격의 사람과 관련이 있는 문제라고 생각하기도 한다. 하지만 매우 바쁘게 열심히 일한다고 해서 모두 스트레스를 받는 것은 아니다. 수많은 일을 감당하면서도 자신이 해야 할 일을 적절히 수행하며 잘 살아가는 사람들도 많이 있다.

가족체계이론의 관점에서 보면, 스트레스를 받는 것은 정서 체계 속에서 어느 정도의 기능적 위치를 차지하는가와 관련이 있다. 임상적 경험으로 볼 때, 가장 많은 스트레스를 받는 내담자들은 다른 사람을 대신하여 과다기능을 수행하는 사람들이었다. 특히 여러 영역에서 과도하게 과다기능을 하는 사람들이 스트레스를 호소하였다. 한 연구에 의하면, 원숭이들 무리에게 먹을 것을 얻기 위해 아무리 어려운 일을 하게 하더라도 아무런 스트레스 증상이 나타나지 않았다. 그런데 한 원숭이에게 다른 원숭이들을 위한 음식 제공의 책임을 지게 했을 때, 이내 그 원숭이에게 궤양이 발생한 것을 발견하였다.

다른 사람이 할 것에 대해 대신 책임을 지려하거나 다른 사람의 안녕을 자기 책임으로 생각하는 구조자 유형의 사람들은 육체적으로 혹은 정서적으로 지치거나 부정적인 결과를 경험할 가능성이 큰 사람들이다. 그들은 다른 사람을 위한다고 하다가 탈진하거나 일을 중단할 수도 있다.

제3자에의 투사

이 증상은 삼각관계의 한 형태라고 볼 수 있다. 이것은 대개의 경우 자신이 해야 할 일을 잘하는 것으로 보이는 사람들이 그렇지 못한 사람들을 돕거나 구해 주려는 시도를 하면서 발생한다. 이때 한 가지 흥미로운 사실은, 다른 사람을 도와주려고 하는 사람이 그렇게 하면 할수록 상대방은 더 어려움을 겪게 된다는 것이다.

이때 도움을 받는 대상은 교회 내에서 소외되거나 어려움에 처한 개인이나 그룹일 수 있다. 교회 밖의 구호 대상자들일 수도 있다. 이러한 사람들은 대개 정서적으로나 신체적으로, 혹은 사회적으로 어려움을 겪고 있다. 그래서 이들은 더욱 누군가의 도움이 필요한 것처럼 보인다.

동일한 대상자를 도우려고 하는 사람들이 여럿 있을 때, 그들은 흔히 여러 면에서 서로 아주 다른 상황에 처해 있다. 이것이 투사라는 이 증상의 특징 가운데 하나다. 이들은 그들 자신보다 다른 제3자에게 초점을 맞추면서 자신들에게 있는 차이들에 대해서는 무시한다. 삼각관계의 구도 속에서 제3자를 돕는 가운데 겉으로는 자신들이 서로 연합되어 있는 것처럼 느끼게 되는 것이다.

한편, 다른 사람의 기능을 대신하며 도와주려고 하는 사람들은 그런 과정을 통해 자기 안에 있을 수 있는 내면의 불안이나 갈등을 무시하거나 그것을 제3자에게 전가한다. 그리고 제3자들은, 나름의 여러 이유로, 그러한 도움의 대상이 되면서 상대방이 전가하는 불안을 흡수하게 된다. 어떤 사람들은 도움을 구하거나 도움을 받을 때 환영하면서 기쁘게 그런 과정을 밟는다. 그런가 하면, 그러한 도움을 거절하거나 그것에 대해 화를 내며 싸우는 사람들도 있다. 어떤 반응을 취하든지, 이러한 행동은 그들에게 도움이 필요하다는 것을 드러내는 것처럼 보인다.

가족치료를 할 때, 부모들은 흔히 어린 자녀나 청소년 자녀에 대한 염려 때문에 그들을 데리고 상담을 하러 온다. 그들이 볼 때 자녀들에게 어떤 문제나 어려움이 있다고 보기 때문이다. 부모들은 자녀에게서 이런 문제를 볼 때 어떻게 하든지 그들을 도와주려고 한다. 그래서 자녀들에게 더 사랑을 베풀거나 그들을 받아 주면서, 혹은 더 엄하게 훈육하면서 도우려고 하면 할수록 아이들의 상황은 더 나빠지는 것처럼 보인다. 그렇게 되면 부모는 자녀에 대해 더 많은 관심을 쏟게 되고, 함께 자녀의 문제를 해결하려고 하면서 연합하는 것처럼 보인다. 자녀에게 초점을 맞추면서 자신들 사이에 있는 어려운 문제들은 지금 당장 다루지 않아도 되거나 회피할 수 있는 것이다.

이러한 일은 교회 사역자들 간에도 일어날 수 있다. 교회 사역자들 간에 알게 모르게 어떤 긴장이나 불안한 상황이 발생하여 내면적인 압박이 점점 가중될 때면, 어느 한 사역자가 관심의 초점이 되는 일이 생길 수 있다. 그는 생활에 있어서 어떤 심각한 어려움을 겪고 있는 중이고, 그러면 다른 모든 사람들은 그에게 초점을 맞추면서 그를 도우려고 한다. 어떤 사람들은 그를 진심으로 염려하고 잘되기를 바라는 마음에서 그렇게 한다. 반면 상대방의 부적절한 행동이나 스스로 해결하려고 하지 않는 것처럼 보이는 어떤 모습에 대해 화를 내며 맞닥뜨려 공격하는 사람들도 있다. 그들은 때로 두 그룹으로 나뉘어 어떤 것이 어려움에 처한 동료에게 도움이 될 수 있는 가장 좋은 방법이 될 수 있을지에 대해 논쟁을 벌이기도 한다. 이런 과정에서 그들 모두는 어려움에 처한 동료에게 시선을 고정함으로써 자신들 안에 있는 불편함이나 불안은 외면하거나 회피할 수 있는 것이다.

　이러한 기능 패턴을 변화시키기기 위해서는 교회 사역자 자신들 안에 있는 해결되지 않은 문제들을 확인하는 과정이 필요하다. 즉, 무엇이 그들을 불안하게 하고 불편하게 만드는지를 찾아야 한다. 그들은 자기들 중의 한 사람이 어려운 문제에 봉착하였을 때 기꺼이 그에게 시선을 집중하였다. 그러나 그들이 다른 사람이 아닌 자신의 불안에 더 관심을 기울이고 자기 자신을 들여다보는 일에 좀 더 익숙하고 편해질 때, 도움이 필요한 문제 사역자라고 생각했던 그 사람 또한 스스로 자신의 삶을 좀 더 잘 다루어 가기 시작할 것이다.

　어떤 교회의 성도들이 다양한 정신적 문제를 가진 사람들로 구성된 한 지역사회 단체를 돕는 프로젝트를 실시하였다. 그들은 정신적인 문제를 갖고 있는 사람들이 스스로 자신의 삶을 조율할 수 있도록 그들에게 능력을 주려고 하였다. 이런 온정주의적인 모습에 거부감을 가진 사람도 있었지만, 그 지역사회 단체에서는 대체적으로 그들을 도우려는 교회의 관심과 노력을 환영하였다.

　교회 성도들은 그 지역사회 단체 사람들을 찾아가 그들의 생활과 활동에 열심히 관여하였다. 그러한 과정에서 그들이 일상에서 해야 할 많은 부분을 대신 떠맡아 감당하였다. 그런데 그들의 생활은 도리어 더 어렵고 혼란스러워졌다. 더 역기능적인 행동을 하고 반항하는 사람들도 생겨났다. 결국 교회 성도들은 이러한 문제 상황을 더 이상 감당하기 어렵게 되었다. 자신들이 도우려고 하면 할수록 그곳에 있는 사람들의 상태가 더 악화되었기 때문이었다. 결국 갈등 상황만 더 커지게 되었다.

결국 지역사회 지원 프로젝트에 참가한 성도들은 서서히 상대방에게 무조건 '도움'을 주어야겠다는 어떤 생각이나 충동에 근거하여 행동하기보다는 상대가 원하는 것이 무엇인지, 어떤 관계를 맺고 싶어 하는지 등에 대해 귀를 기울여야 한다는 것을 알게 되었다. 그러면서 자신들의 행동 이면에 있는 어떤 어색함이나 불안에 좌우되기보다는, 상대의 관심과 필요를 듣고 질문하는 것에 초점을 기울였다. 그들은 도움을 주는 대상자들을 변화시키려고 하는 어떤 의도나 계획을 갖고 질문하지 않았다. 그러자 분명한 변화와 성장의 조짐이 나타나기 시작하였다. 그리고 그 사람들이 스스로의 힘으로는 할 수 없는, 그래서 그들의 도움이 필요한 구체적이고도 분명한 영역들을 찾아내었다. 하지만 그들이 줄 수 있었던 가장 큰 도움은, 자신들의 긴장이나 불안에 사로잡혀 무엇이든 도와주려고 하는 충동을 자제하고 단순히 관심을 보여 주고 그들을 알아 가려고 하는 것에 있었다.

그 지역사회 단체의 사람들이 교회의 이러한 새로운 접근을 항상 좋아했던 것은 아니었다. 그들은 스스로 일상생활의 일들을 알아서 감당하고 더 많은 책임을 지는 것에 대한 불안감이 있었다. 다른 사람들이 와서 자신들을 도와주고 필요한 일들을 대신 해주는 것에 익숙해 있었기 때문이었다. 그래서 "당신들은 이제 변했어요! 더 이상 우리들에 대해 전처럼 신경을 써 주지 않잖아요. 우리한테 관심이 있다면, 이렇게 우리 스스로 이런 일들을 하도록 내버려 두지는 않을 거예요." 이러한 상황에서 지원 프로젝트에 참여한 교회 성도들이 감당해야 했던 것은 이렇게 돌아가는 모든 상황을 유념함으로써 자기 내면의 충동이나 불안을 잠재우는 것이었다. 그리고 다른 사람들의 비난에 거리를 두는 반응을 보이기보다 관계의 연결성을 지속하고, 스스로 자신이 책임질 것은 무엇이고 아닌 것은 무엇인지를 분명하게 파악하는 것이었다.

제3자에 대한 투사의 또 다른 방식은 다른 사람을 비난하는 사람들에게 동조하거나 그러한 행위에 참여하는 것이다. 이것은 사람만 아니라 어떤 사물이나 대상에도 똑같이 적용된다. 다른 사람을 비판하거나 문제의 원인으로 지목하고 그것에 동조하는 현상은 교회에서 늘 있어 왔다. 교회가 보수적이든, 자유주의적이든, 어떤 유형의 정치적인 색채를 띠든 그것은 여기에서 문제가 되지 않는다.

인종주의는 제3자에 대한 투사의 탁월한 예다. 그것은 다른 사람들에 대한 증오뿐만 아니라, 자기 내면의 인식되지 않은 불편함이나 불안으로 강화된다. 사람들은 특정한 인종이나 최근의 이민자 등 제3자에게 초점을 맞추면서, 자기 자신의 내면의 문제나 불안을 회피하려고 한다. 다양한 유형의 백인 우월주의 지도자들은 대부분 가난한 백인들의 두려움을 자극하여 그것을 제3자인 흑인들에게 투사하고 싸우도록 만들었다. 이것은 제3자에 대한 투사의 과정이 대규모 사회현상으로 진행될 수 있다는 것을 보여 주는 한 가지 사례다.

핵심 지도자의 기능장애

교회 내 핵심 지도자의 역기능이나 기능장애는 신체적, 정서적, 혹은 사회적인 차원에서 발생할 수 있다. 어떤 교회 사역자가 알콜중독과 같은 문제를 갖고 있다면, 이는 그가 세 가지 차원에서 다 문제가 있음을 의미하는 것이다.

　교회 지도자들의 행동이나 기능은 교회의 정서 체계와 긴밀한 관계가 있을 수 있다. 그래서 교회의 체계 내에 어떤 긴장이나 불안이 증가하기 시작하면 자기 자신에 대한 조절 능력에 손상이 올 수 있다. 교회 전체 체계 내에 존재하는 불안이 교회 지도자들에게 영향을 주는 일은 흔히 일어나는 현상이다. 그리고 그런 지도자들은 성도들의 관심의 대상이 되기도 한다.

　물론, 교회가 그들 지도자들로 하여금 정신적 고통을 당하거나, 심장병에 걸리는 데 원인을 제공하는 것은 아니다. 교회 돈을 훔치거나 유용하게 하는 것도 아니다. 많은 요인들이 결합되어 지도자들에게 이러한 문제 현상이 발생하게 되는 것이다. 그러나 어떤 정서 체계나 과정에 속해 있느냐에 따라 그 안에 존재하는 불안이 지도자들에게 이러한 증상을 촉발하게 하는 요인으로 작용할 수 있다.

　교회 지도자들은 자신의 책임이 아닌 것에 대해 책임을 지려고 하면서 불안을 경험하는 경향이 있다. 그렇게 하면 할수록 그 자신이 역기능적이 될 가능성은 더욱 커진다. 사람들의 관계 체계 안에 불안이나 긴장이 발생할 때, 어떤 사람이 그것을 흡수하여 책임을 지면 체계 전체는 일단 안정되는 특성이 있다. 그래서 사람들의 모임에서는 종종 자기도 모르는 사이에 이러한 관계 패턴이 나타난다. 어떤 지도자가 자신의 불안을 맡아서 완화시켜 준다면, 그 사람의 삶은 일단 훨씬 수월하게 된다.

　역기능적인 상황에 처하는 지도자는 대개의 경우 과다기능을 하는 입장에 있다. 누구보다도 과다기능자에 해당하였던 어떤 목회자가 심각하게 정신적인 쇠약 증세를 보이며 무너졌다. 그래서 2주 동안 병원에 입원한 후 3개월 간의 휴가를 가졌다. 휴식을 취하면서 그의 정서적 상태는 크게 호전되었다. 하지만 업무에 복귀한 지 한 달이 못되어 다시 예전의 정서적 압박이 되살아나는 것을 느꼈다.

이 목회자는 상담을 통해 자신이 걱정하고 염려하는 것이 많다는 것을 발견하였다. 질병에 걸린 연로한 부모를 봉양하는 문제와 수시로 도와달라고 요청하는 동생, 성도들에게 발생하는 수많은 문제 등이 늘 자신을 둘러싸고 있었다. 성도들은 언제나 그들을 돌보며 끝없이 사역하는 이 목회자를 사랑이 많은 훌륭한 목회자로 인식하고 있었다. 그는 자신만의 개인적 삶이나 친구도, 즐기는 것도 없이 사역하였다. 하지만 그가 정신적으로 무너져 내린 것은 너무 오랫동안 일했거나 과로해서 그런 것이 아니었다. 그것은 다른 사람들을 위해 끊임없이 과다기능을 하는 과정에서 도맡아 왔던 수많은 불안과 관련이 있었다. 그가 성도들을 위해 과다기능을 하면 할수록, 그들은 자신들의 안녕과 자신들이 해야 할 것들을 그에게 의존하며 그에게 책임을 지워 왔던 것이다.

이 목회자는 자신의 책임 한계를 분명히 하기 위해 많은 노력을 기울였다. 그리고 어려움을 겪고 있는 성도들을 어떻게 돌보고 관계를 맺어야 하는지 새로운 방법들을 배웠다. 다른 사람들의 일이나 그들이 스스로 할 수 있는 것들을 대신 하려고 하지 않았다. 다른 사람의 책임에 대해 신경을 덜 쓰려고 노력하였다. 그 일들이 완벽하게 되지 않거나 자신의 기준에 미치지 못하더라도 상관없었다. 자신에 대해서도 스스로 가졌던 기준들을 낮추었다. 그리고 한 주에 이틀씩 업무에서 벗어나 쉬었고, 어린 시절 이후로 하지 못했던 일들을 즐기기 시작하였다.

교회 성도들과 가족들로부터 분화되고, 자신과 다른 사람들 간의 정서적 경계에 대한 분명한 인식을 하게 되면서 그는 훨씬 건강하고 더 훌륭한 목회자가 되었다. 그는 다른 사람들의 책임을 대신 져 주는 것이 사실은 얼마나 바람직하지 못하고 잘못된 것인가를 깨닫기 시작하였다. 그것은 다른 사람들이 스스로 성장할 수 있는 기회를 빼앗는 것이며, 자신과 관련해서는 창의적인 리더십을 발휘할 수 있는 기회를 박탈하는 것이었다.

목회자는 사역의 특성상 교회에서 과다기능자가 될 가능성이 아주 높다. 이것은 결국 그들에게 다양한 역기능적 상황을 초래하게 만드는 요인이 될 수 있다. 이런 현상은 목회자뿐 아니라 평신도 리더들에게도 얼마든지 일어날 수 있다. 평생에 걸쳐 가족이나 친구들과의 관계, 직장이나 각종 사회생활에서 과다기능의 유혹을 받는 이들이 있다. 전반적인 삶의 각 영역에서 다양한 과다기능을 수행하는 사람들은 스스로 정서적, 신체적, 혹은 사회적 차원에서 역기능적인 문제들을 경험하게 될 수 있다.

교회 체계가 잘 분화된 경우, 이러한 증상들은 덜 나타난다. 이런 교회 성도들은 자신들의 불안이나 긴장의 원인을 직접적으로 그리고 공개적으로 직면하는 것에 그리 불편을 느끼지 않는다. 도리어 그것들을 어떻게 효과적으로 다룰 수 있을지 생각한다. 자신들이 불안해지는 것에 대해 별로 불안해하지 않는다. 자신들 사이에 있는 차이점들에 대해 편하게 수용하고, 그러한 차이점들이 있음에도 불구하고 서로 친밀한 관계를 유지할 수 있게 된다. 그리고 자신들의 삶과 사역을 향한 하나님의 부르심에 좀 더 온전히, 자신 있게, 책임을 다해 협동하며 반응할 수 있다.

생각할 것들

자신과 관련하여

1. 자신과 다른 사람과의 관계에서 책임 있게 기능하는 것에 있어서 당신은 과다-과소기능 중에서 어느 정도에 있다고 보는가?

2. 당신 교회에서 제3자에 대한 투사 현상이 진행될 때 당신도 거기에 참여한 적이 있는가?

3. 당신은 교회 리더로서 정서적으로, 신체적으로, 혹은 사회적으로 역기능적인 문제를 경험한 적이 있는가? 있다면, 이 경험과 교회의 불안과는 어떤 연관성이 있다고 보는가? 스트레스를 경험한 적이 있다면, 다른 사람들에 대한 책임감과 관련된 문제는 아니었는가?

4. 교회에서 다른 사람들이 당신에게 여러 가지 기대를 할 때, 혹은 불편한 상황이 전개될 때, 당신은 이러한 상황을 다루기 위해 정서적 거리 두기를 사용한 적이 있는가? 있다면, 어느 정도나 그렇게 하였는가?

5. 다른 사람들이 당신으로부터 거리를 두게 만드는 어떤 특별한 방법이라도 있는가? 당신이 주로 사용하는 방법은 어떤 것인가?

6. 다른 사람들로부터 자신을 숨기거나 거리를 두고 싶은 유혹이 들 때, 당신 자신을 있는 그대로 드러내는 위험을 감수한 적이 있는

가?

7. 지금 다른 사람과 갈등을 경험하고 있는 것이 있다면 무엇인가? 이 상황이 발생하도록 당신이 기여한 것이 있는지, 있다면 어느 정도나 그렇게 했는지 당신 자신을 있는 그대로 열어 놓고 살펴보라.

8. 당신은 다른 사람의 책임에 해당하는 것을 대신 담당함으로써 그들의 불안을 떠맡았던 경험이 있는가? 있다면, 이것이 당신과 그 사람들에게 어떤 영향을 주었는가?

9. 궁극적으로는 자신이 책임져야 할 것을 다른 사람들에게 어떤 책임의식을 느끼게 해 떠맡기는 경향이 있는가? 그렇다면, 어떻게 그렇게 하는가?

그룹 토론을 위하여

1. 우리는 앞에서 교회의 정서적 기능과 관련하여 나타나는 문제 증상들을 살펴보았다. 그동안 당신 교회에서 발생한 어려움들을 돌아볼 때, 이러한 증상들에 해당하는 것이 있는가?

2. 이 교회에서 사람들은 어떤 방법으로 서로에게서 정서적 거리를 유지하려고 하는가?

3. 어떤 사람들이 이 교회로부터 자기 자신을 단절시키거나 교회를 떠날 때, 남은 사람들은 그러한 행동을 어떻게 이해하는 경향이 있는가? 교회를 떠난 사람들을 비난하는가, 아니면 교회의 정서적 안전도를 점검하려고 하는가?

4. 하나님이 이 교회의 약함을 통해 도리어 교회를 강하게 하신 것은 무엇인가? 어떤 방법으로 그렇게 하셨는가?

5. 당신 교회에서 제3자에 대한 투사 현상이 진행되는 것을 본 적이 있는가? 그동안 교회 안팎에서 '문제 인물'로 지목되거나 비난 받은 사람은 어떤 이들이었는가?

6. 그동안 다른 사람에 대한 투사 과정을 중단하고 자기 자신의 문제와 불안을 적절하게 다루었다고 생각되는 사람들이 있는가?

7. 당신 교회의 체계에 내재하는 불안이나 긴장이 교회 내의 특정한 사람, 즉 목회자나 다른 어떤 리더에게 집중되는 현상이 나타난 적이 있는가? 어떤 방식으로 그러한 상황이 진행되는가?

CREATING

A HEALTHIER CHURCH

출생순위와 리더십 스타일

에서가 야곱을 미워하여……[창 27:41].

마르다라 이름하는 한 여자가 자기 집으로 영접하더라
그에게 마리아라 하는 동생이 있어……[눅 10:38-39].

출생순위이론

교회 지도자들의 리더십 스타일에 영향을 주는 주요 요인의 하나는 가정에서의 출생순위, 즉 몇 번째 자녀로 태어났는가 하는 것이다. 출생순위이론은 같은 가정에서 태어나 자란 자녀인데도 왜 서로 그렇게 다른지에 대한 이유를 설명하는 데 도움이 된다. 그리고 성인이 되어 교회를 비롯한 여타의 단체에서 왜 특정한 관계 형태나 리더십 스타일을 취하는지를 설명하는 데도 도움을 준다. 잘 알려진 바대로, 맏이들은 천성적으로 지도자의 자질을 갖고 있다. 그러나 사실, 각각의 출생순위들은 저마다 나름대로의 리더십 자질들을 갖고 있다.

심리학자 월터 토만(Walter Toman)은 유럽과 미국에서 수많은 '정상적'인 사람들을 조사하면서 각각의 출생순위에 부합되는 어떤 공통적인 특성들을 찾아내었다. 이 장은 그의 연구에 근거하고 있다.

출생순위이론은 결혼생활에 대해, 자녀를 양육하는 방식에 대해 많은 시사점을 준다. 이 외에도 우리가 어떤 친구들을 사귀는지, 이러한 친구관계를 어떻게 발전시켜 가는지, 심지어는 어떤 직업을 갖고, 어떻게 직업을 수행하는지 등에 대해서도 많은 것을 말해 준다. 그러나 이 장에서는 출생순위에 대한 몇 가지 기본적인 특성들을 설명하고, 이것이 교회에서의 리더십 스타일과 어떤 연관성이 있는지, 무엇을 의미하는지 등에 대해 간략하게 소개하고자 한다.

각 사람들이 드러내는 특성들은 저마다 조금씩 차이가 있다. 그래서 어떤 사람은 전형적인 맏이나 중간 자녀, 혹은 막내의 모습과 다를 수 있다. 그리고 이 장에서 제시되는 모든 특성 유형에 전적으로 들어맞는 사람은 없다. 이 장은 다만 각 출생순위에 대한 일반적이면서도 전형적인 모습들을 소개할 뿐이다. 〔좀 더 구체적인 사항에 대해서는 『출생순위와 당신』(*Birth Order and You*, Richardson and Richardson, Self-Counsel Press)이라는 책을 참고하라.〕

이 장에 기록된 내용들은 사람들이 그렇게 행동해야 한다거나 행동할 것이라는 규범적인 것이 아니다. 단지 대부분의 사람들이 다른 이들과의 관계에서 어떻게 기능하고 행동하는지에 대해 서술한 것일 뿐이다. 예를 들면, 직장에서 함께 일하는 어떤 두 사람이 성격적으로 자주 부딪치고 갈등을 일으킨다면 그들의 출생순위가 서로 충돌을 일으키는 위치에 있기 때문일 수도 있다. 즉, 두 사람 다 첫째 자녀로 태어났기 때문일 수도 있는 것이다. 출생순위의 관점에서 자신들이 겪는 문제 상황을 잘 이해하고 조금씩 자신의 행동을 조절함으로써 이들은 좀 더 효과적으로 함께 일할 수 있다.

　출생순위이론은 어떤 사람들은 서로 다른 것이 많음에도 불구하고 별다른 어려움 없이 쉽게 잘 적응하는가 하면, 다른 사람들과는 전혀 그러지 못하는 이유를 설명하는 데 도움이 된다. 예를 들면, 여자 동생들을 둔 남성과 오빠들을 둔 여성은 대개의 경우 서로 잘 맞는다. 이들은 서로 보완적인 출생순위에 있기 때문에, 대체적으로 행복한 가정에서 성장했다고 가정할 때, 직장에서 함께 일하면서 서로 편안하게 느낄 가능성이 크다.

　한 교회에서 사역하는 6명의 사역자들이 나를 찾아와 자신들이 자주 '권력투쟁'을 겪는 문제에 대해 도움을 요청하였다. 이들 각자는 모두 나름대로 능력이 있는 사람들이었다. 그러면서도 서로 상대방이 어떻게 하면 더 좋겠다는 생각을 갖고, 상대방의 영역에 발을 들여놓는 경우가 종종 있었다. 그들은 그동안 탁월한 업적도 남겼고 상당한 힘도 가진 그룹이었지만 상호간의 갈등으로 분열되어 있었고, 이러한 갈등이 지속될 경우 몇 사람은 그들의 사역지를 떠날 상황이었다.

　이들의 가족상황을 살펴본 결과, 그중 5명은 맏이로 태어나 전형적으로 가족에게서 존중을 받으며 모든 것을 좌우하는 사람으로 성장했다는 것이 밝혀졌다. 그들은 자신들에게 맡겨진 일들을 잘 처리할 수 있었다. 그러나 그것은 '내' 방식대로 되어야 했다. 나머지 한 사역자는 가정의 중간 자녀로 태어났다. 그는 교회에서 일을 하면서 사역자들 간에 어떤 갈등이 생기면 여기저기 뛰어다니면서 그것을 막고 다시 의사소통이 재개되도록 하는 역할을 맡았다. 화해를 위한 이러한 중재 기술은 그가 성장해 온 가족 환경에서 비롯된 것이었다. 중간 자녀에게서 전형적으로 드러나는 중개자로서의 모습을 가정에서 발전시켰던 것이다.

각각의 출생순위는 나름대로 장단점을 갖고 있다. 이러한 것들이 교회에서 어떤 일을 수행하거나 목표를 달성하는 데 도움이 되기도 하고 어려움을 주기도 한다. 사람들은 저마다 자신의 본성적인 장점들을 강화할 수 있다. 그리고 자신의 출생순위에서 오는 어떤 제한이나 한계들에 대해서는 그것들을 뛰어넘어 성장할 수 있다. 좀 더 분화된 사람이 되기 위해 노력할 때 이러한 제한점들은 상당 부분 자동적으로 점검되고 변화될 것이다.

맏이

맏이로 태어난 이 '타고난 지도자들'은 어려서부터 자연스레 다른 사람들에게 권위를 행사하며 성장한다. 대개의 경우 부모에 의해 이러한 위치에 놓이게 된다. 동생들보다 자신이 더 아는 것도 많고 능력도 있다는 것을 경험하면서 그들을 지시하고 돕고 이끌어 가는 역할에 익숙해진다. 이러한 경험을 통해 자신의 모습을 형성해 가며, 더 많이 알고 더 많은 것을 할 수 있기 위해 더 노력하는 경향이 있다. 이들은 많은 경우 '책임감'이 아주 높은 편이다.

대다수 역대 미국 대통령들은 장남으로 태어났거나 독자였던 경우가 많다. 막내로 태어난 경우는 세 사람에 불과하다. 미국의 최초 우주 비행사 23명 중 21명은 맏이로 태어났거나 외동이었다. 크게 성공하여 기업 경영자의 자리까지 올라간 여성 25명을 조사한 결과, 모두 맏이이거나 외동이었다. 남자 형제가 있었던 사람이 없었다. 이처럼 맏이들은 열심히 일하고 사회적으로 인정받는 위치에 오르는 경우가 많다.

그러나 이들은 맏이라는 위치에서 오는 책임감으로 인해 부담과 어려움을 겪기도 한다. 이것은 다른 사람들에게도 부담스러운 요소로 작용할 수 있다. 이들 중에는 일중독에 빠지거나 완벽주의적인 혹은 온갖 염려에 시달리는 사람들이 많다. 실수할까 봐, 그래서 수치를 당할까 봐 압박감을 느낀다. 대개 겉으로 드러내지는 않지만 이들은 다른 사람들의 비판에 민감하게 반응한다. 경직되고 엄하거나 심각하며, 보수적인 성향을 많이 드러낸다.

그래서 사람들은 맏이로 태어난 이러한 사람들을 좋아하지 않는 경향이 있다. 이런 까닭에 맏이들은 외로움을 많이 느끼기도 한다. 종종 그룹에 잘 합류하지 못하고 자신이 겉도는 사람처럼 느낀다. 일처리를 잘하여 인정을 받기도 하지만, 사람들과 어울려 환영받으며 함께 즐거워하는 삶이나 그런 관계를 구축하기란 그리 쉬운 일이 아니다.

여동생들을 둔 맏딸

이런 유형의 여성은 대개 강하고 능력이 있으며, 자신의 의지가 분명하다. 본인들은 좋아하지 않을지라도 사람들은 이들이 지배적이고 공격적이며 남을 압도하는 경향이 있다고 말한다. 대체로 남자를 기쁘게 하거나 그들의 마음에 드는 입발린 말을 하는 것에는 관심이 없지만 아버지와 같은 존재의 남성에게는 그를 기쁘게 하기 위해 노력한다.

이들은 자기 보호 아래에 있는 사람들을 돌보고 인도하는 것에 철저하다. 어떻게 하든지 그들을 보호하려고 애쓰며 때로는 엄하게 대하기도 한다. 자신은 다른 사람들을 위해 그러한 행동을 한다고 생각하지만, 상대방은 그들이 지배적이고 참견하기를 좋아하며 자신들에게는 도움이 안 된다고 본다.

교회에 가면 대개 보수적인 입장을 취한다. 도덕성을 높이 강조하고, 권위자를 지지하며, 성령의 역사하심을 인정하는 것보다는 율법적인 태도를 취한다. 하나님의 주권과 인도하심을 강하게 주장하면서도 하나님은 스스로 돕는 자를 돕는다는 깊은 확신을 갖는다.

이러한 여성들은 대체로 주도적인 어머니, 수간호사, 학교 교장 등이 되는 경우가 많다. 직장에서는 최고의 위치에 오르는 여성들도 많다. 영국의 전성기 시절 최장기간 영국을 지배하였던 빅토리아 여왕과 같은 이미지가 부여되기도 한다.

하나님을 헌신적으로 섬기는 사람들 중에는 이러한 여성들이 많다. '하나님을 등에 업고' 이들이 어떤 주장을 하거나 행동을 하면 그것에 반대하기란 쉬운 일이 아니다. 자기 주변에 어떤 일이 일어나고 있는지 꼼꼼하게 살피고, 사람들이 자기 책임을 제대로 다하기를 기대한다.

남동생들을 둔 맏딸

우리는 이들에게서도 다른 맏이들에게서 나타나는 특성들을 찾아볼 수 있다. 그러나 여동생들을 둔 맏딸의 경우와 비교할 때, 이들은 비교적 남성에 대한 배려와 관심이 더 많다. 자신을 여권주의자라고 생각하는 사람이라 할지라도 남성을 위해 기꺼이 자신의 능력이나 강점을 뒤로 하고 그들을 도우며 그들이 잘되게 하기 위해 노력한다. 남성과의 관계에 별 어려움을 겪지 않으며, 남성들도 이들과 잘 지낸다. 남자 형제들을 많이 둔 여성일수록 여러 남성들과 함께 있는 것에 어려움을 느끼지 않는다. 남성들을 위해 무언가를 하려고 하며, 남성들은 이러한 여성에게 의존적이 되기도 한다. 그러나 이러한 행동방식을 이해하지 못하거나, 자기 자신을 드러내려고 하는 다른 여성들에 대해서는 별로 관용적이지 않다. 자기 남자들을 공격하는 여성들에 대해서도 호의적이지 않다.

교회에서는 대개 모든 일에 중도적인 입장을 취한다. 자신과 다른 사람들을 사려 깊게 대하고, 중재의 가치와 중요성을 확신한다. 남성들이 지도자의 위치에 있는 것에 불만이 없지만 자기 아내의 소리에 귀기울이는 사람이 되어야 한다고 생각한다. 그 아내들이 자기와 같다면 남편들에게 있어 지혜의 근원이 될 것이라고 믿기 때문이다. 종교나 신학과 같은 문제에 대해서는 별로 관심을 기울이지 않으며, 그러한 문제들 때문에 위축되는 일도 별로 없다.

이러한 여성들이 지도자가 되면 다른 이들을 돌보며 뒤에서 맡은 일들을 잘 감당한다. 다른 사람들을 친절하고도 사려 깊게 이끌어 가며 일을 잘 분배할 줄 안다. 이러한 여성들과 함께 일하는 남성은 그들 덕분에 좋은 점수를 받곤 한다. 하지만 이들은 남성들과 경쟁하거나 그러한 모습으로 비춰지기를 원하지 않는다. 자기 없이는 그들이 그렇게 일할 수 없었다는 것을 알기 때문이다. 이런 여성들은 분위기를 좋게 만들어 긍정적인 결과를 가져오도록 기여한다. 교회에서 가장 열심히 일하는 사람들에 해당하며, 어떤 일에도 쉽게 실망하거나 좌절하지 않는다.

남동생들을 둔 맏아들

이러한 남성들은 대개 '보스'에 해당하는 기질을 보인다. 무슨 일을 해도 자기가 주도해야 한다. 어떤 일을 하든지 잘해야 하고 경쟁에서도 이기기를 원한다. 많은 경우에 성공을 맛보며 살아간다. 섣불리 위험을 감수하려고 하지 않으며 매우 실리적이고 실용적인 태도를 취한다. 모든 일에 사실과 기초를 중요시한다. 군 장성들과 기업 수뇌부의 상당수는 주로 이러한 형제 위치에 있는 사람들이다.

이들은 거칠고 엄격하며 보수적인 경향이 있다. 다른 사람들을 잘 이해하려고 하지 않으며, 상대방 또한 이들이 자신들을 잘 이해하지 못하고 있다고 느낀다. 다른 사람들과 가까워지는 것은 이들이 잘할 수 있는 일이 아니다. 가깝게 지내는 사람들이 있다면, 여성보다는 주로 남성들이며, 그것도 상대 남성들이 자신의 주장이나 인도에 동의하고 잘 따를 때 그렇다. 여성들에게는 많은 것을 기대하지만 그들을 위해 해주는 것은 별로 없다. 마치 자신의 어린 남동생들을 대하는 것처럼 하는 경향이 있다.

교회에서 이들은 자신이 하나님과 가장 가까운 사람처럼 생각하고 행동하는 경향이 있다. 그래서 마치 하나님의 대리인으로서 모든 것을 바로잡기 위해 존재하는 것처럼 행동하기도 한다. 어떤 큰 주제나 규모가 있는 것들을 좋아하며, 흔히 신학을 무엇보다 중요한 이해의

틀이라고 생각하고 그것에 빠지기도 한다. 교회에 새로운 건물을 짓는 건축 캠페인을 먼저 주창하기도 한다. 그렇지만 자신이 그러한 일을 가능하게 할 수 있다는 확신이 들 때에만 그렇게 한다.

이러한 사람들은 때로 독재적인 것처럼 보이기는 하지만, 대개 훌륭한 지도자로 인식된다. 강한 리더십을 신봉하며 그것을 주장한다. 다른 사람들을 대신하여 책임지는 것을 좋아하며, 그들을 위한 계획을 세우는 것에도 거부감이 없다. 자신의 계획이 가장 좋다고 확신하기 때문이다. 자기 교회에 대해서도 최고의 교회가 되기를 원하며, 다른 사람들도 이것을 위해 최선을 다하여 수고하고 충성하기를 기대한다.

여동생들을 둔 맏아들

이 유형의 남성들은 남동생들을 둔 전자에 비해 편하게 살아가려고 하며 무엇을 이루기 위해 쫓기며 살려고 하지 않는다. 사려가 깊고 친절하고 부드러우며, 훨씬 비이기적이다. 산부인과 의사로 일하는 상당수 남성들이 바로 이 출생순위인 경우다.

이들은 다른 사람들과의 관계를 잘 관리하고 그것을 즐길 수 있다. 특별히 여성들과 잘 지낸다. 모든 것이 잘되기를 바라지만, 희생을 감수하면서까지 그렇게 하지는 않는다. '순리대로 살아가는 것'을 인간관계의 좌우명으로 삼는 경우가 많다.

교회에서는 대개 온건 보수파에 해당한다. 강한 자유방임적 태도를 취하기도 한다. 나름대로 많은 것을 알고 있고 똑똑하지만 삶이라는 것이 꼭 생각처럼 돌아가는 것이 아니라는 사실을 이해한다. 그래서 어떤 이념이나 사상에 자신을 내던지지 않는다. 토론을 좋아하고 자기 나름의 견해도 있지만 어떤 신념을 위해 자신의 모든 것을 걸거나 그것에 매달려야 할 필요를 별로 느끼지 않는다.

이들은 대개 따스하고, 부성적이며, 남을 돌볼 줄 아는 리더로 인식된다. 리더십의 기본은 사람들 스스로 자신의 삶을 살도록 하는 것이며, 그렇게 하기 위해 그들에게 장애가 되지 않는 것이라고 믿는다. 열심히 일하고 자기 일에 책임질 줄 안다. 대하기 어렵지 않은 상사이기도 하다. 어떤 어려움이나 도전이 닥칠지라도 쉽게 포기하거나 좌절하지 않는다.

막내

막내 자녀로 태어난 사람들은 아무리 70대 노인이 되어도 언제나 가족의 '막내아이'다. 이들이 이런 말을 좋아하든 안 하든, 가족에게서 가장 오랫동안 보살핌을 받고 자라며, 그러다 보니 다른 사람을 돌보고 도울 기회는 별로 주어지지 않는다. 손위 형제자매들보다 훨씬 더 자기가 하고 싶은 대로 하려는 경향이 있다. 주변 사람들은 이런 그들을 '귀엽다' 혹은 '버릇이 없다'고 생각한다. 이들 스스로는 다른 동료들이나 권위자들로부터 자기 자신이 신중하게 받아들여지거나, 자기 생각이 심각하게 수용된다고 느끼지 못하며 성장할 수 있다.

막내 자녀들에 대한 부모의 기대는 손위 형제자매들에 비해 상대적으로 낮은 편이다. 그래서 이들은 무엇을 성취해야 한다는 압박감을 덜 느낀다. 따라서 자기 절제나 자기 훈련에 있어서도 다른 사람에 비해 낮은 수준에 머물러 있을 수 있다. 인생을 어떻게 살아가야 할지에 대해서도 덜 분명하며 확고한 결정을 내리지 못하는 경우가 많다. 때로 다른 사람들에게 전적으로 의존하는 시기가 있는가 하면, 아무 도움도 필요없다며 반항적인 태도를 보일 때도 있다. 다른 형제자매들이 이들에게 얼마나 주장하는 태도를 보이고 짓궂게 하느냐에 따라 이들의 반항 수위는 달라질 수 있다.

가정 내에서 가장 어리고 작다 보니 이들은 자기 스스로의 힘으로는 자신이 원하는 것을 얻어 내기가 쉽지 않다는 것을 알아차린다. 그래서 그들은 좀 더 교묘하고 영리해져야 한다. 때로는 다른 사람들의 눈치를 살피고, 사람들을 이용하기도 한다. 이들은 얼굴을 찡그리며 울먹이는 것과 귀엽게 웃는 것이 어떤 결과를 가져다줄지, 그것이 어떤 가치가 있는지를 본능적으로 이해한다.

이 유형의 사람들은 대체로 리더십의 위치에 오르지 않는다. 적어도 우리가 일반적으로 생각하는 그런 리더십은 아니다. 하지만, 이들 가운데 지도자가 된 이들은 다른 사람들이 자신에게 복종하며 따르는 것보다 자신이 그들에게 인정받으며 사랑받는 것이 더 중요하다. 이들은 매우 사교적이며 동료들에게 인기가 많다. 즐거운 시간을 갖는 것을 좋아한다. 그러나 가족이나 다른 사람들로부터 놀림을 당하거나 무안한 일을 겪으면 이내 얼굴을 붉히며 뒤로 물러나는 경향이 있다.

언니들을 둔 막내딸

이들은 천성적인 막내로서 대개 밝고 명랑하며 즉흥적이다. 가족의 전통이나 분위기가 일반적으로 용납하는 범주를 벗어난 일을 저지르는 유형이기도 하다. 곧잘 여성스러운 면모를 연기하며 귀엽게 재잘거린다. 그러면서도 남에게 지지 않으려고 하는 모습을 보이기도 한다. 변화를 즐기지만 그 관심사나 행동하는 것이 예측하기 어려워 사람들은 이들이 어디로 튈지 파악하기가 쉽지 않다.

이러한 유형의 여성들에게 있어서 지지 않으려고 하는 경쟁적인 측면은 다른 여성들과의 관계에서 더 분명하게 그 모습을 드러낸다. 친구들과의 관계나 결혼, 자녀, 물질, 그것이 무엇이든 자신이 가치를 두는 것이나 원하는 것이 있으면 더 많이 그리고 즉각적으로 그것을 가지려고 한다. 언니들이 많을수록 남성들보다는 여성들과의 활동에 더 많이 관여하게 된다.

교회에서는 어떤 이념이나 정치적 입장이 대두되든지, 자신이 그 안에서 무언가를 해야 하는 상황만 아니라면, 어떤 입장을 택하든지 상관없다. 이 유형의 여성들은 대체로 변화를 따르는 사람들이다. 어떤 것에 대한 확신을 가질 때에도 냉철한 사고보다는 느낌이 우선된다. 어떤 것에 몰두한다면, 그것에 대한 확신이 있기 때문에 그럴 수도 있지만 뚜렷한 이유나 이해가 없이도 그럴 수 있다.

이러한 여성은 리더십에 있어서 화려한 조명을 받기를 좋아한다. 사람들에게 즐겁게 열정을 갖고 무언가를 새롭게 시도하고픈 마음을 갖게 한다. 함께 일하고 싶은 마음이 들게 한다. 그러나 다른 사람들의 도움이나 지원이 없이는 끝까지 지도자의 역할을 수행하는 데 어려움을 겪는다. 특별히 어떤 어려움에 봉착하게 되면 그 일을 다른 사람들에게 넘겨 그들이 대신 떠맡게 하고 싶어한다. 스스로 어떤 결정을 내리거나, 어떤 결정을 내린 후 그것을 끝까지 유지하는 데 어려움을 느낀다.

오빠들을 둔 막내딸

이들은 대개 매력적이고 유쾌한 여성들이다. 남성들과 잘 어울릴 수 있다. 다양한 남성적인 특성들을 갖고 있기도 하다. 독립적이고 많은 능력과 기술을 갖고 있는 것처럼 보인다. 그러나 그것들을 과시하거나 드러내는 것을 좋아하지 않는다.

그녀는 남성의 세계에서 별 어려움 없이 잘 살아갈 수 있다. 다양한 기회들도 주어진다. 때로 어떤 결정을 내려야 할 때 그것이 남성들과의 친구관계를 상실하게 만드는 것이라면 매우 힘든 일이 아닐 수 없다. 강하고 능력 있는 남성들을 존중하지만 그들을 돌보는 일에 자신을 투자하지는 않는다.

교회에서는 언니들을 둔 막내딸에 비해 좀 더 전통적이고 보수적인 경향을 보인다. 하나님이나 남성 지도자들에게서 어떤 가부장적인 모습을 볼 때 즉각적으로 그것에 흥분하거나 하지 않는다. 그리고 결국은 남성 지도자들과 좋은 관계를 회복하거나 유지한다.

이러한 여성들은 본성적으로 다른 사람들을 이끌어 가기보다는 잘 따라가는 사람이다. 이들이 리더십의 위치에 오르게 되면, 그 역할을 잘 수행할 수 있다. 다만 다른 사람들, 특히 남성들이 자신이 하는 일을 인정할 때 그렇게 할 수 있다. 이들은 장기적인 목표에 매달리지 않는다. 중간에 너무나 좋은 다른 기회들이 많이 발생하기 때문이다. 단순하면서도 요령 있고, 상식적인 방식으로 일이 진행될 때 이들의 리더십은 가장 큰 효과를 발휘한다.

형들을 둔 막내아들

이런 유형의 남성들에게는 모험을 추구하는 반항아적 기질이 있다. 언니들을 둔 막내딸의 경우처럼, 저돌적이고 예측하기 어려우며, 감정과 행동이 일정하지 않다. 계획하기보다는 '지금-여기'에 더 충실한 사람이다.

이 사람은 다른 사람들에게 지는 것을 좋아하지 않는다. 자신의 절제나 훈련 부족이 원인일지라도 그런 상황에 직면하는 것을 꺼린다. 다른 사람에게 두 손 드는 것을 좋아하지 않기 때문에 자신이 원하는 대로 일이 진행되지 않으면 아예 모든 것을 내려놓고 자신이 속한 그룹이나 그런 상황 자체를 떠나려고 한다. 이들에게 있어서 여성은 이해하기 힘든 존재다. 하지만 여성들 중에는 이런 사람을 돌보기 위해 접근하는 경우들이 있다. 여성보다는 남성들과의 관계가 더 편하지만 동시에 경쟁적인 태도를 취한다. 이런 경우에, 이들은 열심히 노력하는 모습을 보이기도 한다. 이들에게는 살아가면서 반항할 수 있는 권위를 가진 누군가가 필요한 것처럼 보인다.

교회에서 이들은 규율이나 법규를 좋아하지 않는다. 그런 태도를 취하는 사람들에 대해서도 비판적이다. 별로 도덕적인 입장을 취하지도 않는다. 사람들은 그냥 내버려 두면 서로 잘 어울리며 살 것이라고 믿는다. 그렇지만 권위자들이라 할지라도 그들이 자신을 좋아하면 잘 지낼 수 있다. 그리고 자신이 무엇을 해야 좋을지 모를 때는 하나님이 자신에게 찾아오셔서 도와주실 것이라고 믿는다. 신학적으로는 신비적이거나 로맨틱한 이상을 좇는 경향이 있다. 자신의 믿음을 이해가 되는 말로 설명하거나 표현하는 것에 어려움을 느낀다.

이런 유형의 남성들은 장남의 경우처럼 타고난 지도자는 아니다. 이러한 사실로 인해 내면의 분노를 느끼고, 자기 마음대로 행동함으로써 다른 지도자들과 다투거나 반항하는 경우도 있다. 리더십의 측면에 있어서, 이들은 불안정하고 불공평하며 지혜롭지 않은 것처럼 보일 수 있다. 이들에게는 자신을 비밀스럽게 지원하고 조언을 해주는 형들이 필요한 것처럼 보인다. 그러나 그들에게 공개적으로 도전을 가해서는 안 된다. 어떤 일에 혁명을 일으킬 수는 있지만 이후에 새로운 질서를 구축하는 데는 실패한다. 이들은 융통성이 있고, 신선한 비전이 있으며, 대담하고 용기가 있다. 또 이들은 대개 재미있다. 이런 점에 지도자로서의 긍정적인 측면이 있다. 이런 요소들이 필요한 때에는 이들의 존재가 더 두드러질 것이다.

누나들을 둔 막내아들

이들은 가정의 막내요 유일한 아들로서 주목을 받으며 자라고 높은 자존감을 갖게 된다. 살아가는 데 그들이 노력해야 할 것은 별로 없는 것처럼 보인다. 그런 것이 있다 할지라도, 자신이 꼭 어떻게 무엇을 해야겠다는 생각이 들지 않으면 별로 상관하지 않는다. 마음을 먹으면 할 수 있는 것들이 많이 있지만, 적당히 즐기며 흥미 있는 것에만 몰두하거나 그런 관계에 관심을 보인다.

이러한 사람들 주위에는 이들을 돌보아 주려고 하는 여성들을 흔히 볼 수 있다. 그들은 이런 일을 당연하게 받아들인다. 여성들은 이들이 자신들을 잘 따르고 자신들이 보이는 관심을 좋아하기 때문에 이들을 좋아하고 사랑한다. 이런 유형의 남자들은 자신에게 결여되거나 부족한 부분들은 자기 주위에 있는 여성들이 돌봐 줄 것이라고 생각한다. 다른 남성들은 이들이 다른 사람들로부터 받는 관심에 대해 비판적이며 적대감을 갖기도 한다.

교회에서 이들은 자신의 의사를 별로 표명하지 않는다. 교회에서 진행되는 것들에 대해 대부분 개방적이다. 일반적으로 전통적인 성향을 보이지만 별 의문을 갖지 않고 받아들인다. 좀 더 넓은 세계와 관련된 문제나 관점 등은 이들의 관심을 끌지 못한다. 이들은 다른 사람들의 경험에 대해서는 상대적으로 관심이 적다. 신학에 관심이 있다면 탁월한 재능을 발휘하는 사람들도 있다.

지도자로서 이들은 함께 일하는 분위기는 좋지만 잘 훈련되거나 조직적이지는 못하다. 마감 시간을 맞추는 일에도 어려움을 겪는다. 차라리 서열에 있어서 2인자로 있을 때가 좋으며, 사회적으로 잘 융합한다. 남성보다는 여성들과 일할 때 더 잘하며, 상사들의 지지와 도움을 필요로 하되 특히 여성들에게서 그런 것을 잘 받는다. 그리고 자기 아래에 있는 사람들의 경우에는 그들의 재능을 인정하고 존중해 준다. 형들을 둔 막내아들들이 갖고 있는 특성의 상당 부분을 공유하는데, 남성들과의 관계에서는 그들과 달리 덜 경쟁적이며 반항하는 경우도 덜하다. 남성들은 여성들에 비해 이러한 특성의 남성에게 별로 호감을 보이지 않는다.

중간 자녀

중간 위치에 있는 자녀들의 경우 다른 출생순위에 있는 사람들처럼 그 특성을 기술하기가 그리 쉽지는 않다. 그들 스스로 이러한 느낌을 받는다. 자기들에게도 맏이나 막내들처럼 자신을 특징짓는 어떤 무엇인가가 있기를 원한다. 자신이 중간에 속한 자녀라는 것에 별로 긍정적인 느낌을 갖지 못한다. 만약 어느 가정에서 특정한 자녀에게 모든 것을 집중한다면 이들은 성장과정에서 자신의 것을 놓치고 싶지 않아서 더 갈등하는 경향이 있다. 인생이 너무 불공평해 보이고, 정의의 이름으로 이런 상황과 싸우려고 한다. 물론 사실은 맏이가 누리는 특권이나 막내가 받는 관심에 대한 질투 때문에 그렇게 하는 것이다.

중간 자녀들은 흔히 여러 특성들이 혼재되어 있다. 자신보다 어린 동생들에 대해서는 손위로서의 특성이 있고, 자기보다 위에 있는 형제들에 대해서는 막내 동생의 모습을 드러내기도 한다. 출생순위와 그에 따른 이러한 특성들을 읽다 보면 중간 자녀들은 스스로 소외된 느낌을 받을 수 있다. 하지만 그들에게는 나름대로 자신들의 위치에서 오는 유리함이나 융통성이라는 장점들이 있다는 것을 놓쳐서는 안 된다.

한 가정의 형제자매들은 그 숫자가 늘어나게 되면 위와 아래의 하부 그룹들로 나누어질 수 있다. 하부 그룹들 간의 나이 차이가 4살 이상이 될 경우 중간 자녀는 그러한 그룹 안에서 형 혹은 누나의 위치를 차지하거나 막내의 위치를 차지하게 된다. 그렇게 되면 중간 자녀로서의 본래 위치뿐 아니라 양쪽의 위치에서 오는 이익이나 유리한 점들을 다 경험할 수 있다. 성장과정에서 어느 쪽과 더 가깝게 지내느냐에 따라 막내로서 혹은 형이나 누나로서의 특성들도 형성하게 된다.

중간 자녀의 형제자매들이 성별이 모두 같은 경우, 균형 잡힌 자기 정체감을 형성하기가 더 어려워진다. 이들에게는 다른 위치에 있는 사람들보다 자기 자신의 모습을 찾기 위해 고향이나 가족을 떠나려고 하는 경향이 더 많이 나타날 수도 있다. 다섯 자매의 중간으로 태어난 어느 여성은 아무도 자기와 같은 성(姓)을 쓰는 사람이 없는 도시로 이사 가고 싶었던 경험을 고백하기도 했다.

중간 자녀로 태어난 사람이 고명딸이나 고명아들이라면 그 사람은 더욱 자신이 다른 자녀와 구별된 존재라는 인식을 발전시키게 된다. 그리고 자신의 특정한 출생순위와 같은 상황에 있는 사람의 특성을 좀 더 분명하게 가질 수 있다. 예를 들면, 누나 둘과 여동생 둘 사이에 독자로 태어난 남성은 누나들을 둔 남동생의 특성과 여동생들을 둔 오빠의 특성을 다 발전시킨다. 이것은 그에게 다양한 경험을 갖게 하고, 나중에 어른으로서 다른 사람들과 인간관계를 맺는 데 다양한 특성으로 나타날 수 있다.

중간 자녀들에게는 대개의 경우 융통성의 폭이 넓다. 그래서 이들은 좋은 인간관계를 유지하는 경향이 있다. 이 유형의 사람들은 지도자가 될 수도 있고, 추종자가 될 수도 있다. 맏이나 막내가 경험하는 것과 같은 내면적인 자아 갈등에 사로잡히는 일이 별로 없다. 어떤 문제가 불거질 경우 양쪽 측면을 다 이해하고 관계를 맺을 수 있기 때문에 좋은 중재자가 되기도 한다.

지도자로서 이들은 막내 자녀의 위치에 있는 사람들보다 더 책임 있는 태도를 취한다. 그러나 맏이에게 주어지는 것과 같은 존중을 받는 데는 어려움도 있다. 그룹 내에 있는 맏이에게 자신의 권위를 넘겨 주거나, 권력투쟁에 휘말리는 경우도 있다.

외동 자녀

가정의 유일한 자녀로 태어나는 사람들의 경우, 부모와의 관계 및 부모 자신의 출생순위와 관련하여 맏이의 특성을 갖거나 막내의 모습을 형성하게 된다. 부모의 출생순위나 관계 양식에 있어서, 특히 같은 성을 가진 부모의 특성이 외동 자녀에게 전해지는 경향이 크다.

외동 자녀들은 대개 자존감이 높다. 이들은 권위자들과 잘 지내고, 그들을 기쁘게 하기 위해 노력한다. 맏이들의 경우처럼 인생에 대해 많은 것을 기대한다. 자신들에 대한 기대 또한 크다. 대부분 노력하는 부분에서 성공적인 경험을 많이 하고, 공부 면에서도 최고의 위치를 차지하곤 한다. 자기 나이 또래에 비해 빨리 성장하고 어른스러워지는 경향이 있다. 자기보다 나이가 많은 연장자들이 자신의 좋은 친구로 혹은 멘토로 자신의 삶에 개입해 주기를 원한다. 이들은 다른 출생순위에 있는 사람들보다 이러한 관계를 더 많이 원하는 경향이 있다.

한편, 이들은 다른 사람들처럼 자신의 형제자매들과 친밀한 주고받음을 경험하며 살아 보지 못했기 때문에 대인관계에 있어서 다른 사람들보다 더 어려움을 느낄 수 있다. 어른이 되어 관계란 것이 그렇게 복잡한 것임을 발견하고는 놀라는 경우가 많다. 외동으로 성장하면서 자기 자신이 자신의 유일한 최고의 친구였기 때문에 다른 사람들과의 친분이 가치가 있는지 의문을 가질 수 있다. 사회생활을 함에 있어서도 다른 형제나 자매와 함께 성장한 사람들보다 더 쉽지 않을 수 있다. 그래서 다른 사람들은 당연하게 받아들이는 것에 대해 과도하게 불안해하거나 전전긍긍할 때가 있다.

어떤 모임이 있을 때 정서적으로 가장 안정된 모습을 보이는 사람들 중에 이들이 포함될 가능성이 크다. 다른 사람들과 적절히 분리된 관계를 감탄스러울 정도로 잘 유지하기도 한다. 다른 사람들과 경쟁 관계에 빠지거나 쉽게 좌우되어 어려운 상황에 빠지는 경우도 거의 없다. 또한 이들은 다른 사람들과 팀으로 함께 일하는 것을 편하게 여기지 않는다. 그리고 관계를 가질 때에도 분명한 경계선을 설정하려고 하는 편이다.

외아들

오늘날에도 부모들은 대체로 아들을 선호한다. 사회적으로도 여성보다는 남성 지도자들을 선호하는 것이 일반적이다. 이러한 상황에서 사람들은 외딸보다는 외아들을 선호하는 경향이 있다. 부모가 외아들을 자신들의 자랑이요 기쁨으로서 관심과 사랑을 베풀되 과도하거나 지나치지 않는다는 전제 하에, 외아들로 태어난다는 것은 어떤 출생순위보다도 많은 혜택을 받을 수 있다는 것을 의미한다.

외아들들은 혼자 활동하며 살아가는 것에 익숙해지는 경향이 있다. 이러한 사람들은 다른 사람들과 함께 시간을 보내고 행동하며 살아가는 생활양식을 발전시키도록 노력하는 것이 필요하다. 이들은 다른 사람들을 통제하거나 조절하는 것에 별로 관심이 없지만 그들을 돌보고 신경 쓰는 것에도 관심이 없다. 다른 사람들로부터 관심을 받기 위해 애쓰거나 경쟁할 필요를 느끼지 않는다. 마음에 들지 않으면 그냥 물러나면 그만이다.

  교회에서의 활동이나 리더십 양식에 있어서, 이들에게 가장 영향을 주는 것은 부모가 자기 형제자매와의 관계에서 드러낸 특성들이다. 특히 친밀한 관계를 가진 부모의 모습에서 강한 영향을 받는다. 독자 출신들은 자신의 능력을 개발하여 지도자의 위치에 오르는 사람들이 많다. 그러나 그러한 위치에 올랐을 때 자신이 해야 할 일에 대해 분명하게 판단하지 못하거나, 자기 주변의 사람들과 어떻게 관계를 맺어야 할지 확신하지 못할 때가 있다. 그리고 자기 아래에 있는 사람들의 필요에 대해 잘 이해하지 못하는 경향이 있다.

외딸

  외딸들은 내적으로 자신이 매우 특별하다고 느끼는 경향이 있다. 다른 사람들이 공주와 같은 자신의 특별한 모습을 인지하지 못할 때 그것에 상처를 받을 수 있다. 물론 대개의 경우 사람들은 그것을 인식해 준다. 어려서부터 과보호를 받고 성장할 경우, 이들은 외아들과 비교하여 다른 사람들의 지원과 관심에 더 많이 의존적인 사람이 된다.

  그 밖에는 위에서 설명한 외동 자녀의 특성들을 대부분 가지고 있다. 하지만 남성위주의 세계에서 성장하면서 남자들에게 주어지는 것과 같은 다양한 혜택을 받지 못하고 자신의 뛰어난 자질이나 능력만큼 충분한 성취를 이루지 못하는 경우들도 있다. 이들에게는 맏딸에게서 볼 수 있는 부지런함과 강력한 동기 혹은 추진력이 부족하거나, 막내딸들의 경우에 나타나는 경쟁적인 태도도 보이지 않을 수 있다. 그래서 이 유형에서는 리더십의 자리에 오르려고 하는 사람이 드물다. 하지만 일단 그러한 상황에 닥치면, 자기 안에 숨겨진 탁월한 재간을 발휘하여 지도자의 역할을 잘 수행할 수 있다. 이런 면에서는 외아들로 태어난 사람들보다 일반적으로 더 앞서 간다. 그들보다 더 사회적이고, 인간관계의 복잡한 구조를 더 잘 이해하며, 훨씬 예민한 감각으로 일을 추진하기 때문이다. 그러나 가정에서 유일한 자녀로 태어나고 성장한 이들은 일반적으로 다른 사람들이 인생을 그처럼 복잡하게 살아가는 것을 잘 이해하지 못하고 의아해한다.

쌍둥이

쌍둥이들은 자기들만의 독특한 세계를 갖고 살아간다. 사실 당사자가 아닌 한, 쌍둥이가 되는 것이 어떤 것인지 진정으로 아는 사람은 없다. 이것은 특히 여성 일란성 쌍둥이일 경우에 더욱 그러하다. 남성 일란성 쌍둥이는 서로 다른 모습을 수용하고 그렇게 되려고 더 노력하는 것 같다. 남녀로 성별이 달리 태어난 이란성 쌍둥이는 자신의 정체성 형성 면에서 다른 쌍둥이들의 경우보다 어려움을 겪지 않는 것으로 보인다.

쌍둥이는 단 5분 간격으로 태어날지라도 '맏이'와 '막내'의 모습을 띠는 경우가 흔하다. 쌍둥이로 태어났지만 다른 형제자매들과 특별히 구분되어 성장하지 않는 한, 이들은 대개 정상적인 형제자매 관계의 특성을 발전시킨다. 쌍둥이로서의 생활 경험이 중심이 될수록 교회와 같은 모임이나 단체 활동에 참여하는 경우는 상대적으로 줄어들게 된다.

쌍둥이들은 여러 이유에서 학교생활이나 학습에 부진한 경향이 있다. 그리고 무언가를 성취해야겠다는 야망이나 동기가 그리 강렬하지도 않아 지도자의 위치에 올라가려고 하지 않을 수 있다. 교회에서 중요시하는 능력이나 자질 개발에 소극적이어서 지도자로 추천되는 경우도 드문 편이다. 부모가 이들을 쌍둥이로 대우하기보다는 개별적인 존재로서의 경험을 얼마나 강조하느냐에 따라 이들이 어떻게 다른 형제자매처럼 행동하고 인생의 과제들을 성취하며 살아가느냐에 중요한 영향을 끼칠 수 있다.

성경과 교회에서의 출생순위 문제

성경의 이야기들이 우리에게 크게 와 닿는 이유의 하나는 그것이 우리가 살아가는 실제 삶의 모습들을 긴밀하게 반영하고 있기 때문이다. 성경에는 가인과 아벨, 야곱과 에서, 요셉과 그의 형제들, 모세와 아론, 그리고 이 외에도 많은 관계 이야기들이 등장한다. 우리는 자신의 형제자매 관계 경험을 통해 이러한 성경 이야기들과 자동적으로 연결되고 그 내용 속으로 들어갈 수 있다.

마르다와 마리아 자매 이야기의 행간을 읽으면서 우리는 누가 언니였고 누가 동생이었는지 이들이 어떻게 그러한 특성을 드러내고 있는지 어렵지 않게 찾아낼 수 있다. 탕자의 비유에서는 이 두 형제의 관계가 어떠하였을지, 그것이 그들의 성격 형성과 이야기 안에서 드러나는 강렬한 감정의 역동에 어떤 영향을 주었을지 직감적으로 이해할 수 있다.

사도 바울은 교회 성도들을 "그리스도 안에서 형제와 자매된" 자들이라고 부르면서 형제자매 관계의 친밀함과 그 농도를 설명하고 있다. 예수님의 제자들 중 어떤 이들은 실제로 형제이기도 했다. 열두 제자들이 "천국에서 가장 큰 자"가 누구일지에 대한 논쟁을 벌였을 때 이 형제들이 논쟁의 시발점이었을 것임을 충분히 예측할 수 있다.

우리가 교회에서 볼 수 있는 리더십의 특징적인 유형은 많은 경우 출생 가정의 형제자매 관계 경험과 관련이 있다. 그리고 이러한 모습은 다른 사람들과의 관계에서 여실히 드러나고 적지 않은 영향을 끼친다. 교회 지도자들의 출생순위는 그들이 위원회나 각종 모임에서 취하는 입장과 긴밀한 관련이 있다. 어떤 출생순위를 갖고 있느냐에 따라 대인관계 방식이 달라진다. 주로 어떤 사람들과 잘 어울리고, 어떤 사람들과 그렇지 않은지에 영향을 준다.

이러한 관계의 유형은 개인뿐 아니라 좀 더 큰 기관들 사이의 관계에서도 유사하게 나타날 수 있다. 즉, 같은 동네나 도시, 혹은 교단 내에서 이웃하고 있는 여러 교회들은 상호간의 관계에 있어서 형제자매 관계에서 볼 수 있는 유형을 드러낼 수 있다. 특정한 교회의 정체성은 상당 부분 다른 교회들과의 관계를 통하여 형성될 수 있는 것이다. 이러한 현상은 교단 차원에서도 나타날 수 있다. 예를 들면, 종교개혁 시대 이후 로마 가톨릭 교회는 스스로를 규정하려는 다른 교단들에 대해 손위 형제와 같은 존재의 역할을 하였다.

형제자매 관계에는 대개 삼각관계 현상이 발생한다. 가인과 아벨 사이에 있었던 일은 여호와를 기쁘시게 하려는 열망과 관련하여 발생한 것이었다. 마르다와 마리아의 관계는 자매로서 두 사람 사이의 관계뿐 아니라 예수님과의 관계라는 틀 안에서 좌우되었다. 야곱과 에서 형제의 갈등은 누가 아버지의 축복을 받았는가라는 맥락 안에서만 이해될 수 있다. 이 이야기는 또한 이삭과 그의 아내 리브가와 얽힌 삼각관계를 포함하고 있다. 창세기 25-27장은 이러한 삼각관계들이 이 두 형제 관계에 어떻게 영향을 주었는지를 명료하게 보여 준다.

이처럼 출생순위가 인간관계에 어떤 영향을 주는지 인식할 때, 우리는 교회에서도 서로를 좀 더 폭넓게, 그리고 객관적으로 생각하고 이해할 수 있게 된다. 사람들은 그냥 생각나는 대로, 마구잡이로 행동하는 것이 아니라 출생순위라는 맥락에서 각자에게 와 닿는 방식으로 이해하고 행동한다는 관점에서 서로를 보는 것이다. 예를 들면, 교회에서 어떤 위원회의 위원장을 맡은 여성이 독단적인 태도를 취한다면, 그것은 그냥 나타난 것이 아니라 딸들만 있는 집안의 장녀로 성장한 경험이 그런 리더십 양식을 취하게끔 영향을 주었다고 볼 수 있는 것이다.

생각할 것들

자신과 관련하여

1. 사람들은 형제자매 위치와 관련된 이러한 글들을 읽으면서 다른 사람들의 경우는 상당히 그럴듯한데 자신의 경우에는 전혀 맞지 않는다고 생각하는 경향이 있다. 주변 사람들에게 출생순위에 관한 이 장의 내용들이 당신의 경우와 얼마나 잘 맞는지 물어보라.

2. 출생순위와 관련된 특성이나 모습에 있어서 당신 자신의 경우

가장 감사하게 느끼고 있는 것은 무엇인가? 현재의 모습을 넘어 좀 더 성장하기를 원하는 부분은 무엇인가?

3. 당신은 자신의 리더십 방식이나 특성에 대해 어떻게 인식하고 있는가? 이것은 당신의 출생순위에 관한 내용과 얼마나 잘 부합되고 있는가?

4. 현재 교회에서 당신에게 부담감이나 어려움을 주는 관계가 있는가? 상대방의 형제자매 관계의 위치를 살펴보라. 이것이 당신과 그 사람 사이에 있는 관계의 어려움을 설명하는 데 도움이 되는가?

5. 교회에서 당신과 가장 호흡이 잘 맞는 사람은 누구인가? 서로의 형제간 순위 경험이 이것에 어떤 영향을 주고 있다고 생각하는가?

그룹 토론을 위하여

1. 그룹으로 모여, 각자의 출생순위와 그 위치에서 성장하며 경험했던 것들에 대해 대화를 나누라. 자신의 경험에 비추어 볼 때, 좋았던 것과 그렇지 못했던 것들은 무엇인가? 이 모임에서 당신이 취하는 행동과 성장 가정에서 당신이 취했던 행동방식 사이에 어떤 유사성이 있는가?

2. 당신의 그룹을 구성하고 있는 사람들은 어떤 출생순위에 있는 사람들인가? 이것이 각자 그룹 내에서 활동하는 데 어떤 영향을 주고 있는가?

3. 당신의 교회는 교회적인 차원에서 출생순위에 따른 어떤 특성들을 드러내고 있지는 않은가? 어떤 유형의 모습을 주로 드러내는가?

4. 형제자매의 관계에 대한 성경 이야기를 하나 택하라. 마르다와

마리아 이야기나 탕자의 비유와 같은 이야기를 선택할 수 있다. 그리고 서로 다른 형제자매 관계의 관점에서 이 이야기를 살펴보라. 그리고 그들 각자에게 이러한 경험이 어떠하였을지 토의해 보라.

  5. 사람들 간의 갈등은 때로 성장과정에 있었던 형제자매 관계 위치와 성별과 관련하여 일어날 수 있다. 딸들만 있는 가정의 맏딸과 아들만 있는 가정의 맏아들은 그 위치와 성별에 있어서 갈등구도를 가지고 있다. 이들 각자는 어떤 일을 함에 있어서 자신이 책임지고 좌우하는 것을 좋아하며, 반대되는 성을 가진 상대방에 대한 이해와 친밀감은 별로 없다. 이들이 함께 일한다는 것은 그리 쉬운 일이 아니다. 여동생들을 둔 장남과 오빠들을 둔 막내 여동생은 그 위치나 성별에 있어서 좀 더 보완적이다. 이들은 자연스럽게 잘 어울리며 함께 일할 수 있다.

  그룹에서 자신의 형제자매 위치를 확인하고, 그룹 구성원들과 자신이 어떤 관계를 경험하고 있는지 그것에 대한 주관적인 느낌이나 생각을 서로 나누라.

CREATING

A HEALTHIER CHURCH

12. 교회의 정서 체계 평가하기

하나님의 선하시고 기뻐하시고 온전하신 뜻이 무엇인지 분별하도록 하라 [롬 12:2].

영들이 하나님께 속하였나 분별하라 [요일 4:1].

평가에 들어가기 전에

이 장은 교회의 정서적 기능을 가족체계이론의 관점에서 이해하고자 하는 사람들을 위한 것이다. 이러한 관심이나 의지가 없는 사람들에게는 여기에 제시되는 내용이 너무 많은 것을 요구하고 시간을 소모하게 한다고 생각될 것이다. 평가는 개인적으로 할 수도 있고, 소그룹으로 할 수도 있다.

소그룹으로 이 평가를 실시할 경우, 당신 교회의 상태를 평가하는 데 있어서 모두가 그 과정이나 방식에 동의해야 하는 것이 아님을 인식하는 것이 중요하다. 중요한 것은 다른 사람들에 대해 자신이 갖고 있는 가장 객관적인 생각을 나누고, 서로의 생각에 관심을 갖는 것이다. 이러한 방식을 통해 각자 좀 더 집중하여 자신의 생각을 살피고, 명료하게 관련 문제들을 탐색할 수 있을 것이다.

이처럼 공식적인 방법으로 교회를 평가하는 것에 어떤 거리낌이 있는가? 우리는 어떤 것을 이해하거나 다른 사람에게 도움을 주기 위해 설득할 때, 혹은 그러한 도움을 제시할 때, 혹은 어떤 주제에 대해 논의하기 위해 모임을 가질 때, 늘 어떤 면으로든 교회와 관련된 평가를 한다는 사실을 기억하라. 이러한 활동들은 현재 교회에 어떤 일이 진행되고 있는지, 문제가 무엇인지, 혹은 어떤 것이 거론되어야 할 필요가 있는지 등에 대한 어떤 평가에 근거하여 이루어진다. 그리고 어떤 결정을 내리기 전에 우리는 항상 평가를 한다. 이 장에 제시된 것은 이러한 자연스러운 과정을 좀 더 공식적이고도 객관적으로 실시하기 위한 노력이라고 할 수 있다.

어떤 단체나 기관이든 그곳의 정서 체계를 평가하는 것은 지속적으로 실천되어야 할 과정이다. 정서적 문제들은 평상시에는 숨겨져 있다가 불안이 고조되는 어떤 특별한 상황이나 시기에 드러나기도 한다. 그리고 어떤 큰 단체의 체계를 평가한다는 것은 그 복잡성과 역동의 다양성을 고려했을 때 용이한 일이 아니다. 그러나 그 단체의 역사와 현재 돌아가는 상황을 살펴봄으로써 교회의 정서적 기능 수준이나 상태에 대한 어느 정도의 이해에 도달할 수는 있다.

평가가 필요한 시점과 그것이 주는 유익

나는 이 책을 통해, 어떤 단체의 관계 체계에 불균형이 발생하면 그 결과로 정서 체계에 문제가 생기고 그 증상이 겉으로 노출된다는 기본적인 전제를 전개해 왔다. 이 불균형은 거의 대부분의 경우 불안을 고조시키고, 불안은 사람들의 연합성-개별성의 역동을 자극하여 저마다 자신의 '자아'를 보호하고 유지할 수 있는 관계의 자리 혹은 상황을 찾으려고 움직이게 한다. 융합과 분화의 과정은 체계 내에 있는 사람들이 어떻게 이것을 성공적으로 수행하는지 혹은 실패하는지를 결정하게 된다.

당신의 교회에 어떤 증상이 나타난다면, 지금 교회 내 관계 체계 안에 어떤 일이 진행되고 있는지 그것을 파악하고 이해할 필요가 있다. 이 장은 현재 발생하고 있는 상황에 대해 어떻게 대처할지에 대한 안내를 제공해 준다. 다음은 교회 체계에 나타나는 문제 증상들에 대한 예들이다. 물론 이것이 모든 증상들을 총망라한 종합적인 목록이라고 생각해서는 안 된다.

- 교회에 생기가 없다. 교회를 교회답게 하는 것에 대한 열정도, 에너지도, 관심도 없다. 그저 지나온 일상의 과정을 반복할 뿐이다. 생명의 모양은 있으나 그 안에 생기나 창조성은 없다. 영적으로 기운이 없다.
- 교회가 늘 혼란스럽고 해결되지 않은 갈등들이 쌓여 있다. 교회 내 갈등이 꼬리를 물고 이어진다. 갈등의 대상자나 문제의 내용은 다를지 몰라도 그 나타나는 양상이나 오가는 말들은 거의 유사하다.
- 교회에 성도들이 함께 이해하고 추구해 갈 분명한 목표나 방향이

뚜렷하지 않다. 교회가 미래를 설계하고 앞으로 나아가기보다 과거나 현재에 대한 불만을 늘어놓거나 그것에 매달려 시간을 소모한다. 앞날을 예측하여 전진하기보다 그때그때 일어나는 상황에 그저 반발하는 반응을 보일 뿐이다.

- 교회에 항상 어떤 '문제'가 있다. 그것은 위원회나 교회 내 어떤 집단일 수 있고, 목회자 혹은 까다로운 리더일 수도 있다. 전체적으로는 교회가 잘 돌아가는 것 같은데, 꼭 한두 건의 문제가 끊이지 않는 것 같다.

- 교회와 교단 간의 관계가 단절되었거나 정기적으로 불편한 관계를 갖는다. 어떤 쓴뿌리나 분노의 감정 때문에 이러한 상황이 발생할 수 있다. 교단에 적극적으로 참여하여 그 방향이나 결정과정에 영향을 끼치는 등의 활동이나 그러한 관계가 없다.

- 교회 성도들 간에 자신의 모습 그대로를 공개하며 서로 공동체적 관계를 엮어 가는 유대감이 없다. 교회에 어떤 수치스럽거나 어려운 일, 잘못된 일이 발생하면 성도들 간의 관계가 이내 단절되거나 흔들린다.

- 교회가 성도들 간에 사고의 개별성과 다양성에 대한 성숙한 태도가 발전되도록 지원하지 않는다. 편협하고 율법적인 접근을 하며 교회의 특정한 강령에 전적으로 따르지 않는 사람들은 배제한다.

- 교회에 성도들과 사회의 안녕을 증진하기 위해 명료하게 기록된 어떤 존재 이유나 원리, 혹은 강령이 없다.

- 교회와 지역사회의 관계가 건강하지 못하다. 교회가 사회의 필요에 대해 관심을 갖고 참여하기보다는 거리를 두고 대하거나 적대

적인 관계에 있다.

이러한 증상들은 문제 자체가 아니라는 사실을 기억하는 것이 중요하다. 이것은 단지 교회에 어떤 문제가 존재한다는 것을 보여 주는 것일 뿐이다. 만약 교회의 지도자들이 '문제'로 지목된 어떤 대상, 즉 그것이 어떤 개인이든지 목회자, 소그룹, 위원회, 성가대, 교단 지도부, 혹은 다른 무엇이든지, 그 문제에 초점을 맞추기로 하는 순간 이 상황을 보는 체계적인 초점은 상실되고 만다.

이러한 증상들이나 문제라고 생각되는 다른 어떤 요소들에 초점을 맞추는 것은 별로 효과가 없다. 교회가 처한 어려움은 바로 교회의 정서 체계 안에 내재해 있기 때문이다. 이러한 정서적 증상들을 어떤 특정한 프로그램이나 기관의 목표 세우기나 전략적 계획 수립과 같은 방식으로 처리할 수 있다면 우리의 삶은 놀랍도록 단순해질 것이다. 그러나 유감스럽게도 인간의 관계 양상은 그런 식으로 전개되지 않는다. 그러한 전략이나 방법들은 교회 내 정서 체계가 잘 기능할 때에 비로소 유용하게 될 것이다.

교회에 어려움이 생길 때 리더들이 할 수 있는 최선의 일은 그저 교회를 좀 더 잘 이해하는 것이다. 교회에 현재 어떠한 일이 진행되고 있는지 사실에 근거하여 명료하게 이해하는 것이 가장 중요하다. 그리고 어떤 결론에 도달하느냐보다는 교회를 이해하려고 시도하는 과정 그 자체가 더 중요하다.

리더들이 이러한 태도를 취할 때 교회 체계는 차분하게 진정될 수 있다. 그렇게 되면 돌아가는 교회 상황을 좀 더 명료하게 살펴볼 수 있고, 정서적인 반발이 줄어들며, 이전과 다르게 접근할 수 있는 가능한 방법들을 탐색할 수 있다. 교회의 불안이 최고조에 달하면 이 외에 추가적인 조치가 더 필요해진다. 이때는 지도자들이 교회 체계 내의 핵심 인물들과 긴밀한 유대감을 유지하면서 자신들의 정체성과 자신들이 체계 내에서 차지하는 위치에 대해 명료하고도 구체적인 판단을 내려야 한다. 특히 지도자 자신들에게 동조하지 않는 사람들과 연결성을 유지하는 것이 중요하다. 그러나 이런 기간 동안이라 할지라도, 다른 사람들의 사고에 관심을 기울이는 것은 그들과 연결되는 데 유용한 방법이 될 것이다.

교회의 정서 체계를 평가하는 데 있어서 중요한 것은 사람들에게 질문하는 과정과 현재 어떤 일이 진행되고 있는지에 대한 그들의 생각을 이끌어 내기 위해 노력하는 것이다. 지도자뿐 아니라 평신도들이 현재의 상황과 연관된 정서적 요소에 영향을 받지 않기 위해서는 질문 자체에 초점을 맞추고 가능한 답변에 생각을 집중해야 한다. 그러할 때 좀 더 객관성을 확보할 수 있을 것이다. 평가를 위한 질문들은 이 장의 끝부분에 있다. 교회가 심한 정서적 혼란 가운데 있을 때는 다른 사람들에게 이 질문들을 사용하지 않는 것이 좋다. 그러한 상황에서는 이 질문들이 별 관련성이 없는 것처럼 보일 것이기 때문이다. 그러나 상황이 어느 정도 가라앉으면 사람들은 이 질문들의 유용성을 발견할 것이다. 그리고 당신이 자신들이 생각하는 것에 관심을 가져 주었다는 점에 감사하게 될 것이다.

평가의 목적과 시행 과정

먼저 교회의 정서 체계를 평가하는 몇 가지 목적에 대해 살펴보자.

1. 교회 체계에 불안이 증대되는 데 기여하는 직접적인 요인들과 장기적으로 영향을 미치는 요인들을 탐색한다. 때로 불안은 현재 상황보다는 교회의 역사를 통해 장기적으로 축적되어 온 만성적인 것일 수 있음을 기억하라.

2. 교회 체계를 경직시키거나 불균형을 일으키는 주된 정서 패턴이나 증상들을 확인한다.

3. 교회의 기본적인 분화 수준을 파악한다. 교회 지도자들은 이것을 통해 교회 성장과 변화를 위한 좀 더 현실적인 목표들을 세울 수 있다.

4. 교회에서 새로운 변화를 경험하기 위해서 지도자 자신이 먼저 경험하기 원하는 것이 무엇인지를 결정하기 위한 기초 작업을 한다.

목표 1. 불안 요인을 평가하기

이 목표를 달성하기 위해서, 교회 지도자들은 현재 교회의 조직 상태나 분위기에 대한 평가를 하는 것이 중요하다. 교회는 현재 발전이 정체된 상태에 있지 않은가? 변화에 대한 불안 때문에 새로운 차원의 바람직한 성장을 위해 움직이는 것을 회피하고 있지는 않은가? 새로운 단계로 나아감에 있어서 지도자들이 직면하게 될 과제와 도전들은 무엇인가? 이러한 과정에서 발전을 위해 사용할 수 있지만 그렇게 하지 않고 있는 자원들은 무엇인가? 새롭게 발전시켜야 할 것은 무엇인가? 이러한 질문들과 관련하여 마틴 사리넨(Martin F. Saarinen)이 쓴 『교회의 생애주기』(The Life Cycle of a Congregation, The Alban Institute)는 도움이 되는 책이다. 저자는 이 책에서 각기 다른 발전 단계에 있는 교회들의 특성을 잘 제시해 주고 있다.

교회를 둘러싼 사회적 상황은 어떠한가? 교회는 어떠한 지역사회에 위치하고 있는가? 사회적, 경제적, 정치적 상황과 어떤 관계에 있는가? 교회가 속한 교단과의 관계는 어떠한가? 주변 지역의 교회들과는 어떤 관계에 있는가? 이러한 사회적 환경에서 발생하는 일들로 교회 내에 불안이 발생하지는 않는가? 그러하다면, 어느 정도나 영향을 미치고 있는가? 교회 지도자들과 성도들은 이러한 모든 상황을 어떻게 보고 있는가?

최근에 교회에서 불안을 가중시킨 어떤 일들이 있었는가? 교회에서 적절한 점검이 이루어지지 않아 미해결 상태로 남아 있었던 것에 대해 어떤 결정이 내려졌는가? 혹은 여전히 어떤 결정도 내려지지 않은 상태로 남아 있는 것이 있는가? 현재의 정서적 증상이 나타나기 직전에 발생한 어떤 사건이나 행동들이 있는가?

적절한 평가를 위해서는 이 단계에서 가능한 모든 사실적 자료들을 모으는 것이 중요하다. 교회의 최근 2-3년 내에 있었던 일들을 탐색하는 것이 좋다. 교회의 행사 달력을 점검하고, 위원회나 관련된 리더들, 사역자들과 함께 사실적 정보들을 수집한다. 연대기적으로 교회의 최근 이벤트 목록을 만들라. 이를 통해 최근에 교회 체계가 어떻게 변해 왔는지에 대한 근거를 얻을 수 있다.

이러한 목록과 관련하여 중요한 것은 교회에서 어떤 결정들이 내려졌는지, 그러한 과정들이 어떻게 진행되었는지, 어떤 변화가 있었는지, 혹은 변화를 이루는 데 실패한 경험은 없는지, 그럴 때 교회 체계 내에 있는 다양한 그룹들은 어떻게 이러한 상황에 대처했는지 등에 대한 것을 기록하는 것이다. 이러한 결정들로 인하여 교회의 연합성과 개별성의 균형에 어떤 변화나 도전이 발생하였는가? 교회에서 불안을 표출하는 사람이 생길 때 지도자들은 어떻게 반응하였는가? 그러한 정서를 표출하는 사람들의 심정에 귀를 기울였는가? 적절한 대처를 하였는가 아니면 무시하였는가? 지도자들 자신이 그러한 표출에 감정적인 반응을 보이지는 않았는가? 이러한 모든 과정을 통해 어떤 결과가 발생하였는가?

교회에 있었던 사건들을 탐색함에 있어서, 지도자들의 개인적인 삶과 관련하여 교회에 널리 알려진 어떤 사건이나 변화, 혹은 그 결과에 대한 것들을 살펴보는 것도 필요하다. 즉, 교회 사역자나 리더들의 가정에서 일어난 출생과 죽음, 결혼, 은퇴, 이혼, 승진, 혹은 그들의 신상에 영향을 줄 수 있는 모든 것들을 가능한 대로 탐색하는 것이다. 영향력 있는 리더들이 위원회를 사임하였거나 새로운 인물이 등장하여 교회의 영향력 있는 리더가 된 것 등도 의미가 있다. 이러한 변화의 과정을 통해 가장 영향을 받고 변화를 경험한 사람들은 누구인가? 그들은 이 상황에 어떻게 대처하였는가? 이러한 변화로 말미암아 교회에 새로운 어떤 경험이나 달라진 것들이 있었는가?

자료 수집 단계에서 조심해야 할 위험성의 하나는 너무 쉽게 어떤 전제나 결정을 도출하는 것이다. 혹은 "그것은 별로 중요한 일이 아니었어"와 같은 의견을 너무 쉽게 수용함으로써 사건들에 내재된 중요성과 상호연관성을 무시하거나 그러한 의미들을 과장 혹은 과소평가하는 것이다. 사건이나 상황들에 대한 평가를 유보하고 좀 더 분명하고 구체적인 사실 자료들을 확보할수록 사건들이 어떻게 전개되어 왔는지 더 명료하게 이해할 수 있으며, 이렇게 하여 탐색된 조사의 유용성은 높아진다.

만성적인 불안 수준을 평가함에 있어서 평가자는 여러 해 전에 발생한 사건들까지 교회 역사로 살펴보는 것이 중요하다. 이렇게 하기 위해 유익한 방법 중의 하나는 교회의 '산 역사'들을 활용하는 것이다. 즉, 교회의 연장자들을 초대하여 그들이 기억하는 옛일들을 성도들과 나누도록 하는 것이다.

이때 연장자들을 안쪽에 배치하고 다른 성도들은 그들을 둘러싸고 앉아 대화를 진행하는 방식을 활용하면 아주 효과적일 수 있다. 대화 진행자는 각 연장자들이 기억하고 있는 것들을 이야기하도록 권면하고, 전체 참가자들 간에 적절한 토론이 진행되도록 인도한다. 그리고 아직 언급되지 않았거나 언급하기를 주저하는 듯한 요소들이 있을 때에는 적절한 질문을 통해 대화를 유도하는 것이 필요할 수 있다.

교회의 역사 속에 나타난 사건을 탐색할 때, 날짜가 기록된 용지 등을 미리 준비하는 것이 도움이 된다. 그렇게 하면 과거 교회에 있었던 주목할 만한 사건들을 그 종이에 채워 넣을 수 있다. 한 해 한 해 연대기적으로 해보라. 날짜가 구체적일수록 좋다. 이런 모임을 비디오로 녹화할 수 있다. 이렇게 하여 모아진 자료들은 편집하여 지도자 훈련 과정에 사용할 수도 있다.

안쪽에 앉은 연장자들의 이야기가 점점 현재로 가까워져 옴에 따라 바깥에 앉은 젊은 성도나 늦게 교회에 등록한 성도들도 알고 있는 시기로 이야기가 전개될 수 있다. 그러면 이 사람들이 안쪽으로 자리를 이동하여 자신들의 초기 기억을 이야기할 수 있다. 이때 연장자들의 관점이 항상 논의에 포함되도록 주의한다. 가능하다면, 예전에 교회에서 사역하였던 목회자들도 초청하여 이 과정에 참여하도록 하거나, 별도의 이벤트를 마련하는 것도 좋다.

이때 다음과 같은 질문들을 사용할 수 있다.

이 교회와 관련하여 당신이 기억할 수 있는 가장 오래된 내용은 무엇입니까? 당신이 이 교회에 등록한 이유는 무엇이었습니까? 당신에게 가장 인상적이었던 것은 무엇이었습니까? 교회에서 좀 더 활동적인 교인이 되는 것이 당신에게는 어떤 의미가 있었습니까? 당신의 입장에서 볼 때 교회의 가장 중요한 전환점이었다고 생각되는 일은 무엇입니까? 오늘까지 교회 성도들의 마음에 남아 영향을 준다고 생각되는 과거의 불행했던 사건이나 해결되지 않은 사건이 있다면 무엇이겠습니까? 교회가 어려움에 직면하였을 때 그것을 해결하기 위하여 사용한 최고의 자원이 있다면 구체적으로 무엇이었습니까? 당신이 계속 이 교회에 다니도록 만드는 요인은 무엇입니까?

어떤 교회에서는 주말 수양회를 통해 이 평가 과정을 수행하였다. 그들은 이를 통해 교회 역사의 한 부분이 된 많은 가치 있는 경험들을 재발견하였다. 이러한 경험은 성도들 간에 새로운 연대감을 일으키고, 전에 생각해 보지 않았던 많은 새로운 질문들을 이끌어 내는 데 도움을 준다. 그것은 자신이 속한 교회 공동체가 갖고 있는 자원들에 대해 더 자긍심을 갖게 한다. 교회의 진정한 '장로'들이 존경받는 위치에 올라서도록 도와준다. 아울러 해결되지 않은 과거의 문제들이 현재까지 영향을 주고 있지는 않은지, 그렇다면 무엇이 얼마나 정서적으로 영향을 끼치고 있는지를 알아낼 수 있는 계기를 마련해 준다.

목표 2. 증상 패턴 확인하기

이 단계를 실행하는 과정에서는, 교회에서 융화의 문제를 다루기 위해 기본적인 반응 기제 혹은 증상들을 염두에 두는 것이 중요하다. 즉, 거리 두기나 침묵하기, 공공연한 갈등, 삼각관계 혹은 투사, 핵심 지도자들에게 발생하는 신체적, 정서적, 사회적 문제나 어려움 등이 교회 안에서 일어나고 있는지를 탐색한다. 교회 안에서 사람들은 불안을 극복하기 위해 이러한 방법들 중 하나 혹은 그 모두를 사용할 수 있다. 당신의 교회에서 자주 혹은 반복적으로 나타나는 증상들이 있는가? 그러한 증상들은 교회생활에서 어떤 역할을 하는가? 교회에서 이러한 기제들이 사용될 때 그 결과로 나타나는 현상들은 무엇인가? 당신의 교회에서 이러한 증상들이 나타났다면, 그동안 어떤 증상 패턴들이 있었는지 그룹 안에서 토론해 보라.

목표 3. 교회의 기본적인 분화 수준 파악하기

세 번째 목표에 도달하는 것은 평가 과정에서 가장 어려운 단계다. 종합적으로 수집된 자료를 통해 그동안 교회가 직면한 다양한 상황에 어떻게 대처하고 기능해 왔는지 평가하고 그에 따라 분화 수준이 나와야 한다.

이러한 과정에서 반드시 점검해야 할 기본적인 요소 한 가지는, 그동안 수많은 사건들이 발생했을 때 교회 지도자들이 얼마나 정서적 차원과 지적인 차원에서의 기능을 분리시켜 대처할 수 있었는가를 살펴보는 것이다. 어떤 결정들을 내림에 있어서 정서적으로 반발하는 반응을 보였는지, 아니면 현실적인 맥락에서 융통성 있게 결정 과정을 진행하였는지 등에 대해 점검하는 것이다. 이것이 분명하게 파악될 때, 지도자들은 교회에서의 변화가 얼마나 가능한지, 가능하다면 얼마나 빨리 혹은 점진적으로 가능한지 등에 대한 현실적인 인식을 하는 데 도움을 얻게 될 것이다. 이러한 현실적 평가가 있을 때에 지도자들은 자신들의 인내 수준을 높일 수 있다.

교회가 정서적으로 대처해 온 역사를 평가하는 데 있어서 수행해야 할 중요한 또 다른 요소로는 문제 상황에 직면했을 때 잘 대처한 것은 무엇인지, 이 과정에서 활용된 교회의 유용한 자원들은 무엇이었는지를 탐색하는 것이다. 다른 교회들 같았으면 더 많은 문제나 어려움을 겪었을 상황이나 사건들에 어떻게 잘 유연하게 대처하였는지를 점검하는 것이다. 평가 과정에서 문제점들에만 초점을 맞춰 탐색하지 않는 것이 좋다. 그보다는 교회의 장점이나 능력, 자원들이 무엇인지를 찾는 것 또한 중요하다. 어떤 변화나 도전에 직면하여 유연하게 대처하고 그 상황을 잘 극복하는 능력이 클수록 그 교회의 분화 수준은 더 높아진다.

많은 사람들은 이런 평가 과정을 진행할 때 흔히 병리적인 혹은 문제중심의 관점으로 어떤 사람들이나 기관, 혹은 조직에 집중하는 경향이 있다. 이 장의 끝부분에 제시되는 평가 질문들은 한두 단어로 대답할 수 없는 열린 질문들로 이루어져 있다. 이러한 질문들은 교회의 강점은 무엇인지, 약점이라고 할 수 있는 것은 무엇인지를 파악하는 데 도움이 된다. 교회를 평가하는 과정에서 교회의 생존 능력에 대한 요소를 놓치지 않는 것이 중요하다.

목표 4. 지도자가 자기 변화를 계획하기

이 목표의 핵심은 교회의 지난 역사를 살펴보면서 드러난 바, 교회에서 사용한 정서적 기제와 분화 수준, 그리고 대처 능력에 대한 평가와 관련하여 이제 당신이 교회에서 원하는 것이 무엇인지를 결정하는 데 있다. 따라서 이 목표의 초점은 다른 사람들이 아닌 바로 당신에게 있다.

우리가 아무리 다른 사람을 변화시키거나 달라지게 하려고 해도, 결국은 관계 체계 내에 더 큰 반발 반응을 초래할 뿐이며 실패하고 만다. 사람이 궁극적으로 어떻게 할 수 있는 대상은 바로 자신밖에 없다. 교회 지도자에게 있어서 자신을 변화시키는 것만큼 중요한 도전은 없다.

지금 교회의 다른 지도자들과 함께 이 책을 가지고 모임을 갖고 있는 중이라면, 이 단계의 목표는 한 그룹으로서 당신들이 무엇을 어떻게 할지에 논의의 초점이 있지 않다는 것을 분명히 해야 한다. 이것은 '우리'가 아닌 '나'에게 초점이 있는 목표다. 어쩌면 당신은 자신과 관련된 개인적인 부분들을 인식하고 파악하는 과정을 다른 사람과 함께 대화하거나 나누고 싶지 않을 수 있다. 우리는 이 책의 마지막 장에서 지도자의 자기이해 및 그 과정과 관련된 몇 가지 요소들을 다룰 것이다.

평가를 위한 질문들

아래에 제시된 평가 질문들은 여러 다른 영역들에 대한 당신의 생각을 탐색하기 위해 가능한 한 개별적인 표현 방식을 사용하였다. 그룹으로 이 질문들을 접할 경우, 전체가 함께 이 질문들을 논의하거나 두 사람씩 한 조가 되어 실시할 수도 있다. 평가 질문들의 몇 몇 부분들을 소그룹 내의 각기 다른 사람들에게 배분하여 답변하게 하거나, 두세 사람씩 한 조가 되어 각기 다른 영역들에 대한 질문들에 답할 수도 있다.

교회에서 성도들과 이러한 질문들로 인터뷰를 한다면, 당신은 성도들의 신뢰와 안전에 관한 문제에 관심을 가져야 한다. 정보를 제공하는 사람들을 익명으로 할지, 그들의 비밀을 어떻게 보장할 것인지, 혹은 어떤 개인적인 정보를 나눌 필요가 있을 때 그와 관련된 허락을 어떻게 받을지 등에 대한 대책을 세워 놓아야 한다. 탐색 과정에서 삼각관계들이 드러난다면 그것을 개인적으로 어떻게 다룰 것인지, 그 비밀에 어느 정도까지 개입할 것인지 등도 결정해야 한다.

질문들 중에 어떤 것들은 아주 개인적인 내용들을 담고 있어서 경우에 따라 자신의 생각을 다른 사람들과 이야기하고 싶지 않을 수 있다. 혹은 다른 사람들에게 그러한 질문을 하고 싶지 않을 수도 있다. 그러한 질문들이 불편할 경우, 질문하지 않거나 토론하지 않아도 된다. 어느 정도 불편하더라도 열린 마음으로 이 질문들을 다루고 싶은 마음이 있다면 그렇게 하는 것도 좋다. 이러한 질문들을 다룰 것인가 아닌가는 각자가 자신의 상태를 살펴 결정하라고 제안하고 싶다. 그리고 이러한 질문들을 다루는 데 있어서 어떤 고정된 규칙이나 방침은 없지만 자신이나 서로의 한계를 존중하며 실시하는 것이 필요하다. 누구도 억지로 이 질문들을 다루도록 해서는 안 된다. 잘 모르는 사람들과 이 질문 과정에 임하게 된다면, 비록 상대방이 안전한 사람처럼 보일지라도, 피차간에 이러한 상황에 대해 불편한 마음은 없는지 점검하는 것이 좋다.

다음에 제시하는 질문들은 평가를 위해 사용할 수 있는 가능한 질문의 예들이다. 반드시 이 질문들을 해야 한다거나, 이것이 모든 것들을 포함하고 있는 완전한 질문들이라고 생각해서는 안 된다. 이 외에도 더 많은 질문들을 할 수 있으며, 우리가 읽어 온 앞 장들의 말미마다 사용 가능한 다른 질문들도 이미 제시하였다. 다음에 나오는 각 질문들을 경직되게 따를 필요는 없다. 이 질문들은 단지 탐색을 위한 방향이나 영역을 제시하는 것일 뿐이다. 사람들의 답변을 들으면서 호기심에 따라 새로운 질문들이 나올 수 있다. 이때 평가 질문 자체나 어떤 답변보다는 제기되는 질문들에 대하여 생각하는 것이 중요하다. 이 과정을 마무리하는 시점에서도 여전히 더 많은 질문들이 나온다면, 평가 작업을 제대로 수행한 것이라고 볼 수 있을 것이다.

교회 내 성도들과 인터뷰를 할 때는 논쟁에 빠지지 않도록 주의해야 한다. 어떤 사실들에 대해 그들과 논쟁을 시작한다거나, 그들이 무언가를 잘못 알고 있거나 틀렸다고 생각한다는 인상을 준다면, 이 평가 작업의 의도는 사라진다. 그렇게 되면 상대방이나 혹은 당신까지도 결국에는 방어적인 자세를 취할 것이고, 그 과정에서 누구도 배우지 못할 것이다.

다른 사람들이 교회를 어떻게 경험해 왔고, 또 어떻게 생각하고 있느냐에 대해 동의하고 말고는 당신이 해야 할 일이 아니다. 당신이 해야 할 것은 그저 교회에서 발생한 다양한 사건들을 그들이 어떻게 인식하고 경험하고 대처해 왔는가를 이해하는 것이다. 인터뷰 과정에서 당신이 특정한 사람에 대해 분노하거나 지나치게 예민해지면 그 사람과 어떤 정서적 역동 관계에 휘말린 것이다. 그리고 조사를 하는 사람이 유지해야 할 객관성을 이미 상실한 것이다. 당신은 인터뷰를 교회에 대한 성도들의 역할과 책임에 대해 설교하는 기회로 삼아서는 안 된다. 당신이 확신하고 있는 바를 주장하면 기분은 좋아질지 몰라도, 상대방은 결국 어떤 방법으로든 당신으로부터 거리를 두려고 할 가능성이 크다.

사람들은 교회생활을 하면서 어떤 상황을 접할 때 저마다 나름대로의 주관적인 생각과 방식으로 그것을 경험하게 된다. '문제'가 무엇이며, 비난받아야 할 사람은 누구이며, 이와 관련하여 무엇이 필요한지 등에 대해 나름대로의 판단을 내린다. 인터뷰 과정에서 사람들은 당신에게 자신의 편을 들어달라고 요구할 수 있다. 당신 또한 그들의 이야기를 들으면서 어느 한 편으로 치우치려는 유혹을 느낄 수도 있다. 그렇게 되면, 당신은 조사자의 위치에서 벗어나게 되고, 이러한 조사 결과는 가치가 없어질 것이다. 당신이 객관적인 입장을 유지할 때, 그러면서 상대가 주관적인 태도나 견해를 보일지라도 중립을 지키면서 그 사람 역시 객관성을 유지할 수 있도록 할 때, 이러한 평가

정보의 가치는 더욱 커질 것이다.

인터뷰를 할 때, 차분하게 객관성을 유지하면서 다른 사람의 이야기를 들으려면 개인주의적인 사고방식에 빠지기보다는 체계적 사고를 하는 것이 중요하다. 그럴 때 상대방의 이야기도 더 잘 파악할 수 있게 된다. 다른 사람들과 대화를 나누면서 불안을 느끼거나 기분이 상하여 차분한 감정 상태를 회복하기가 어렵다고 느낀다면 주제를 바꾸거나 심한 경우에는 인터뷰를 종료하는 것이 좋다. 당신이 불안한 상태에 있을 때, 상대방에게서 배울 수 있는 것은 없다.

교회의 정서 체계 평가 질문

급성 불안

1. 현재 교회가 직면한 실질적인 위협이나 도전은 무엇입니까?
2. 지금 교회는 조직의 차원에서 어떤 단계에 와 있습니까?
3. 교회 리더로서 당신은 직업적인 면에서, 개인적인 차원에서, 가족 생애 주기의 차원에서 어느 단계에 있습니까? 이것과 당신의 교회 활동 참여 사이에 어떤 관계 혹은 의미가 있다고 보십니까?
4. 교회 리더들의 신체적, 정서적, 사회적 건강 상태는 어떠합니까?
5. 교회의 조직 구조에서 현재 어떤 변화가 진행되고 있습니까? 교단 내에서는 어떻습니까? 이러한 변화로 가장 영향을 받는다고 생각되는 사람은 누구입니까?
6. 교회 성도들은 교회 내 다양한 하부 체계 안에서 서로 어떻게 관계를 이어가고 있습니까? 그러한 집단 외부에 있는 다른 성도들과의

관계는 어떠합니까? 다음에 나열되는 관계 당사자들의 현재 상태에 대해 당신은 어떻게 생각하십니까?

　1) 교회 리더인 당신과 교회 내 당신의 개인적인 친구들과의 관계는 어떠합니까?

　2) 교회의 운영위원들과 일반 성도들과의 관계는 어떠합니까?

　3) 교회 내 유력한 그룹들과 그 외 다른 그룹 사람들과의 관계는 어떠합니까?

　4) 당신과 당신의 가족, 그리고 교회와의 관계는 어떠합니까?

　5) 교회와 인근 이웃들, 그리고 지역사회와의 관계는 어떠합니까?

　6) 교회와 지방 행정부, 그리고 국가 행정부서와의 관계는 어떠합니까?

　7. 교회에서 관계의 균형을 이루기 위해 사람들은 주로 어떤 반발 반응 패턴(순응, 반항, 권력투쟁, 거리 두기)을 보이고 있습니까?

　8. 당신이나 교회 지도자들은 교회 조직에서 취할 역할들을 명확하게 규명하고 적절하게 권위를 행사합니까? 교회 성도들은 전체적으로 이에 대해 만족하고 있습니까?

　9. 교회에서 성도들의 생활과 활동에 영향을 주는 삼각관계들은 무엇입니까?

　10. 당신은 어떻게 삼각관계에 관련되어 있습니까? 그러한 삼각관계가 시작되는 데 당신이 관여한 것은 어느 정도입니까? 어느 정도까지 삼각관계를 차단할 수 있습니까?

　11. 당신은 교회에서 얼마나 반발하는 반응을 보인다고 생각합니까? 그것은 어떻게 나타나고 있습니까?

12. 교회의 어려운 상황에 유연하게 대처하는 데 도움이 될 수 있는 교회 내 자원이나, 기술, 경험은 무엇입니까?

13. 교회에서 이러한 자원들을 활용하는 데 장애가 되는 것은 무엇입니까?

14. 교회에서 현재의 상황에 가장 잘 대처할 수 있는, 즉 불안 수준이 낮고 차분하게 반응할 수 있는, 그리고 현재의 상황을 건설적으로 이끌어 갈 수 있는 사람이 있습니까? 혹은 그런 모임에는 무엇이 있습니까?

15. 현재 교회 성도들이 느끼는 위협감을 척도로 평가할 때, 가장 심각한 상태를 10, 가장 덜한 상태를 1이라고 할 때 어느 정도에 있다고 판단하십니까?

만성적인 불안

1. 이 교회는 어떻게 시작되었으며 개척 초기의 상황은 어떠하였습니까?

2. 교회가 오늘의 모습을 형성하기까지 그동안 특별히 영향을 주었던 목회자나 성도, 혹은 어떤 사건들이 있었습니까?

3. 그동안 교회를 거쳐 간 이전의 목회자나 사역자들과 교회의 관계는 어떠하였습니까? 그들은 어떤 사람들이었습니까? 그들이 교회에서 사역한 기간은 어느 정도였습니까? 교회에 재직하는 동안 그들의 상황은 어떠하였습니까? 그들 각각은 어떤 상황에서 교회를 떠났습니까? 이들이 교회를 떠난 것이 교회에는 어떤 영향을 주었습니까? 교회는 이런 상황에 어떠한 반응 혹은 어떠한 대처 방식을 보였

습니까? 그 영향이 적절히 다루어졌습니까?

4. 지난 10년간에 교회에 발생한 핵심적인 사건 혹은 경험은 무엇이었습니까?

5. 그동안 예기치 않았던 위기나 일반적인 사건들 중에서 교회가 어쩔 수 없이 직면해야 했거나 혹은 회피하였던 것들이 있습니까?

6. 교회에 매우 힘든 일이 발생했을 때 당신은(혹은 다른 사람들은) 그 기간을 어떻게 지냈습니까? 그 상황이 더 악화되지 않은 데 도움이 된 것은 무엇이었다고 생각합니까? 그때 교회 전체가 풍비박산이 나지 않을 수 있었던 이유는 무엇이었습니까? 그때 상황이 한결 나아지도록 기여한 사람들에게 어떤 강점이 있었습니까?

7. 그동안 교회는 정서적으로 평안하였습니까? 아니면 불안했습니까? 교회의 역사를 하나의 시간 선으로 그린다면 불안한 정서와 평안한 정서가 있었던 시기들을 어떻게 그릴 수 있겠습니까? 그러한 시기와 관련된 구체적인 날짜를 제시할 수 있습니까? 교회의 지난날들을 돌이켜 볼 때, 교회 내 불안 정서와 평안 정서 사이에 어떤 상관관계가 있지는 않습니까?

8. 그동안 교회에 어떤 식으로든 '변화'가 일어나고 있습니까?

9. 교회에 과거의 해결되지 않은 문제들이 있어서 지금까지 교회 정서에 영향을 주는 것이 있습니까? 그러한 이유로 말미암아 사실은 별로 중요한 것도 아닌데 큰 일로 확대되는 경우가 있습니까?

10. 일반적으로, 당신이 섬기는 교회 성도들은 서로에게서 드러나는 다른 점들에 대해 어느 정도나 수용하고 참아 줄 수 있다고 생각합니까? 다른 사람들과의 차이점들을 얼마나 편안하게 대할 수 있다고

보십니까?

11. 당신이 섬기는 교회 성도들은 자신의 안녕에 대해서 어느 정도나 다른 사람에게 의존적이라고(중요한 타인으로부터 칭찬을 필요로 한다거나 혹은 비판을 두려워하는 등) 생각하십니까? 또한 자신의 그러한 느낌을 어느 정도나 교회생활에 가져온다고 보십니까?

12. 당신이 섬기는 교회 성도들은 사람들과의 관계에 있어서 그들이 자신과 아주 다르다 할지라도 어느 정도나 방어적이 되지 않고 공개적으로 자기 자신으로 존재하며 활동할 수 있다고 생각합니까?

13. 교회에서 성도들이 어떤 것을 필요로 하거나 요구할 때 그것을 공평하게 주장합니까? 아니면 자신들의 권리가 무시되거나 소홀히 취급되는 것에 초점을 맞추어 주장합니까? 그렇다면 어느 정도나 그렇게 합니까?

14. 교회 내에 모든 성도들이 똑같아지기를 원하거나 어떤 일에든지 모든 사람이 합일에 이르도록 압박하는 어떤 분위기가 있습니까? 어느 정도나 그런 압박감이 있다고 생각합니까?

15. 목회 사역자나 다른 간사들, 혹은 각종 위원회, 프로그램 담당자 등 교회의 여러 산하 그룹들 중에서 가장 민감한 상태에 있다고 생각되는 사람들은 누구입니까? 자신들이 지나치게 교회나 다른 사람들로부터 간섭이나 제한을 받는다고 생각하는 사람들이 있다고 생각하십니까? 혹은 충분히 교회의 전반에 참여하지 못하거나 지원을 받지 못한다고 생각하는 이들이 있습니까?

16. 교회 성도들 중에 문제라고 생각되는 어떤 한 가지에 불안스럽게 초점을 집중함으로써 실제로는 더 많은 어려움이 있는 다른 부분

들에 대해서는 무시해 버리는 결과를 가져오는 사람들이 있습니까? 어느 정도나 그러한 방법으로 불안을 축소시키려고 합니까?

17. 교회 성도들 중에 다른 사람들의 잘못에 초점을 맞추어 그들을 변화시키려고 하거나 그들과의 경쟁에서 이기려고 하는 사람들이 있습니까? 혹은 그들로부터 거리를 두려고 하거나 아예 교류를 단절하는 사람들이 있습니까? 있다면 그들은 어느 정도나 그렇게 합니까?

18. 교회 내에서 추적하는 자와 거리를 두는 자 패턴이 얼마나 강하게 나타나고 있습니까?

19. 교회에 불안이 심해진 상황에서 다른 사람들과의 관계를 유지하면서도 자신의 정서 상태를 잘 반영하고 자신의 자아를 통제할 수 있는 사람들에는 누가 있습니까?

20. 교회 리더십이 자신들을 낙심시키거나 도움이 되지 않았다고 생각하는 사람들은 교회에 얼마나 됩니까? 이러한 생각이 얼마나 강하게 교회에 퍼져 있다고 봅니까?

21. 교회에 갈등이 생길 때 어떻게 다루어집니까? 갈등을 다루는 전형적인 방식은 무엇입니까? 당신은 주로 어떤 역할을 취하는 편입니까?

22. 당신의 리더십 패턴이나 강점, 예민함에 영향을 준 것들로서, 당신이 원가족을 통해 키워 온 것들은 무엇입니까?

23. 당신은 얼마나 가정이나 직장에서 경험하는 불안을 교회 체계 안으로 가져온다고 생각합니까? 이처럼 다른 관계 체계가 교회 체계 안에서의 당신의 관계나 활동에 어떤 영향을 준다고 봅니까?

24. 당신은 교회에서 얼마나 다양한 유형의 사람들과 관계를 맺을

수 있습니까? 그렇게 하기 어려운 사람들은 어떤 사람들입니까?

25. 당신은 교회 안에서 어느 정도나 자신의 정체성을 확인하고 자신이 취할 역할이나 행동을 분명히 합니까?

26. 당신이 교회에서 좀 더 유능한 리더가 되기 위해 발전시켜야 할 필요가 있는 개인적인 능력이나 기술은 무엇입니까?

27. 교회의 만성적인 불안 수준을 평가함에 있어서 척도 10을 가장 높은 상태로 보았을 때 현재 당신이 섬기는 교회는 어느 정도의 수준에 있다고 생각하십니까?

더 나은 리더 되기

베드로가 이르되 내가 주와 함께 죽을지언정 주를 부인하지 않겠나이다 하고 모든 제자도 이와 같이 말하니라 [마 26:35].

예수 그리스도의 종 바울은 사도로 부르심을 받아 하나님의 복음을 위하여 택정함을 입었으니 [롬 1:1].

   사도 바울은 고린도전서 12장 4-31절에서 교회의 각 성도를 그리스도의 몸을 이루는 독특한 지체로 정의하면서 우리가 이 책에서 살펴본 가족체계이론과 일치하는 유기적인 리더십 개념을 소개하고 있다. 이 관점에서 본다면, 리더십이란 공동체의 한 부분이며, 공동체 안에서 발전된다. 어느 누구도 공동체적 몸에서 단절되어 있으면서 그 몸의 리더일 수는 없다. 그리고 몸의 각 지체들은 서로 다른 존재로 창조된 그대로 존재하면서 그 자체로 리더가 된다. 이는 각 지체가 유기적 총체인 몸의 한 부분으로 기능하면서 여전히 몸의 다른 지체들과 다르다는 것을 의미한다.

   바울 사도가 생각하는 기독교 공동체 구성원들의 삶의 방식은 가족체계이론에서 생각하는 것과 차이가 없다. 우리가 교회를 하나의 체계로 생각하는 법을 배울 때, 우리는 더 나은 리더가 될 수 있다. 리더는 개별적인 존재로 자신의 자아를 보되 공동체적 맥락에서 그렇게 보고 생각할 수 있어야 한다.

이제 우리는 교회의 한 일원으로서 이 책을 통하여 어떻게 하면 더 효과적인 교회 리더가 될 수 있을지를 생각해 보려고 한다. 지금까지 리더십에 대해 수많은 책들이 쏟아져 나왔다. 대개의 경우, 리더십이란 우리 자신이 아닌 다른 어떤 사람이 되는 것, 바울의 표현을 빌리면, 몸을 이루고 있는 어떤 특정한 존재가 되는 것이라고 말하는 경향이 있다. 그러나 이 책에서는 당신은 당신 자신이 됨으로써, 그리고 공동체 맥락 안에서 다른 사람이 아닌 당신 자신을 관리함으로써 바람직한 리더가 될 수 있다고 본다.

이제 이러한 리더가 되기 위한 몇 가지 목표들을 살펴보도록 하자. 이것을 나열하기는 쉬워도 그것을 이루어 가기란 사실 쉬운 일이 아니다. 이것은 평생에 걸쳐 이루어 가야 할 과제다. 그러나 조금씩 그것을 이루어 가면서 당신은 교회에서 좀 더 바람직한 경험을 하게 될 것이다. 그리고 교회 전체를 위해서도 향상된 기능을 발휘할 수 있게 될 것이다. 아울러 당신의 전체적인 삶도 더 만족스럽게 될 것이다.

리더십에 관한 대부분의 책들은 교회라는 조직이 정서적인 개체라는 사실을 인정하지 않는다. 그래서 리더로서의 모든 요구 조건을 갖추고 맡겨진 임무를 잘 수행할 수 있는 리더만 있으면 모든 것이 잘 될 것이라고 전제한다. 그러나 어떤 살아 있는 정서 체계 안에서 기능을 한다는 것은 단순히 직무를 수행하는 것 이상의 훨씬 복잡한 일이다. 정서 체계 안에서 효과적인 리더십을 발휘하려면 특정한 지위에 부합하는 요구조건을 충족시키는 것 외에도, 교회 내에 존재하는 불안에 차분하게 대처할 수 있고 교회 내에서 자신을 분화시킬 수 있어야 한다.

덜 불안한 존재

체계적 관점에서 볼 때, 교회에서 리더가 해야 할 주요 직무는 교회에 차분한 정서적 분위기를 만들어 내는 것이다. 즉, 불안을 조절할 수 있는 차분한 리더가 되는 것이다. 건강하고 유능한 리더가 되기 위해 반드시 '모든 것을 다 아는 사람'이 될 필요는 없다. 리더 자신이 불안의 영향을 덜 받는 사람이 될 수 있다면, 대개의 경우 교회 자체 내에 당면한 문제를 해결해 갈 수 있는 충분한 지혜와 경험이 존재하고 있으며 그것을 활용할 수 있기 때문이다. 그런데 리더가 이러한 정서적 분위기를 조절할 수 없다면, 교회 성도들의 사고 과정은 단편적인 것이 되고, 불안에 대해 더 정서적으로 반발하는 반응을 하며, 지혜롭지 못한 결정을 내리게 된다.

어떤 특정한 상황에서 자신의 불안 수준을 관찰하고 교회의 전체적인 수준보다 낮은 상태를 유지할 수 있는 리더는 교회의 불안 수준을 차분하게 가라앉히는 효과를 가져올 수 있다. 당장에 개선된 관계 양상이나 기능이 교회에 나타나지는 않을지도 모르지만, 지속적으로 차분하고 덜 감정적인 사람과 함께 있으면 그를 둘러싼 다른 사람들도 더 합리적이고 사려 깊은 반응을 보일 수 있다. 교회에 위기 상황이 발생할 때마다 사람들 안에 불안 수준이 상승할 수 있다. 그러나 리더가 차분한 정서 상태를 유지할 수 있다면 교회는 다시 정상적인 기능 상태로 회복할 수 있다. 차분하고 안정된 교회에는 대개 차분하고 안정된 리더들이 있다.

이처럼 차분하고 안정된 정서 상태를 유지할 수 있으려면 자신이 언제, 어떤 상황에서, 누구와, 어떤 방식으로 불안 상태에 빠지는지를 이해해야 한다(제3장 끝부분에 있는 성찰 질문들을 참고하라). 자신의 정서적 불안 증상과 그것이 어떻게 체계 안에서 나타나는지 명료하게 인식할 때 우리는 자신에 대한 좀 더 객관적인 이해와 시각을 유지할 수 있다.

불안 정서를 잘 다루고 있다는 한 가지 중요한 표지는, 사람들의 감정 상태가 혼란 중에 있을 때에도 차분하게 자신이 나아갈 방향 감각을 잃지 않으면서 체계 내에 있는 핵심 당사자들과 활발한 관계를 유지할 수 있는 것이다. 교회 체계가 안정되어 있을 때 분화된 개인으로서의 모습을 보이는 것은 그리 어려운 일이 아니다. 그러나 정서적 분위기가 악화되고 삶이 더욱 혼란스러워질 때도 차분한 자기 감각을 유지할 수 있는가는 또 다른 문제다.

교회가 전체적으로 불안을 느낄 때 지도자도 똑같이 그것에 의해 영향을 받는다면, 그 교회가 위기에 잘 대처할 수 있는 가능성은 별로 없다. 위기 상황이 발생하였을 때 지도자는 교회 성도들과 적극적인 접촉을 해야 하는데, 그러한 정서 상태로는 도움이 되지 않는다. 자기 사무실 안에 틀어박혀 있거나 예배당에서 기도만 한다고 도움이 되는 것은 아니다. 지도자가 기도하는 동안 성도들은 저마다 정서적인 반응을 보이고 있을 것이다.

그러나 성도들과 함께 혹은 관련된 그룹과 함께 기도하는 전통적인 방법을 통해 교회 내 불안 수준을 낮출 수 있다. 기도는 사람들의 정서를 차분하게 가라앉히는 효과가 있다. 그리고 기도하는 사람은 문제 상황에 감정적인 반응을 보이기보다 그 상황으로부터 정서적 거리를 유지하고 그것을 넘어 객관적인 사고를 할 수 있게 된다.

이해 추구

사람들이 혼란에 빠져 있을 때 그들을 만나 당신이 어떻게 행동하는가 또한 중요한 일이다. 정서적으로 안정되어 있지 않을 때는 논쟁하거나 설교할 때가 아니다. 당신의 관점을 설득하려고 할 때도 아니다. 불안 상태에 있는 사람들을 차분하게 가라앉히는 효과를 볼 수 있는 최고의 방법은 그들이 그 상황에 대해 어떻게 생각하는지에 관심을 갖는 것이다. 리더는 이에 대한 질문들을 하고 관심을 기울임으로써 이러한 결과를 이끌어 낼 수 있다. 물론 제2장에서 언급했던 것처럼 조사자로서의 자세를 잃지 않으면서 그렇게 하는 것이다.

상대방을 알고자 하는 자세로 차분하고도 조용하게 질문하며 대화할 때 불안정한 정서 상태에 있던 사람들 또한 차분하게 생각할 수 있다. 심리학자들이 인간에 대한 연구를 하면서 아주 우연히 발견한 사실이 있다. 즉, 다른 사람들을 더 잘 이해하려고 하는 것만으로도 놀라운 변화를 가져온다는 것이다. 심리치료를 할 어떤 의도도 없이 단순히 그렇게 했을 뿐인데도 사람들의 개인적인 삶에 극적인 변화가 일어났던 것이다. 이러한 연구에 기초하여 드디어 치료 프로그램이 완성되었다. 그런데 치료받은 사람들의 상태는 연구 그룹에 있었던 사람들만큼 나아지지 않았다. 사람들을 이해하는 것이 사람들을 어떤 방법으로든 고치려고 하는 것보다 더 중요하다.

질문을 할 때는 정직하게 해야 한다. "당신은…생각하지 않으십니까?"라는 식으로 이미 결론에 대한 어떤 뉘앙스가 담겨진 질문을 하는 것은 바람직하지 않다. 질문자는 아무것도 모른다는 자세로 상대방을 알고 싶다는 순수한 관심에 기초하여 질문을 해야 한다. 질문자는 정답을 알고 있는데 상대방이 그것을 알아 맞추는지 보겠다는 듯한 태도로 질문해서는 안 된다. 질문자의 관점으로 유도하기 위해 질문을 하는 것도 옳지 않다. (이러한 접근 방법을 소크라테스식 문답법이라고도 한다. 이러한 방식으로 소크라테스는 죽임을 당했다. 그리스 사람들은 그를 영리하지만 순수하지 않은 사람이라고 보았던 것이다.)

질문할 때는 누가, 어디에서, 언제, 무엇을, 어떻게 등으로 시작하는 것이 가장 좋다. ('왜'라는 질문은 정서 체계 안에 있는 사람들을 이해하는 데 있어서 그다지 유용한 정보를 이끌어 내지 못한다.) 이러한 질문을 할 때는 다른 사람을 알지 못한다는 전제 하에서 하는 것이 바람직하다. 다른 사람들에게는 우리가 모르는 것들이 항상 더 있거나 배워야 할 것들이 있기 때문이다. 체계는 그 안에 있는 사람들이 서로를 이미 알고 있다고 생각할 때 정체되는 경향이 있다. 특히 상대방이 왜 어떤 행동을 그렇게 하는지, 그 이면에 있는 동기가 무엇인지 안다고 생각할 때 그렇게 된다. 그러나 당신이 어떤 사람과 함께 자라 50년을 같이 산다 할지라도 상대방에게는 항상 당신이 모르는 부분들이 반드시 있게 마련이다. 건강하게 살아 있는 창조적인 체계에는 안다고 생각하기보다는 더 많이 알려고 하는 호기심이 늘 존재한다.

객관성

불안에 휘말리지 않고 차분한 태도를 유지하는 것은 객관적인 태도를 유지하는 것과 관련이 있다. 다른 사람을 돌본다고 하면서 불안해하거나 주관적인 태도를 취하는 사람은, 자신은 지금 어떤 일이 벌어지고 있는지 알고 있으며 상대방이 어떤 생각을 갖고 어떤 일을 하려고 하는지 안다고 너무 성급하게 판단한다. 이러한 사람은 상대방을 위해서 무엇이 옳고 그가 필요로 하거나 원하고 있는 것이 무엇인지를 자신은 이미 다 알고 있다는 태도를 취한다. 이러한 생각을 갖고 있을 때 사람들은 과다기능을 하게 된다. 그리고 다른 사람들을 자기에게 의존하게 하거나 반항하게 만든다. 참된 의미에서의 연합이나 협동은 일어나지 않는다.

그러나 우리가 좀 더 객관적인 자세를 취할 때, 사람들은 우리가 자신들에게 관심을 갖고 돌보려 한다고 생각한다. 처음에는 어느 정도 경계 심리를 갖고 있을 수 있다. 그러나 그들에 대한 순수한 관심을 갖고 있을 뿐 그들을 어떻게 하려고 하거나 그들의 잘못을 보게 하려고 하는 것이 아님을 믿게 되면 방어적인 경계심을 풀고 자신을 열게 될 것이다. 리더는 체계 안에서 어떤 일이 일어나고 있는지를 좀 더 명료하게 볼 수 있도록 노력해야 한다. 그럴 때, 체계 안에서 상처로 아파하는 사람들에게 단순히 공감을 표현하고 그들을 구해 주려고 하는 것을 넘어 장기적으로 더 생산적인 결과를 가져올 수 있다.

어떤 사람은 자신이 객관적이어야 한다고 생각하여 조용한 목소리로 아무런 감정표현 없이 논리적으로 이야기하려고 한다. 이것은 객관적인 태도를 취하는 것처럼 보일지는 몰라도 그 자체로 객관적이라고 볼 수는 없다. 외적으로 객관적인 것처럼 보이려고 하는 것은 도리어 정서적 방어기제의 하나일 수 있다. 즉, 어떤 상황이나 사실에 대한 부정, 지적 가식, 정당화, 합리화에 해당될 수 있는 것이다. 이렇게 행동하는 사람은 자신이 차분하게 대처한다고 생각할지 몰라도 사실은 자기 안에 있는 감정으로부터 그리고 상대방으로부터 자신을 정서적으로 분리시키기 위해 합리성이라는 방어기제를 사용하는 것이다.

이와 달리, 진정으로 객관적인 태도를 취하는 사람은 혼란스러워하거나 아파하는 사람과 아무 전제 없이 그저 함께 있을 수 있다. 분노하는 사람, 슬픈 사람, 두려워하는 사람, 상처로 힘들어하는 사람과 함께 그 자리에 있을 수 있다. 이들은 상대방의 감정으로부터 거리를 둘 필요를 느끼지 않는다. 욥의 세 친구들이 그랬던 것처럼 감정을 배제하고 말하려고 하지 않는다. 상대방의 슬픔이나 아픔의 자리에 그냥 함께 있을 수 있다. 이를 통해 상대방과 자신이 깊이 연결되어 있다는 것을 보여 준다. 그리고 상대방은 이러한 태도를 통해 자신들이 돌봄을 받고 있다고 느끼게 된다.

가벼운 자세

덜 불안한 존재가 되는 또 다른 모습은 체계의 어려움들에도 불구하고 어느 정도는 '가벼운' 자세로 임하는 것이다. 물론 이 말은 상황 자체를 가볍게 여기라는 것이 아니다. 다만 그 상황을 너무 무겁고 심각하게 대하는 것에 대해 하는 말이다. 이러한 태도는 우리가 그 상황에 사로잡혀 있다는 것을 의미하기 때문이다. 물론 교회에 어려운 일이 생기고 사람들이 분노하고 상처받는 것은 심각한 일이다. 하지만 그러한 상황에도 불구하고 객관적인 태도를 취할 때 우리는 전후좌우 상황을 제대로 볼 수 있게 된다. 사람들은 자기 삶에 있었던 고통스러웠던 경험을 재미있게 이야기하곤 한다. 그렇게 함으로써 그 일에 대해 울기보다는 웃을 수 있기 때문이다.

코미디는 어떤 면에서 인생의 비극적인 경험에 대한 객관적 접근이다. 일반적으로 대부분의 코미디에는 어떤 주제이든지 다른 각도에서 보면 심각한 내용이 담겨 있다. 유머는 삶에 대해 좀 더 객관적인 태도를 취하는 한 가지 방법이다. 그것이 삶에서 경험하는 고통을 전적으로 회피하기 위한 것이 아니라면 말이다. 빈정대는 풍자는 유머가 아니다. 그것은 비판이다. 상황에 대한 새로운 시각을 드러내는 것도 아니다. 어떤 상황의 무게에 짓눌리기 전에 조금은 가볍게 느낄 수 있을 때 우리는 불안에 덜 휘말리게 된다.

자기분화

교회의 정서적 분화 정도를 증대시키는 것은 한순간에 되는 일이 아니다. 각 사람들은 자기 나름의 방식과 속도를 따라 이 과정을 이루어 갈 수 있다. 이 과정을 빠르게 할 방법은 없다. 그러나 교회 내 어느 누구라도 이러한 분화의 과정을 밟으면 다른 성도들에게 긍정적인 영향을 줄 수 있다. 이런 면에서 특히 지도자의 분화가 중요하다. 교회나 각 개인들이 지도자들의 분화 정도 이상으로 성장하고 분화되기는 어렵기 때문이다.

이러한 사실은 지도자들이 어떤 면으로든 자신들의 분화를 위해 노력할 필요가 있다는 것을 의미한다. 누구도 다른 사람을 위해 이 과정을 대신해 줄 수는 없다. 자신을 위해 스스로 해야 한다. 자신이 이렇게 하면 대개의 경우 관련된 사람들 또한 그 영향을 받아 자기분화에 있어서 성장을 경험할 수 있다.

교회에서 지도자의 분화 정도는 교회가 공동체적 삶을 어떻게 잘 영위해 갈 수 있는지를 좌우하는 중요한 변수가 된다. 아울러 불가피하게 발생하는 각종 도전이나 위기 상황에 대처하고 교회의 사명을 성취하는 데도 결정적인 요건이 된다. 이 과정의 목표는 각 지도자들이 자신의 분화 수준을 높임으로써 교회 내 성도들과의 관계에서 정서적인 기능을 향상시키고, 특별히 다른 지도자들과의 관계에서도 그렇게 할 수 있게 되는 것이다.

이것은 곧 우리가 일반적으로 어떻게 살아가기를 원하는지, 좀 더 구체적으로는 교회의 정서 체계 내에서 어떻게 행동하며 지낼 것인지에 대한 자기 나름의 모델을 발전시키는 것을 의미한다. 이를 위해서는 '다른 사람들'에 초점을 맞추기보다는 '자기 자신'에게 초점을 맞추어야 한다. 다른 사람들은 그들이 살던 방식으로 계속 그렇게 살아갈 것이다. 그러므로 다른 사람과의 관계에 있어서 그들을 어떻게 하려고 하기보다는 나 자신의 사고방식이나 신념, 가치관, 헌신, 삶의 원리 등을 돌아보고 좀 더 순기능적인 태도와 행동을 취하도록 자신의 삶을 점검하고 발전시키는 데 관심을 가질 필요가 있다.

'자기'에게 초점을 둔 삶의 방식을 발전시키는 데 있어서 우리에게 있는 한 가지 주요한 자원은 바로 '믿음'이다. 그리스도 몸의 지체라는 우리의 정체성은 이것에 기인하고 있다. 믿음-정체성의 연결성은 단순히 "나는 고린도전서 13장의 말씀들을 내 삶에 적용하기 원합니다"라고 말한다고 해서 되는 일이 아니다. 그것은 우리에게 어려운 순간들이 닥쳤을 때, 교회에서 힘든 관계의 문제에 직면했을 때, 자기에게 초점을 맞추면서 자신의 정체성에 근거한 믿음의 행위를 하는 삶의 방식을 발전시키는 것과 관련이 있다.

자기 초점을 발전시키는 것은 자기중심적이거나 이기적인 사람이 되는 것과는 다르다. 자기 초점은 어떤 상황이 발생했을 때 객관적인 자세를 취함으로써 공동체 맥락에서 자신이 감당해야 할 책임과 방향성을 명료하게 하도록 도와준다. 반면, 자기중심성에는 이런 객관성이 결여되어 있다. 그것은 자신을 모든 상황의 중심에 놓고, 마치 모든 것이 자기와 관련하여 돌아가는 것처럼 주관적으로 판단하고 행동하게 한다. 그리고 이기성은 다른 사람들이 자기가 원하는 대로 되기를 원한다. 여기에는 다른 사람들의 개별성에 대한 이해나 존중이 없다.

예수 그리스도와 사도 바울, 사도 베드로 등 성경에 나오는 지도자들에게는 강력한 자기 초점이 있었다. 이들은 자신의 소명을 분명히 알고 있었다. 자신들의 정체성이나 전하고자 하는 메시지, 그리고 인생의 사명이 분명하였다. 이기적이거나 자기중심적으로 되지 않으면서도 다른 사람들과의 관계에서 자신들이 어떠한 사람이 되기를 원하는지, 어떻게 살아가기를 원하는지 등에 대한 분명한 자기 초점이 있었다. 다른 사람들에게 의지하지 않으면서 동시에 그들이 어떻게 되기를 원하는지 좌우하려고 하지 않았다. 한 개인으로서 그들이 보여준 행동은 자신들의 확신이나 말한 바와 다르지 않았다.

교회 지도자가 먼저 분화된 태도를 취할 뿐 아니라 성도들이 그렇게 되도록 인도하기 위해서는 다음과 같은 몇 가지 요소들이 있어야 한다.

첫째, 지도자는 교회의 정서적 과정에서 자신이 어떤 역할을 하는지, 자신이 보이는 정서적 반발의 수준은 어느 정도인지를 파악할 수 있어야 한다.

이것은 어떤 정서적 상황이 발생할 때 지도자가 한 발 물러나 자신이 정서적으로 어떤 영향을 받았는지, 어떻게 행동하는지, 다른 사람들이 자신의 행동에 어떻게 반응하는지 등에 대해 관찰하고 인식할 수 있는 능력을 의미한다. 체계 사고를 한다는 것은 교회의 정서적 과정을 이해함에 있어서 자신을 그 안에 포함시켜 놓고 그 상황을 이해하는 것을 의미한다. 그리고 자신이 그 안에서 어떤 역할을 하고 있는지 관련시켜 보는 것을 의미한다. 예를 들어, 당신이 어떤 성도와 자주 갈등 상황에 처하고 그를 '문제 인물'로 보는 경향이 있다면, 자신이 그에게 그렇게 행동하도록 촉발한 것이 무엇인지, 자신이 무엇을 했기에 상대가 그렇게 행동했는지를 알고 있는지 질문해야 한다.

교회 운영위원 중 한 사람에 대해 '분통을 터뜨리는 사람'이라고 말한 목회자가 있었다. 상담자가 그 목회자에게, 그가 무엇을 했기에 그렇게 화가 나게 했느냐고 물었다. 이에 당황한 목회자는 자기가 특별히 한 것은 없다고 대답하였다. 자신은 그저 그 운영위원이 당면한 상황에 대해 좀 더 잘 이해하게 하려고 했다는 것이었다. 그래서 혹시 목회자 자신이 상황을 이해한 방식대로 상대방도 그렇게 이해하게 하려고 하지는 않았는지, 그런 의도로 하지 않았다고 해도 여전히 그가 그렇게 화를 냈겠는지 다시 목회자에게 물었다. 그러자 그는 "글쎄요, 그렇지는 않았을 것 같네요"라고 말하였다.

상담자는 만약 그가 상대방의 마음을 바꾸거나 어떤 동의를 얻어내려는 의도 없이 단순히 당면한 상황에 대해 대화하려고 했다면 어떠했겠느냐고 질문하였다. 이에 그 목회자는 "그러면 대화가 어디로 흘러갔을까요? 그러니까 질문하시는 요점이 뭐죠?"라고 반문하였다. 상담자는 이어 그가 그 운영위원의 입장을 제대로 이해하였는지 물었다. 목회자는 그렇다고 확신하였다. 그러나 상대방도 그렇게 생각할지에 대해 질문하자, 그는 그렇지 않을 것이라고 대답했다. 그리고 그 운영위원이 자기 자신의 입장을 분명하게 이해하고 있다고 생각하느냐는 질문에도 그는 확신하지 못하였다.

그러자 상담자가 이렇게 물었다. "글쎄요, 상대방 자신도 자신의 입장을 분명하게 이해하고 있지 못하다면, 목사님이 어떻게 그 사람의 입장을 이해할 수 있었겠습니까? 그 사람을 변화시키려고 하는 대신 그냥 이해하려고 했다면 두 분 사이에 어떤 일이 일어났을까요? 그런 상황에서도 그 운영위원에 대해 여전히 '분통을 터뜨리는 사람'이라고 말씀하시겠습니까? 목사님이 그렇게 하실 수 있었다면 그 운영위원의 목회자로서 어떤 새로운 사역의 지평이 열릴 수 있었을까요? 그리고 그 당면한 상황에 대해서는 어떤 새로운 아이디어들이 생겨날 수 있었을까요?"

이 경우 그 목회자는 그 운영위원에게 새로운 방식으로 접근하였다. 이를 통해 목회자는 그 사람의 배경에 대해 많은 것을 새롭게 발견하였다. 그리고 그것이 현재가 문제가 되는 상황과 이에 대한 그의 접근에 어떻게 관련되어 있는지에 대해서도 알게 되었다. 이러한 과정을 통해 두 사람의 입장은 누그러지고 서로 수용할 수 있는 접점을 찾아 낼 수 있었다.

이처럼 지도자는, 제12장에서 다룬 것처럼, 교회의 정서적 기능 정도를 가늠할 줄 알아야 한다. 그리고 그렇게 하려고 노력해야 한다. 그럴 때, 위의 사례에서 본 바와 같은 접근을 할 수 있다. 특별히 교회의 정서 체계 내에 존재하는 핵심적인 삼각관계들을 파악하고, 자신이 이러한 관계에 연루되지는 않았는지 인식할 수 있어야 한다.

위 사례의 경우, 목회자는 자신과 그 운영위원의 관계가 어떻게 삼각관계로 말미암아 영향을 받았는지를 명료하게 파악할 수 있게 되었다. 아울러 그와의 관계 변화가 다시 그 삼각관계들에게 영향을 미칠 수 있다는 것도 알게 되었다. 두 사람의 관계가 좀 더 협동적인 관계로 발전하게 되면서, 기존 삼각관계의 구도에 변화가 발생하고, 그로 말미암아 두 사람은 그 관계 안에 있던 다른 사람들로부터 어떤 새로운 압력을 느끼게 될 수도 있다.

둘째, 지도자는 교회에 어려운 상황이 생겼을 때 자신의 정서적 반응 정도를 낮출 수 있어야 한다.

위의 사례에 제시된 목회자는 갈등 상황에 직면한 교회의 운영위원과 만나기 전이나 만나는 중간에 자기 자신에게 다음과 같이 말했어야 했다. "지금 네가 해야 할 일은 그 사람을 변화시키는 것이 아니라 이해하는 것임을 기억해라. 그가 하는 반응들을 개인적으로 너 자신에게 하는 것이라고 받아들이지 마라." 그 목회자는 또한 지속적으로 더 큰 정서적 맥락과 상황에서 두 사람이 각각 어떤 역할을 하였는지를 스스로에게 상기시켰다. 이렇게 함으로써 그는 그 모든 상황을 자신과 관련하여 생각하지 않을 수 있었다. 그리고 차분한 태도를 유지하는 데 도움이 되었다. 이를 통해 그는 정서적으로 반발하는 반응을 보이지 않고, 상대방과 그 자신에게 어떤 일이 진행되고 있는지에 대해 관심을 갖고 귀를 기울이며 알아 가려고 하는 자세를 가질 수 있었다.

이 목회자는 자신이 상대방에게 원하는 반응을 그가 보여 주기를 바라는 '타자' 초점이 아니라 자신이 그와 어떤 관계에 있기를 원하는지에 관심을 두는 '자기' 초점을 발전시켰다. 이를 통해 그는 상대방이 대화 당시 당면한 문제와 목회자에 대해 늘 보였던 전형적인 방식을 보이기 시작할 때에도 정서적으로 반발하는 반응을 자제하고 차분하게 대처할 수 있었다.

셋째, 지도자는 정서적 기능과 지적 기능을 분리하여 결정을 내릴 수 있어야 한다. 정서적 반발을 경험하면서 그러한 상황에서 어떤 결정을 내리는 것은 좋지 않다.

지도자는 제6장에서 살펴본 바와 같이, 감정과 사고를 구분할 줄 알아야 한다. 그리고 감정과 사실을 혼동하지 않아야 한다. 당신이 어떤 이유로 말미암아 다른 사람에게서 거절당하는 느낌이 든다고 해서 실제로 상대방이 당신을 거절한다고 볼 수는 없다. 어떤 일을 하든지 모든 가족들이 동의하는 것을 중요시하고 또 그럴 때 하나로 연결된 느낌을 갖는 가정에서 자랐다면, 어떤 사람이 당신에게 동의를 표하지 않을 때 당신은 그가 당신과의 관계를 끊으려 한다고 생각할 수 있다. 상대방은 당신을 거절하거나 관계를 단절하려고 하는 것이 아니라 단순히 어떤 문제에 대해 동의하지 않는 것뿐인데도 말이다.

정서적 기능과 지적 기능을 분리시킬 수 있을 때, 우리는 이러한 정서적 진흙탕 속에서도 상황을 명료하게 파악할 수 있게 된다. 하나님은 우리에게 정서적 진흙탕에서 허우적대지 않도록, 그리고 문제의 핵심을 분명하게 조명할 수 있도록 지적인 판단 능력을 주셨다. 지적인 기능은 우리에게 있는 가장 중요한 자원의 하나다. 따라서 지도자들은 이러한 사고 능력을 발전시키고, 다른 사람들도 그렇게 사고할 수 있도록 도와야 한다. 교회에서 지도자가 이러한 분야에서의 성장을 위해 노력한다면 다른 사람들도 그렇게 하려고 할 것이다. 이를 통해 교회의 전체적인 분화 정도는 한층 상승하게 될 것이다.

넷째, 지도자는 자신의 목표와 일치하는 어떤 분명한 원리와 확신 가운데 행동할 수 있어야 한다.

정서 체계는, 공중에 매달린 모빌처럼, 구성원들이 체계 안에서 어떤 특정한 위치를 지속하고 그 안에서 주어진 역할을 다하는 가운데 현재의 균형을 유지하려고 하는 속성이 있다. 그러나 체계 안에 불안 수준이 상승하게 되면 압력 또한 증가되고 이 균형은 깨어지게 된다. 이때 지도자가 전과 달리 예측하지 못했던 분화된 방식으로 행동하면 불안은 더욱 증가하게 된다. 따라서 지도자는 이러한 행동을 할 때, 자신이 어디로 가고 있는지를 분명하게 볼 수 있어야 한다. 그리고 다른 사람들의 반발 반응에 따라 초점이 흐려지지 않아야 한다.

우리가 어떤 분화된 행동을 할 때 우리 안에 나름대로의 불안이 있을 수 있다. 전에 가보지 않은, 알지 못하는 새로운 지경으로 나아가는 것이므로 어느 정도의 불안이 발생하는 것은 지극히 정상적인 현상이다. 이때 자신에게 초점을 맞추고 자신이 이 경험과 관련하여 어떻게 변화되기를 원하는지 분명히 할 때 이러한 현상을 넘어설 수 있게 된다.

반응에 대한 대비

어떤 집단 내에서 전과 달리 분화된 태도를 취할 때 흔히 칭찬보다는 부정적인 반응이 먼저 찾아온다. 정서 체계 내에서 어떤 사람이 전과 다른 입장을 취하면 그와 관련된 사람들은 정서적으로 어떤 위협이나 불편한 느낌을 받는다. 전과 다른 태도나 행동은 사람들의 관계라는 모빌의 균형을 깨는 결과를 가져온다. 그래서 그 주변에 있는 사람들은 상대방이 잘못되었다고 느끼고 반발하거나, 그렇게 달라진 행동은 틀렸거나 잘못된 것이니 원래대로 돌아가야 한다고 말한다.

지도자는 교회의 정서 체계 내에서 어떤 분화된 태도를 취하려고 할 때, 그것이 교회 내에 존재하는 삼각관계들에 어떤 자극을 줄지, 사람들이 이에 대해 어떻게 반응할지에 대해 고려해야 한다. 그리고 다른 사람들이 어떤 반응을 보일 때 자신이 어떻게 할지에 대한 계획도 세워 놓아야 한다. 교회 내에 이런 일들이 일어날 때, 중요한 것은 그러한 반응들에 개인적으로 반응하지 않는 것이다. 그렇게 한다면, 아무런 변화도 일어나지 않을 것이다. 이때 지도자가 할 것은, 성도들과 차분하게 지속적으로 관계를 유지하면서 자신이 나아갈 방향을 향해 성실하게 나아가는 것이다.

성도들이 친밀하고 지지하는 반응을 보이는 것도 때로는 문제가 될 수 있다. 그러한 반응을 볼 때 당장은 기분이 좋을 수 있지만, 이는 교회 내에 사람들이 끼리끼리 모이고 흩어지는 이합집산의 전주곡이 될 수 있다. 그러면 결국 변화는 일어나지 않은 것이다. 지도자의 분화는 사람들로부터 어떤 지지를 받기 위함이 아니다. 특정한 사람들로부터 받는 지지는 결국 분화 과정에 장애가 될 수 있기 때문이다. 가장 좋은 반응은 다른 사람들이 '내 편'이 되는 것이 아니라 저마다 자신을 돌아보고 점검하는 반응을 보이는 것이다.

예수님이 제자들에게 자신의 사명은 예루살렘으로 가서 죽임을 당하는 것이며, 제자들은 그런 자신을 저버릴 것이라고 말씀하셨다. 그러자 제자들은 불안해졌고, 그것은 잘못된 생각이며 그런 일이 일어나서는 안 된다고 반발하였다. 그러나 자기 초점이 분명하였던 주님에게는 제자들의 협조나 동의, 혹은 이해마저도 필요하지 않았다. 그들은 주께서 체포되어 십자가에 달리시자 그를 버리고 달아났다.

사도 바울 또한 예루살렘 교회 지도자들이 이방인들에게 복음이 전파되는 것에 대한 의심에 사로잡혀 있을 때, 복음은 그들이 생각하는 것보다 훨씬 더 크다며 그들에게 도전하였다. 하나님이 예수님을 통해 전혀 새로운 일을 이루셨기 때문에 자신은 이방인들에게 가서 복음을 전하되 할례를 통해 먼저 유대인이 되라고 요구하지 않겠다고 선포하였다. 그러자 교회 지도자들은 바울을 향해 그가 틀렸다고 주장하며 반발하였다.

바울은 교회 지도자들의 이해나 지지를 거의 받지 못한 채 이방인을 향한 선교 여정에 나섰다. 그러나 이스라엘에 있는 교회와의 연결은 계속 유지하였다. 자신들 사이에 있는 뚜렷한 차이에도 불구하고 연결성을 상실하지 않도록 한 것이었다. 그는 예루살렘 교회가 어려움을 당할 때 이들을 돕고 지원하기 위해 이방 교회로부터 모은 헌금을 전달하는 방식을 통해 이러한 연결성을 드러내 보이기도 하였다.

예수님이나 사도 바울이나 모든 사람들로부터 동의를 얻은 것은 아니었다. 하지만 동의하지 않는 사람들과도 관계를 끊지 않았다. 심지어는 제자들로부터, 그리고 교회 지도자들로부터 버림과 배척을 당하기도 하였다. 다른 사람들로부터 그러한 반응을 받을 때, 기분은 좋지 않았겠지만, 그렇다고 버림받은 느낌에 압도당하지도 않았다. 그들의 반작용에 똑같이 반발하는 반응을 보이지도 않았다. 그 대신 차분하게 그들과의 관계성을 유지하면서 자신들이 받은 사명을 따라 행동하는 반응을 보였다. 그 결과 교회는 한층 더 성숙한 기능과 새로운 차원의 성장을 경험할 수 있었다.

결론

리더가 자기분화를 위해 노력하는 것은 구원에 관한 문제가 아니다. 구원은 우리가 성취하기 위해 노력할 수 있는 어떤 것이 아니다. 그것은 우리를 향한 하나님의 사랑과 은혜로 말미암아 거저 주어진 선물이다. 그것은 우리의 어떤 행위와도 관련이 없다. 우리가 융합된 리더냐 좀 더 분화된 리더가 되느냐는 우리를 향한 하나님의 사랑에 어떠한 영향도 미치지 못한다.

좀 더 분화된 리더가 되는 것은 성화의 개념에 해당된다. 이것은 우리가 성령의 임재를 통해 그리스도의 모습을 점점 더 닮아 가는 과정과 관계가 있다. 이것은 우리의 참여를 요구한다. 우리 안에서 역사하시는 이는 하나님이시니 우리 구원을 이루기 위해 행할 필요가 있다(빌 2:12-13). 우리는 좀 더 분화된 자기를 발전시킴으로써 하나님으로 말미암은 구원을 이루어 가고 좀 더 적극적으로 이 땅에서 그리스도 몸의 지체가 되어 가는 과정을 강화시킬 수 있다.

따라서 분화는 그리스도인으로서 우리 자신의 영적 성장을 위해 필요한 것이라고 할 수 있다. 우리는 신앙생활과 관련하여 '바른 확신'을 갖고 있을 수 있다. 그러나 좀 더 분화된 존재가 될 수 없다면 우리의 확신이나 믿음에 부합하는 행동을 하기는 어렵다. 분화 정도가 높아갈수록 우리는 더욱더 자신의 신앙고백에 일치하는 삶을 살아갈 수 있다.

머레이 보웬은 비록 종교인은 아니었지만 아시시의 성 프란체스코의 기도가 '분화'에 대해 어디에서도 찾아보기 어려운 탁월한 정의를 제시하고 있다고 언급한 바 있다.

> 주여, 나를 평화의 도구로 써 주소서
> 미움이 있는 곳에 사랑을 심게 하소서
> 상처가 있는 곳에 용서를
> 의혹이 있는 곳에 믿음을
> 절망이 있는 곳에 희망을
> 어둠이 있는 곳에 광명을
> 슬픔이 있는 곳에 기쁨을 심게 하소서

오, 하늘에 계신 주님
위로받기보다는 위로하게 하소서
이해받기보다는 이해하게 하소서
사랑받기보다는 사랑하게 하소서
이는 줌으로써 받기 때문입니다
용서함으로써 용서받기 때문입니다
죽음으로써 영생을 얻기 때문입니다

보웬은 종교 지도자들에게 했던 강연에서 다음과 같은 이야기도 하였다.
"자기분화의 한 가지 중요한 특징은 온전한 비이기성입니다. '다른 사람들을 위한 행함'이 자신의 이기적인 목표들을 대치합니다. 예수 그리스도는 온전한 비이기성의 모델입니다……잘 분화된 자아는 자기를 드러내고자 하는 이기성을 초월합니다. 항상 '다른 사람'을 인식하며 살아갑니다."

'비이기성'이란 '자기가 없다'는 것을 의미하지 않는다. 어떤 상황에서든 그 중심에 자기를 두지 않는 것이다. 그리고 좀 더 객관적이고 확대된 관점을 갖는 것이다. 다른 말로 하면, 분화란 겸허히 자기를 낮추는 것이다. 그리고 지혜를 향해 나아가는 길이다.

참고 문헌

Bowen, Murray.
    1978. *Family Therapy in Clinical Practice*. New York. Jason Aronson.

Friedman, Edwin H.
    1985. *Generation to Generation: Family Process in Church and Synagogue*. New York. Guildford.

Gilbert, Roberta M.
    1992. *Extraordinary Relationships: A New Way of Thinking About Human Interactions*. Minneapolis. Chronimed Publishing.

Kerr, Michael E., and Bowen, Murray.
    1988. *Family Evaluation: The Role of Family as an Emotional Unit That Governs Individual Behavior and Development*. New York. W. W. Norton and Co.

Kiley, Ruth, and Wiseman, Kathleen Klaus.
    1982. *Understanding Organizations: Application of Bowen Family Systems Theory*. Washington, D.C. The Georgetown University Family Center.

Papero, Daniel V.
    1992. *Bowen Family Systems Theory*. Boston. Allyn and Bacon.

Richardson, Lois, and Richardson, Ronald W.
    1990. *Birth Order and You: How Your Sex and Position in the Family Affects Your Personality and Relationships*. Vancouver. Self-Counsel Press.

Richardson, Ronald W.
    1984. *Family Ties That Bind: A Self-Help Guide to Change through Family of Origin Therapy*. Vancouver. Self-Counsel Press.